范军／著

天津出版传媒集团
天津古籍出版社

图书在版编目（CIP）数据

老子道纪 / 范军著. -- 天津 : 天津古籍出版社，2023.2
ISBN 978-7-5528-1302-9

Ⅰ. ①老… Ⅱ. ①范… Ⅲ. ①道家②《道德经》—研究 Ⅳ. ①B223.15

中国国家版本馆CIP数据核字（2023）第012349号

**老子道纪**
LAOZI DAOJI

范　军 / 著

出　　版　天津古籍出版社
出 版 人　任　洁
地　　址　天津市和平区西康路35号康岳大厦
邮政编码　300051
邮购电话　（022）23517902

策　　划　唐　舰
责任编辑　郑　伟　王彦刚
封面题字　石　玉

印　　制　北京美图印务有限公司
经　　销　新华书店
版　　次　2023年2月第1版　2025年3月第2次印刷
开　　本　710毫米×1000毫米　1/16
印　　张　20.25
字　　数　405千字
定　　价　96.00元

# 前言

党的十八大以来，习近平总书记在多个场合谈到中国传统文化，表达自己对传统文化、传统思想价值体系的认同与尊崇。他指出："我们要坚持道路自信、理论自信、制度自信，最根本的还有一个文化自信。"在此精神的感召之下，笔者将自己多年研习《老子》之心得赋予纸墨，以与同好分享。《老子》是先秦时期最重要的学术文献之一，如若对传统文化缺乏合理的认知，则很难通透理解《老子》之大义。因此作为前言，笔者将简要阐述对中国传统文化的理解。首先"文化自信"绝不是空洞的概念口号，而应以坚实且先进的理论与实践体系为根基，即我们所谓之"文化自信"因何而有。实践方面，中华民族具有五千年辉煌的文化，这被翔实的史料传承至今，并被众多考古发现所实证。虽然这铁一样毋庸置疑的事实胜过所有主观学术之雄辩，但在理论层面中国传统文化是什么？她蕴含着哪些核心学理？笔者以为我们所认知到的中国传统文化，已受到西方文化理论的深刻影响。对于这样的推断，容我以文化的基本要素文字为例进行说明。文字既是文化发展的产物，又是文化传承与发扬之载体。因此文字创设与应用的逻辑，可以真实地映射其文化逻辑的核心精神。

西方文化理论对文字的定义是记录语言的书写符号体系，是最重要的辅助性交际工具。这种以拼音文字为基础的关于文字的研究结论完全被国人照搬，成为对汉字性质的共识。但作为象形文字的汉字体系真的适用吗？在对中西方文字的各类研究中，有一个意义重大的现象被学人所疏忽，那就是汉字作为象形文字，其所特有并普遍存在的一音多字多义之现象。这一现象用西方文化理论理解会觉得匪夷所思，按照西方生物进化论的观点，人类是由低等动物进化而来的。可以想见，在没有文字等辅助识别手段的原始时期，人类的交流只能通过不同的发音来识别物品及事件。随着文明不断进步，其发展出来的文字必然是与其发音相对应之符号系统。一字严格对应一音，一音仅表述唯一之含义，故此西方文化对文字的定义是记录语言的符号，是辅助交际工具。这与其文化逻辑是一脉相承的，但显然汉字的创设遵循了完全不同的逻辑，它恰恰是超越不同方言之迥异发音而独立存在的象形文字系统，其结果是在大多数应用场景中一个语音可以表达一个及以上的不同含义。这在没有文字的情况下几乎不可能被使用，否则个体间之交流必然会陷入混乱无序。我们知道汉字的主体是通过象形会意来表达对自然万有之拟形，而发音只是附庸，即汉字是以其字形来识别字义而非语音。如此一来，汉字不可能是记录语言的符号。

那么中国传统文化如何定义文字呢?《说文解字·序》说:“仓颉之初作书，盖依类象形，故谓之文。”文者，纹也，所谓依类象形即是对自然万有之拟形。字,《说文》“乳也”，作生育、孵化义。《周易·屯卦》:“女子贞不字，十年乃字。”字面上，文字是由对万有之拟形而不断衍生所产生的,《说文解字·序》所谓“文者，物象之本；字者，言孳乳而浸多也”。因此，汉字创设的核心逻辑与语音无关，而是通过“名”（文）来指向其“实”（形）的一种高级符号,《庄子·逍遥游》说“名者，实之宾也”。以自然实物的视角看，汉字可以说是一种“客观”的文字系统，充分体现着传统文化“天人合一”的核心理念。与之相反，自然界中的事物大多并不具备可辨识的“声音”，因此拼音文字并不表达所表之“物”的特性，是人类脱离了自然万物而“主观”创设的文字系统。正是基于这样的逻辑，西方文明于14世纪起，兴起了以人本主义为核心的文艺复兴运动，所谓“人乃万物之本”，从而奠定了今天西方文明的文化基础。可见中华民族之文化逻辑在根源上与西方文明截然不同，因此盲目地用西方文化理论来理解与定义中国文化，正是妨碍我们正确认知中国文化的症结所在。《庄子·齐物论》说:“夫随其成心而师之，谁独且无师乎?”用一种文化理论作为基准来审视与定性另一种文化，如同戴着有色眼镜看世界一样的约略。

我们假设达尔文的物种起源理论是正确的，那么人类在进化到由兽性向人性过渡的阶段，将彼此交流的语音用可书写的符号进行记录，使之成为文字，这既简单便捷又顺理成章。但神州大地之先民在文字创设之初，为何要弃简就繁在字形会意上下功夫？在那个“愚昧落后”的社会，先民们付出了怎样地努力与牺牲，又如何克服了类人动物习以为常之兽性，从根本上重置了彼此的交流方式？同时，又是怎样的一群人基于怎样的理论或现实之考量推动着这一浩大的文化革命，并使得整个族群在如此广袤的土地上取得语言文字之统一？明代王鏊说：“大哉言乎！天地阴阳造化之赜，尽在是矣，非圣人孰能作之？”老子说：“子孙以祭祀不辍。”

《庄子·知北游》所谓“万物以形相生”，不正是暗合我们设立象形文字的基本原则吗？这已不仅仅是交流方式之变革，它从根本上颠覆了先民的思维逻辑以及对身在世界之认知。“仓颉造字，圣人留书”，这显然是一种经过精心设计的文字体系，《尚书正义》中说：“既形以道生，物由名举。”老子说：“道可道，非常道；名可名，非常名。”站在人本位的视角来看，拼音文字多少残留着人类进化之物种本性。而汉字的设立与使用，却使得中华民族彻底脱离动物的语音表达形式，从而具备了有体系有顶层设计的带有人类文化属性之文字系统。大概是因为拼音文字从未经历过这样一种进化，站在其文化本位上，很难理解汉字创设的核心逻辑。故西方某些学者称汉字为原始、野蛮的文字形式，并借此达到贬低中国文化之险恶用心。如此之文化比较逻辑一直延续至今，并对国人认知传统文化造成危害。尤其是近代以来随着西风东渐，西方文化凭借其繁华的物质愿景及掠夺性的全球殖民政策，逐渐占据世界文化市场的高地，使得文化成为服务于政治霸权之工具，从而失去了其促进人类和谐、进步的作用。在此背景下，在文化理论上人们不自觉看重西方文化，对传统文化进行解构与批判性的取舍。这在很大程度上影响着今人解读自己文化的方式，其核心是只有合乎西方理论的文化才是文化，只有契合西方文明的历史才是历史，以至于当下关于中国文化之认知完全服务于西方文化霸权。这与其说是用西方文化理论来阐释与扬弃中国文化，不如说是用中国文化的语言强化了西方文化的逻辑与精神。更有甚者，某些人完全站在西方文化视角，弃自家五千年积累之文化瑰宝如弊履，轻率地人云亦云。《庄子》所谓“各为其所欲焉以自为方”，“后世之学者，不幸不见天地之纯，古人之大体，道术将为天下裂”。以至于传统文化被毁谤得面目全非。

今人常说文化无优劣，这是自欺欺人的伪命题，追求美好生活是人类发展进步的原动力。尤其在当下百年未有之大变局的时代，先进的文化逻辑或许是拯救人类重新步入发展正轨的唯一希望。2020年9月8日习近平总书记指出：“文化自信是一个国家、一个民族发展中最基本、最深沉、最持久的力量。向上向善的文化是一个国家、一个民族休戚与共、血脉相连的重要纽带。”他还着重强调“提高国家文化软实力，要努力展示中华文化独特魅力”，因此作为追求真知的中国学人，汉字体系所蕴含的文化逻辑，岂不正是溯源中国传统文化的重要线索吗？《周易·系辞》说：“圣人有以见天下之赜，而拟诸形容，象其物宜，故谓之象。”以这样的视角来理解中国传统文化，当我们将散落在古籍中关于文化起源之线索逐一拼揍起来，可以清晰地发现中国传统文化并非随机或自然发展起来，而是明显地遵循着某些核心精神。《周易·贲卦》彖曰：“刚柔交错，天文也。文明以止，人文也。观乎天文以察时变，观乎人文以化成天下。”

我们作为炎黄子孙，在几千年之后依然可以读通读懂先圣先贤之典籍，这完全拜文字形式之功。老子说“行不言之教”，那么先人想要与我们传达怎样的信息？以至于要创设这样一套文字系统来传承。《论语·颜渊》所谓“克己复礼”，《礼记·乐记》“礼者，天地之序也”。今天我们在研习传统文化时，唯有立足于中国文化固有之资料及精神才能梳理出其真实面貌。《后汉书·桓谭传》名言：“复习五经，皆训诂大义，不为章句。”因此跳出所谓“小学”章句之局限，挣脱西学文化逻辑之枷锁，以传统文化之大义为学理导向，对传统文化典籍进行中国化的解读与传承，是“文化自信”的必由之路。正是基于这样的初衷，本书以中国传统文化学理为线索，对先秦重要典籍《老子》进行文本梳理与文意诠释。

《老子》又名《道德经》，旧题为老聃所作，是传统文化儒释道中道家学派的重要经典，更是中国文化的重要组成部分。鲁迅先生曾说：“不读《老子》一书，就不知中国文化，不知人生真谛。”英国汉学家李约瑟也认为：“中国文化就像一棵参天大树，而这棵大树的根在道家。”因此正确地理解《老子》所蕴含之文化精神，有助于今人准确、全面地领会传统文化之核心。

《史记·老子韩非列传》言：“老子者，楚苦县厉乡曲仁里人也，姓李氏，名耳，字聃（一说字伯阳），周守藏室之史也。”宋代董思靖《道德真经集解》说：“谓之老子者，盖生而白首。”《史记》所载孔子问礼的典故彰显出老子在彼时之尊崇：“孔子适周，将问礼于老子。老子曰：‘子所言者，其人与骨皆已朽矣，独其言在耳。且君子得其时则驾，不得其时则蓬累而行。吾闻之，良贾深藏若虚，君子盛德容貌若愚。去子之骄气与多欲、态色与淫志，是皆无益于子之身。吾所以告子，若是而已。’孔子去，谓弟子曰：‘鸟，吾知其能飞；鱼，吾知其能游；兽，吾知其能走。走者可以为罔，游者可以为纶，飞者可以为矰。至于龙，吾不能知其乘风云而上天。吾今日见老子，其犹龙邪！’”

虽然《史记》说“老子修道德，其学以自隐无名为务”，但传世一部《老子》，成为人以书贵的典型。两千多年来，后辈学人在痴迷于他深邃智慧教导之外，亦对他生平事迹多有演绎，其间做了大量的考据工作并形成诸多观点。但多是言之有理、查无实据之推测，遂成为学术界一大悬案。笔者尊重老子作为隐者之初衷，对其生平不做过多探讨，而是专注于对《老子》精神的解读。本书总结前辈学人解老之经验，以《老子》所承载的中国传统文化大义为解老之关键线索，以先秦时期文化学理为导向，对理解《老子》章句结构及文意连贯性均做出大胆创新与尝试。由此本书由三部分组成，第一部分“大象无形——《老子》见微”，以《老子》成书的历史记载为切入点，阐述作者对现有《老子》版本章句结构及文意衔接的认知逻辑以及本书解老的核心理念。第二部分则是对《老子》精神之解读，其中不仅有对前辈解老思路的借鉴，更有独出机杼之见解，故题为“众妙之门——《老子》范韦”。韦者本义指熟皮、皮绳，《史记·孔子世家》：“读《易》，韦编三绝。”我将之引申为编排、串联的一种方法。范韦，亦即表示对《老子》文本整理、串联的一种尝试，以使整部《老子》具备明晰的论述主题以及文通意顺的合理结构。第三部分“有物混成——《老子》解构”，是对第一部分的补充，主要内容是据《老子》之大义对现有文本进行章句结构及文意衔接的训诂。

本书写作历时十五个年头，其间参阅了大量前辈学人涉及先秦学理的文献，他们之真知灼见直接启发着我的思路，使我对中国传统文化及《老子》有了较为全面之认知。耕读期间深深体会到学人们拳拳之持守与寒窗蹉跎之艰辛，在此对前辈学人表示由衷的感佩。同时作为业余学人，虽本人力求完善，但限于个人能力及学识所限，难免会挂一漏万而有不尽如人意之处，诚望斧正与谅解。

# 目录

## 第三部分　有物混成——《老子》解构

## 第一部分

# 大象无形——《老子》见微

《老子》大约成书于公元前500年左右，至今已经有2500多年的历史，这期间有多个版本传世。现今通行本《老子》共八十一章分为上下两篇：上篇《道经》，共三十七章；下篇《德经》，共四十四章。截至目前对解读《老子》文意比较重要的版本包括：

1.郭店竹书本：即郭店楚墓竹简本（本文称楚简本），1993年出土于荆门郭店楚墓。简本《老子》包含甲、乙、丙三组，绝大多数文句与今本《老子》相近或相同，现存2046字，不分德经、道经。该本约于公元前300年入葬，是目前所知年代最早的版本，由于墓葬本身多次被盗，故竹简散乱，残损严重。

2.马王堆帛书《老子》甲、乙本：这是最有名的古本《老子》（本文称帛书本），1973年出土于长沙马王堆汉墓。它写在整幅帛和半幅帛上，抄写于汉高祖十一年即公元前196年左右，虽然破损严重，但与通行本结构近似。

3.北京大学收藏字数最多的《老子》古本：即西汉竹书本，为北京大学收藏。约成于西汉孝景元年（公元前156年），全篇近五千三百字，是迄今为止保存最完整的汉代古本。

鉴于《老子》一书在传统文化中的重要地位，在其流传之两千多年中，后辈学人对其进行各类的注解更是多如牛毛。据元代学人统计，有传承的将近三千余种，发展至今恐已超万种以上。这其中包括韩非、唐玄宗、杜光庭、傅奕、王安石、司马光、王夫之、纪昀、严复、朱谦之、梁启超、胡适等等大家学者之专注。而流传至今具有较强影响力的作品依然以王弼及河上公本为最。

1.王弼《老子道德经注》：王弼是魏晋玄学代表人物之一，是玄学清谈风气的代表人物。他的《老子注》流传最广，也最知名。

2.河上公本《老子道德经》：河上公本和王弼本是流传最广的解老著作。一般认为王本属文人系统，为学者推崇；而河上本近民间系统，文句简古。

《礼记·学记》说："三王之祭川也，皆先河而后海，或源也，或委也，此之谓务本。"同理对《老子》文本的梳理，无疑是准确解读《老子》之本。历代学人的解老作品也多是从其章句训诂入手，本书亦不例外，只是我对《老子》文本之认知与训诂因一个执念而尝试了完全不同之路径。

# 第一章　执而念之

一、自隐无名的老子，其成书过程却颇有些传奇色彩。据《史记·老子韩非列传》载："老子修道德，其学以自隐无名为务。居周久之，见周之衰，乃遂去。至关，关令尹喜曰：'子将隐矣，强为我著书。'于是老子乃著书上下篇，言道德之意五千余言而去，莫知其所终。"关于《老子》成书的传奇多被后人所演义：谓关令尹喜登高望见有紫气自东而来，故知有高人将至，乃强其意而成《老子》。这一带有神话色彩之记载，理应是我们解读《老子》的关键线索，但多被后世学人所忽略。

这一记载所暗含的核心启示是，关尹拦下老子所求为何？或者说他强老子所著的究竟应该是本什么样的书？之所以说是研读与理解《老子》最关键的线索，是因为这能为学人指明一个研习之方向，能够为我们提示《老子》一书之核心精髓，但似少见其他学人据此有所阐发。虽然我们今天很难自现有《老子》版本中一窥其具体精神，但文献资料还是留下了清晰的线索。如《庄子·天下》说："以本为精，以物为粗，以有积为不足，澹然独与神明居。古之道术有在于是者，关尹、老聃闻其风而悦之。"并赞曰："关尹、老聃乎，古之博大真人哉！"孔子不是也说过"吾今日见老子，其犹龙邪"吗？因此据《史记》《庄子》等记载可知：其一，老子与关尹是继承了"古之道术"之人，所谓"博大真人"。其二，尹喜或许是借助《老子》一书而得其道，所谓"乃著书上下篇，言道德之意五千余言"。我们暂且假设正史的严肃性，假设孔子、庄子都是中肯的评述，那么我们可以简单地推论：《老子》理应是一本传承"古之道术"之著述，即老子所谓"执古之道"，而尹喜才会由此而承其道。(《汉书·艺文志》刘向说："喜著书凡九篇，名《关尹子》。"《关尹子》又名《文始真经》，后亡失。）我不知道有多少人是在这个记载的引导下研习《老子》的，但至少我算是一个。希冀参透圣人之言而得其道，从此天上地下任意逍遥。可惜事与愿违，现有《老子》版本着实让我大失所望。

二、历史上《老子》一书虽被先辈誉为"万经之王"，赞其文意深奥，包涵广博，但其经文过于晦涩难懂也是早有定论，因此着实难倒很多后辈学人。我亦如此，在相当长的时间内，我对其核心精神总有不知所云的感受，直如书中所言"惟恍惟惚"。以《老子》第五十七章句为例："以正治国，以奇用兵，以无事取天下。吾何以知其然哉？以此。"老子自问自答"以此"，即已将"以正治国，以奇用兵，以无事取天下"的道理讲清楚了。但在现有文本中，谁能用老子之言说明如何落实"以正治国"？谁又能直说老子所谓"以奇用兵"是如何施行？现有文本中老子好似什么都说了，但学人无从准确领会其具体的精神。因为我们所看到的《老子》文本结构支离无序，文意晦涩难明，更类似一篇名言警句之大集合。蒋伯潜在《诸子通考》中说"《老子》则但条记格言"，今亦有人将其归为散文。那么关尹是如何通过这样一本书而得其道呢？这让我很是迷惑，所谓“道隐无名”，圣人之书就在手边，我却摸不到它的真精神。《老子》说“吾言甚易知，甚易行”，难道是在跟我们开玩笑吗？这即是我的执念，自初读《老子》那一刻起十几年来，我在潜意识里一直设想，《老子》本应是一本文通意顺、结构完整的论说类文章。

三、我想持这一疑惑之学人应不在少数，现有《老子》版本实在与传说中应有的样子相去甚远。因此历来对《老子》的严谨解读都是从考证、梳理其章句文本入手。这样的工作我也持续深入了一段时间，但结果还是毫无头绪。比较几种目前重要的版本可见，各本之间基本大同小异，文本结构与分段形式并无本质区别，唯有在某些用词方面存有小异。随着新见文本年代之前推，资料逐渐丰富，更是佐证了这一事实。虽有学者主张越是成书年代久远越可代表《老子》的原始面貌，但这种推论实际并无足够材料支持。在不同版本之间出现所谓字词差异，细品之，大多是同义之间的“假借”，并未在本质上误导学人对老子精神的理解。如现行版第二章，各版本如下所示：

**【楚简本】**天下皆知美之为美，丑矣；皆知善，此其不善矣。有无之相生也，难易之相成也，长短之相形也，高下之相盈也。音声之相和也，先后之相随也。是以圣人居无为之事，行不言之教。万物作而弗始也，为而弗恃也，成而弗居。天（夫）唯弗居也，是以弗去也。

**【帛书甲本】**天下皆知美为美，恶已；皆知善，訾（斯）不善矣。有、无之相生也，难、易之相成也，长、短之相刑（形）也，高、下之相盈也，意（音）、声之相和也，先、后之相隋（随），恒也。是以声（圣）人居无为之事，行□□□□□□□□□□□也，为而弗志（恃）也，成功而弗居也。夫唯居，是以弗去。

**【帛书乙本】**天下皆知美之为美，亚（恶）已。皆知善，斯不善矣。□□□□生也，难、易之相成也，长、短之相刑（形）也，高、下之相盈也，音、声之相和也，先、后之相隋（随），恒也。是以（圣）人居无为之事，行不言之教。万物昔（作）而弗始，为而弗侍（恃）也，成功而弗居也。夫唯弗居，是以弗去。

**【王弼本】**天下皆知美之为美，斯恶已；皆知善之为善，斯不善已。故有无相生，难易相成，长短相较，高下相倾，音声相和，前后相随。是以圣人处无为之事，行不言之教；万物作焉而不辞，生而不有，为而不恃，功成而弗居。夫唯弗居，是以不去。

**【河上公本】**天下皆知美之为美，斯恶已；皆知善之为善，斯不善已。故有无相生，难易相成，长短相形，高下相倾，音声相和，前后相随。是以圣人处无为之事，行不言之教。万物作焉而不知辞。生而不有，为而不恃，功成而弗居。夫惟弗居，是以不去。

四、虽然经过多年对现有文本的训诂并未使我对《老子》大义有更清晰的认识，但在此过程中我发现其在文本结构中存在着一些有意思的现象。例如以下文本：

1.第十章与第五十一章部分语句疑似错置，如下表之加粗字：

| 编号 | 第十章 | 第五十一章 |
|---|---|---|
| 1 | 载营魄抱一，能无离乎？专气致柔，能如婴儿乎？涤除玄鉴，能无疵乎？<br>爱国治民，能无为乎？天门开阖，能为雌乎？明白四达，能无知乎？ | 道**生**之，德**畜**之，物形之，器成之。是以万物莫不尊道而贵德。道之尊，德之贵，夫莫之命而常自然。故道**生**之，德**畜**之，**长**之育之，成之熟之，亭之毒之，养之覆之。 |
| 2 | **生之畜之**，**生**而不有，**长**而不宰，是谓玄德。 | **生**而不有，为而不恃，**长**而不宰，是谓玄德。 |

此两章结论都指向“玄德”，但若将之如上表分别为两句且并列展示，将会看到第五十一章①句中标粗的关键字“道生之，德畜之”与第十章②句的粗体字“生之畜之”在文意及句法结构上有更强的呼应关联，而第十章①句中却无与“生之畜之”相关联的表述。

如用第十章②句替换第五十一章②句，则有如下一段：道**生之**，德**畜之**，物形之，器成之。是以万物莫不尊道而贵德。道之尊，德之贵，夫莫之命而常自然。故道**生之**，德**畜之**，**长之**育之，成之熟之亭之毒之，养之覆之。**生之畜之**，**生而**不有，**长而**不宰，是谓玄德。如此第五十一章会比现有版本更为连贯通顺，故疑此两章句有颠倒之嫌。

2. 相似的问题还出现在第二十二章与第二十四章的部分文意直接对应，见下表加粗字：

| 编号 | 第二十二章 | 第二十四章 |
|---|---|---|
| 1 | 曲则全，枉则直。洼则盈，敝则新。<br>少则多，多则惑。是以圣人执一以为天下式。 | |
| 2 | **不自见故明，不自是故彰。**<br>**不自伐故有功，不自矜故长。** | 企者不立；跨者不行；<br>**自见者不明，自是者不彰。**<br>**自伐者无功，自矜者不长。**<br>其在道也，曰：余食赘形。物或恶之，故有道者不处。 |
| 3 | 夫唯不争，故天下莫能与之争。<br>古之所谓“曲则全”者，岂虚言哉，诚全而归之。 | |

其中第二十二章②句“不自见故明，不自是故彰。不自伐故有功，不自矜故长”在章内与前后文意均不连贯，但与第二十四章句“自见者不明，自是者不彰。自伐者无功，自矜者不长”有明显的关联。

如以上文本结构方面的疑惑并不在少数，又如第五十九章“治人事天，莫若啬……是谓深根固柢，长生久视之道”明显是言道的一节却被归入“德篇”。而第三十二章句“天地相合，以降甘露，民莫之令而自均”，赞颂盛德的一节却出现在“道篇”。难怪后世学人多言现有《老子》文本多有错简、漏简，甚至脱字、衍字等现象。我想之所以出现这种情况，无非有两种可能：其一，现今这部《老子》非是彼时老子所著之书，而是后人伪作。但这种假设又找不到确实的证据，《老子》一书历史传承有序可稽，在很多文献中都有记载及引用，并且被大量出土文物所证实。其二，在排除了上一种可能之后，那么较为合理的解释就是，现有《老子》版本的整体结构及文本顺序可能存在着严重问题。《抱朴子·钧世》所谓："经荒历乱，埋藏积久，简编朽绝，亡失者多。"因此学人对现有文本的训诂不能仅局限于章句字词上用功，而应自其整体"道德"之核心为切入点进行深入。《后汉书·桓谭传》说："复习五经，皆训诂大义，不为章句。"而所谓"训诂大义"即以先秦时期或传统文化之学理为线索，庄子所谓"古之道术"，唯有如此，学人才可能融通《老子》之章句与这本经典之真精神。而如若完整地表述"古之道术"，那么《老子》首先应是一本文通意顺、结构完整的论说文，应具备清晰的论点、论据，有理论有实践以资学人实际操行，所谓"执古之道以御今之有"。

五、换一个角度看，关令尹喜望紫气东来而大喜，"强为我著书"，"强"有强迫、勉强意，凭其关令的地位迫使老子写成这篇传习千古之经典，老子却只留下一篇格言警句大全即顺利出关，这似乎有违常理。既然《老子》一书是其亲笔所写，并且尹喜因其而得道，那么它至少应该是一部文通意顺、有论有据有体系的论说类文章，而不可能是一条条警句的集合。尤其是原文中大量使用各类连词达122处之多，如表逻辑因果的"故"出现约61次，其他"是以""是谓"等等也是多见，可以想见原文必有更多文意连贯的逻辑。同时，第五十九章有言："是谓深根固柢，长生久视之道。"而第十五章有"保此道者"句，第六十二章亦有"不如坐进此道"句，这不由使人联想眼前的《老子》或许有明确之主线在。类似的文意关联还有很多，例如：第二十三章句"天地尚不能久，而况于人乎？"与第六十四章句"民之从事，常于几成而败之，慎终如始，则无败事。"存在着持之以恒的主题关联。第二十二章句"是以圣人执一以为天下式。"与第三十九章句"昔之得一者。天得一以清……"此两句存在关于"执一"的文意承接逻辑。第二章句

"天下皆知美之为美，斯恶矣。"与第二十章句"美之与恶，相去若何？"都是关于"美"与"恶"的立论，且文意有呼应。第五十二章句"塞其兑，闭其门，终身不勤。开其兑，济其事，终身不救。"与第五十六章句"塞其兑，闭其门。挫其锐，解其纷。"均有关于"塞其兑，闭其门"的描述；而五十六章句似是对五十二章句的文意延伸。第六十六章句"欲先民，必以身后之。"与第七章句"是以圣人后其身而身先……"也存在严谨的文意衔接逻辑。

于是在很长一段时间内我以这些连词为切入点，专注于梳理《老子》章句、字词之间在文意与语法上的逻辑与关联。清人戴震说："经之至者，道也；所以明道者，其词也；所以成词者，字也。由字以通其词，由词以通其道。"以其道来训其文意，以章句来解其道，这也许是训解《老子》一书更为有效的途径。按照这个思路，我主要自三个方面对现有版本章句进行文意训诂，其一，与道家及传统文化学理是否相符，如第七十四章句"吾得执而杀之"，奉行清静无为、自隐无名的老子，怎会挺身而杀呢？这与道家学理是明显相悖的，故疑后人所改。其二，文本语法之相关性，如前文所示，第十章与第五十一章、第二十四章与第二十二章，在文气、句法结构上可能存在的关联性。其三，文意逻辑的合理性，一篇文通意顺的文章必然是前后语句、段落文意衔接合理并贯通的，因此是训诂《老子》文本的核心与重点。通过前后文意之间的勾稽与互训，着重对现有版本在文本结构及文意逻辑关联上可能存在的错简、脱误进行梳理。也就是说，我尝试在这些互不关联之格言警句之间寻觅它们的关联，以期找到串连全篇完整文意之线索。

## 第二章　切磋琢磨

《老子》说："夫唯道，善贷且成。"功夫不负有人心，一旦转换视角将其视为一部文通意顺的完整文章来理解，我逐渐发现现有

《老子》版本存在的关键问题及线索。《论语·学而》“如切如磋，如琢如磨”，现摘部分浅见进行阐释：

一、在独立章节之内，前后文意衔接存在明显的逻辑语病。如第六十五章：

| 编号 | 原文 |
| --- | --- |
| 1 | 古之善为道者，非以明民，将以愚之。民之难治，以其智多。<br>故以智治国，国之贼；不以智治国，国之福。 |
| 2 | 知此两者亦稽式，常知稽式，是谓玄德。<br>玄德深矣，远矣，与物反矣，然后乃至大顺。 |

暂且将这一章分为如上两句，然后我们假设这样一个场景：医生对病患说：“吃油腻食物，有害你的健康；不吃油腻食物，有益你的健康。这两件事是你的饮食标准，你要常记啊。”这样一种表述，如果我们仔细斟酌就会发现是一个逻辑病句。“吃油腻食物”与“不吃油腻食物”是一件事的两个方面，是针对“是否该吃油腻食物”正反两面的意见。故此不是在说两件事，而是只说了“是否该吃油腻食物”这一件事。同理，第六十五章①句中“以智治国”与“不以智治国”也是说的一件事，是对“是否以智治国”正反面不同的表达。故此与②句所言“知此两者”并不是合理的逻辑关系，且上升为“是谓玄德”之高度。这样的低级错误实不应出现在圣人文章中。故疑“知此两者亦稽式”中的“两者”，并不是指向“以智治国”和“不以智治国”。此章之文意衔接有错简拼凑之嫌，故本章可暂分为独立的两句进行解读。

既然本章两句各自独立，那么现有《老子》文本中是否存在与其文意衔接更为准确的语句呢？这是本书解老的核心逻辑，在假设《老子》是文通意顺完整论说文的基础上，对现有章句结构及文意的训诂，其根本目的是为了串连起更契合《老子》大义的章句结构。通读全文可见，第四十章句“反者道之动，弱者道之用”与本章②句之文意更为契合。首先，“道之动”与“道之用”是关于“道”的两个不同方面，符合“此两者”的限定。其次，“玄德”是老子体系中最高等级之德，是“道”的专属。而“反者道之动，弱者道之用”

恰是对"道"的论述，与"是谓玄德"相呼应。如此串连后可以看到老子关于为道原则的一段明确的论述：反者道之动，弱者道之用。知此两者亦稽式，常知稽式，是谓玄德。玄德深矣，远矣，与物反矣。然后乃至大顺……

同样的问题在第十九章也有体现，但隐藏得似乎更深：

| 编号 | 原文 |
|---|---|
| 1 | 绝圣弃智，民利百倍；绝仁弃义，民复孝慈；绝巧弃利，盗贼无有。 |
| 2 | 此三者以为文，不足。故令有所属：见素抱朴，少思寡欲，绝学无忧。 |

文意结构上依然可分为两句，①句所言"民利百倍""民复孝慈""盗贼无有"等语是执行"绝圣弃智""绝仁弃义""绝巧弃利"等治国方针的结果，是对国家整体的论说。但②句之"见素抱朴，少私寡欲，绝学无忧"是针对具体的个人修养之论述。虽说个人修养与治理国家存在一定的关系，但其间以"故令有所属"做衔接，属者，连也，指有管辖关系的、归类，而①句②句并非同一层面的论述。在国家层面落实"民利百倍""民复孝慈""盗贼无有"等效果是可行的，但如何执行"见素抱朴，少私寡欲，绝学无忧"之国策？故此两句并不存在直接相属的关联。疑本章两句各自独立，不存在严谨的逻辑衔接。

可见这样的衔接因不严谨而颇显牵强，如若将《老子》视为"条记格言"的散文，对其做如此严格的训诂似有吹毛求疵之嫌。但假设整部《老子》是文通意顺之完整论说文的话，那么现有文本中是否存在比现有文意衔接更为严谨连贯的章句呢？所谓没有比较就没有鉴别。通读全文能够发现，第三章句："不尚贤，使民不争；不贵难得之货，使民不为盗；不见可欲，使民心不乱。"与本章②句似具备更为严谨的衔接逻辑。首先"此三者"指的是"不尚贤""不贵难得之货""不见可欲"三者，是对个人"民"的论述，与本章②句处在同一层面。其次文意上"不尚贤，使民不争"与"绝学无忧"呼应，"不贵难得之货，使民不为盗"与"少私寡欲"呼应，"不见可欲，使民心不乱”与“见素抱朴”呼应。如果将重新串连的文本与第十九章原文并列展示的话，可以直观看到哪一种是更为严谨的文意结构，如下：

| 重新串连的文本 | 第十九章 |
|---|---|
| 不尚贤，使民不争；不贵难得之货，使民不为盗；不见可欲，使民心不乱。<br>此三者以为文，不足。故令有所属：见素抱朴，少思寡欲，绝学无忧。<br>是以圣人之治，虚其心，实其腹。弱其志，强其骨。常使民无知无欲，使夫智者不敢为也。为无为，则无不治。 | 绝圣弃智，民利百倍；绝仁弃义，民复孝慈；绝巧弃利，盗贼无有。<br>此三者以为文，不足。故令有所属：见素抱朴，少思寡欲，绝学无忧。 |

以此类推可见，第十九章①句所言“绝巧弃利”更似与第五十七章句“民多利器，国家滋昏；民多伎巧，奇物滋起”有呼应逻辑。绝“民多伎巧”之巧，弃“民多利器”之利，奇物不再滋起，故“盗贼无有”。

二、《老子》又名《道德经》，其主旨是对中国文化核心理念“道”之阐述，但由此也会产生很大的迷惑性。在老子体系中“道”是一切万物运行的根本，它无所不包，无所不融，因此借助“道”的特性可以轻易地将全文串联沟通。但在细节之处，类似于第六十五章、第十九章这样似是而非的文意衔接却是现有《老子》版本的普遍现象，即在大多独立章节内其前后文意的衔接禁不起严谨之推敲。再如第四十六章：

| 编号 | 原文 |
|---|---|
| 1 | 天下有道，却走马以粪。天下无道，戎马生于郊。 |
| 2 | 祸莫大于不知足，咎莫大于欲得。故知足之足，常足矣。 |

这一章如果分为两句，①句通过对马之应用，来彰显战争无道。②句“祸莫大于不知足”，好似可以与①句产生关联。因为不知足而产生战争，致使“戎马生于郊”，但这样的关联依然牵强。造成战争的原因不单是由于“不知足”，且①句重点在于“有道”与“无道”，似与“不知足”相差更远。而其结论“故知足之足，常足矣”，也是

对个人修养而言，因此这一章两句读起来似是而非，不明所以。反倒是第四十四章句“甚爱必大费，多藏必厚亡”，与“祸莫大于不知足”的关联度更高。

又如第四十五章句：“大成若缺，其用不弊。大盈若冲，其用不穷。大直若屈，大巧若拙，大辩若讷。”这一段文字虽然读起来连贯通畅，但其中“大成若缺”“大盈若冲”“大直若屈”“大巧若拙”都是对事物的描述，而“大辩若讷”却是对人的比喻，与前文并不相属，反而使这一章的文意似是而非，不明所指。参考古本，可以看到楚简本作：“大成若缺，其用不弊。大盈若盅，其用不穷。大巧若拙，大赢若诎，大直若屈。”帛书甲本作：“大成若缺，其用不弊（敝）。大盈若（冲），其用不（窘）。大直如诎（屈），大巧如拙，大赢如炳。”帛书乙本作：“□□□□□□□□□盈如冲，其□□□□□□□□巧如拙，□□□□□□□绌。”虽两本文本亦有差异，但甲本之“大赢如炳”与楚简本之“大赢若诎”显然都用于指向事物。可见今本“大辩若讷”疑为后人所改，其结果是使这一段所描述的对象性质发生了改变。

以上几个比较典型的例子仿佛“意识流”，粗略一看好似连贯通顺，在“道”之掩护下前后文意貌似顺理成章，但站在文通意顺的视角看，其衔接逻辑禁不起严谨之推敲。以上情况虽多被称为错简，但可以看到这些错置并非完全是自然形成，而是明显经过人为编排的。如第六十五章“此两者”及第十九章“此三者”都是有所指的，只是与其所指并不存在严谨明确的逻辑，从而形成现今这样似是而非的文意结构。据此，本书简单的推断，现有《老子》版本之形成既有原文散乱无序的原因，又是后人简单拼凑的结果。甚至只是人为拼凑的结果，这样的推论在后文有更多的实例可以佐证，是人为的拼凑或篡改形成了今天我们看到的《老子》文本。

此类现象其实背后涉及到《老子》分章的历史学案。近现代学界通过多版本比对考证，基本达成共识：通行本八十一章的分章体系并非原始文本形态，而是在两千五百余年的传承过程中逐渐形成的。《中国老学通史》说：“《老子》书篇章的定型应该也是一个渐进的过程，从郭店楚简本的没有分上下二篇，到帛书本的分出上下篇；从帛书本的上下二篇，但没有明确分章，到北大汉简本的七十七章；从汉简本的七十七章，再到河上公、王弼本的八十一章以及相对固定的章序，都可以看出《老子》一书并不是开始就如今本面貌的。”学史上《韩非子》的《解老》《喻老》篇也为此提供了关键旁证，众所周知《韩非子》是最早阐述老子精神的作品，但其文中引用顺序与现代章节顺序存在较大的不同。《解老》顺序为第三十八章、第五十八章（后半）、第五十九章、第六十章、第四十六章、第十四章及第一章、第五十章、第六十七章后半、第五十三章、第五十四章……等。《喻老》篇顺序则为第四十六章、第二十三章、第五十四章、第二十六章、第三十六章、第六十三章、第六十四章、第五十二章、第七十一章、第六十四章、第四十七章、第四十一章、第二十二章、第三十三章、第二十七章……。这种非连续性征引模式或许暗示着：在韩非子所处的战国晚期，《老子》文本既没有分为上下篇又未如今日这样的章节顺序。再如严遵的《老子指归》全书分为72章，《德经》篇将通行本第39和40章、第57和58章、第67和68章、第78和79章都合并在一起（《道经》遗失其分合则不得而知）。由此可知，或许早期《老子》文本并没有严格的分章格式，以至于汉代学者仍保持着对文本结构的实验性组合。而今本八十一章的分章形式，首见于宋谢守灏在《混元圣纪》中引《七略》说：“刘向雠校中《老子》书二篇，八十一章，上经第一，三十七章，下经第二，四十四章。”《中国老学通史》考证资料后说：“今本《老子》河上公本、王弼本、傅奕本都分作八十一章，然帛书两本均不分章，说明《老子》原未分章。这也就可以看出，今本分章为后人所为，而且其中有些错误，不是一章而误合就是一章而误分的。最明显如帛书本第二十四章在第二十一章、二十二两章间，第四十、四十一两章前后相倒，第八十、八十一两章在第六十六、六十七两章中间。”同时，刘笑敢先生在《老子古今》中引用朱得之对《老子》一书分章的考据结果时说：“分章莫究其始，至唐玄宗定章句（《御注道德经》），是旧有分章而不定者。是以有五十五（韩非）、六十四（孔颖达）、六十八（吴草庐）、七十二（庄君平）、八十一（刘向诸人，或谓河上公）之异，又有不分章（王辅嗣、司马君实）。”并说：“朱说也证明王弼本到明代中叶尚无八十一章本。”综合以上学者之研究，《老子》一书的分章结构恐非祖本所有，而是因后人整理或学习方便而逐渐形成的。那么没有分章的《老子》会是怎样的形式呢？是一句一句的格言呈现？还是本具有完整结构的祖本因不可知因素，在流转中被打乱文序以后的随机罗列？这或许才是通达《老子》精神的关键线索。因为在很长的时间内，学人对《老子》的解读均是以分章以后的文本为基础。所谓的分章在一定程度上方便了我们对文本的梳理与解读，但同时分章更有可能在根本上误导了我们对《老子》大义的正确理解，成为遮蔽真相的“阐释牢笼”。正是基于这样的学术线索，本书尝试穿透章节的表象棱镜“去分章化”，单纯的以文意和学理为线索，对《老子》文本进行深入的理校并据此考察《老子》全文的章句结构，于是《老子》一书的原始面貌开始变得清晰。

三、隐藏更深的再如被后人津津乐道的“上善若水”之第八章：

| 编号 | 原文 |
| --- | --- |
| 1 | 上善若水。水善利万物而不争，处众人之所恶，故几于道。 |
| 2 | 居善地，心善渊，与善仁，言善信，政善治，事善能，动善时。<br>夫唯不争，故无尤。 |

世人多说这一章在借水喻道，是流传千古的佳句。但若将其如上表暂分为两句，可以见到：①句言水性之善，其中“处众人之所恶”为关键句，因水处人所恶处而不争，故“几于道”。但②句并无与此呼应的描述，相反“居善地，心善渊……”等句均是褒奖义，与“善利万物”“处众人之所恶”无文意呼应。甚至“居善地”与“处众人之所恶”在字面上是相矛盾的。且②句所言“居善地，心善渊，与善仁……”等均是对人之行为的描述与“几于道”之水无明确关联。以拟人的角度看，此两句文意也并不存在一致性。虽然这两句多有“善”字，但在文意上衔接并不严谨，疑本为各自独立。

《左传·宣公十五年》有言曰："川泽纳污，山薮藏疾，瑾瑜匿瑕，国君含垢，天之道也。"按此学理逻辑理解，在《老子》全文中，"处众人之所恶"句似与第七十八章句"是以圣人云：受邦之垢，是谓社稷主；受邦不祥，是为天下王"有明显呼应。言圣人"利万物""处恶""含垢"而"几于道"，故为天下王。串连后文本为：上善若水。水善利万物而不争，处众人之所恶，故几于道。是以圣人云：受邦之垢，是谓社稷主；受邦不祥，是为天下王。

四、再如第六十章句：

| 编号 | 原文 |
| --- | --- |
| 1 | 治大邦，若烹小鲜。 |
| 2 | 以道莅天下，其鬼不神，非其鬼不神，其神不伤人，非其神不伤人，圣人亦不伤人。<br>夫两不相伤，故德交归焉。 |

首句"治大邦，若烹小鲜"，盖言治邦之策。如果是一篇文通意顺的文章，那么正常逻辑下后文应以"烹小鲜"为线索展开对"治大邦"的论述。但②句全无与"若烹小鲜"的关联，其中"其鬼不神……其神不伤人"似与"治大邦"无明确关联。而是第六十四章句"其脆易泮，其微易散"与"烹小鲜"有较强相关。

在此基础之上再看第二十一章：

| 编号 | 原文 |
| --- | --- |
| 1 | 孔德之容，惟道是从。 |
| 2 | 道之为物，惟恍惟惚，惚兮恍兮，其中有象；恍兮惚兮，其中有物。窈兮冥兮，其中有精，<br>其精甚真，其中有信。自古及今，其名不去。以阅众甫，吾何以知众甫之状哉？以此。 |

这一章类似第六十章，首句"孔德之容，惟道是从"，后文本应就如何"是从"展开论述。但现有版本②句却言"道之为物，惟恍惟惚，惚兮恍兮……"，如此"惟恍惟惚"岂不让人无所"是从"？

《周易·系辞》说："一阴一阳之谓道，继之者善也。"按此学理逻辑，以文通意顺的视角通读全文可以看到，孔德之容遵道而行，岂不正与上文第八章②句“居善地，心善渊，与善仁……”相呼应？而第六十章②句所表述的“以道莅天下”句正是本章所谓“孔德之容，惟道是从”之“是从”效果。由此大致可串连出老子描述“孔德之容”的一段文本：孔德之容，惟道是从。居善地，心善渊。与善仁，言善信。政善治，事善能，动善时。以道莅天下，其鬼不神。非其鬼不神，其神不伤人。非其神不伤人，圣人亦不伤人。夫两不相伤，故德交归焉……

五、在个别章节内疑似缺简，如第十五章：

| 编号 | 原文 |
| --- | --- |
| 1 | 古之善为道者，微妙玄通，<br>深不可识。 |
| 2 | 夫唯不可识，故强为之容：<br>豫兮若冬涉川…… |

可见①句以“深不可识”结尾，②句接“夫唯深不可识”，两句意重，完全能以“深不可识，故强为之容”进行衔接。但细品其文意“夫唯深不可识”似是对“深不可识”的呼应或加深，如此，其间应有关于如何“深不可识”的具体描述，这样本章在结构上才完整，故疑此处有缺简。通读全文，第二十七章句“善行无辙迹，善言无瑕谪，善数不用筹策。善闭无关楗而不可开，善结无绳约而不可解”，岂不正是具体的“深不可识”？

同样的现象在第三十七章亦可见：

| 编号 | 原文 |
| --- | --- |
| 1 | 道常无为而无不为。侯王若能守之，万物将自化。<br>化而欲作，吾将镇之以无名之朴。 |
| 2 | 镇之以无名之朴，夫将不欲，<br>不欲以静，天下将自正。 |

此章“镇之以无名之朴”重复，但分析文意可知，①句因“化而欲作”故“吾将镇之以无名之朴”，即以“无名之朴”“镇”其“欲作”，是言其因。②句之“镇之以无名之朴”则会“夫将不欲，不欲以静，天下将自正”，这是在讲“镇之以无名之朴”的效果。这

里因果结构是完整的，唯独缺如何“镇之以无名之朴”的具体措施，故疑此处缺简。通读全文可见，第三十二章之“道常无名，朴虽小，天下莫能臣。侯王若能守之，万物将自宾”似与本章“无名之朴”存在一定的关联。

这一章之文意结构可以说是现有《老子》版本的典型代表，看似进行了高深莫测的论述，但何为“无名之朴”？又如何“镇之”？这两点如若没有交代明白，那这一章不过是大而无当之虚言。学人读之除倍感玄虚之外，实抓不住其核心精髓，更勿论“勤而行之”。而本书的核心主旨就是力争在不增删现有文字的基础上，梳理各章句之间的逻辑勾稽关联，使《老子》之大义落在可操行之实处。

六、通过以上示例可见，现有《老子》版本的文意结构相对混乱，存在缺简、错简等严重问题，并且不仅仅偶现个别章节，而是普遍存在的现象。再如以下几章出现的错简，更加佐证了现有文本是简单拼凑而成的推断。

1.如第五十三章的错简：

| 编号 | 原文 |
|---|---|
| 1 | 使我介然有知，行于大道，唯施是畏。大道甚夷，而民好径。 |
| 2 | 朝甚除，田甚芜，仓甚虚。 |
| 3 | 服文采，带利剑，厌饮食，财货有余，是谓盗夸，非道也哉。 |

现将其分为三句，①句言“民好径”，走小道而不从于大道。③句之“服文采，带利剑……”可谓具体而微的“好径”表现。但②句“朝甚除，田甚芜，仓甚虚”则显然是朝政现象而并非“民”之小径，与①句、③句的内容并不在一个层次，故此②句疑似错简。这一句虽在本章文意中不伦不类，但与第三十章句“师之所处，荆棘生焉，大军之后必有凶年”高度相关，是对“凶年”的描述。串连后为：师之所处，荆棘生焉，大军之后必有凶年。朝甚除，田甚芜，仓甚虚……。

2.再如第七十五章的错简：

| 编号 | 原文 |
| --- | --- |
| 1 | 民之饥，以其上食税之多，是以饥。民之难治，以其上之有为，是以难治。 |
| 2 | 民之轻死，以其求生之厚，是以轻死。 |
| 3 | 夫唯无以生为者，是贤于贵生。 |

将这一章分为三句，可见：①句所言“民之饥”“民之难治”都是由“其上”治国无方造成，是在论述君王之妄为。但②句所言“民之轻死”是“以其求生之厚”所致，是民众自身造成的。字面上并未如上句是由“其上”妄为所致，反倒与十二章句“五色令人目盲，五音令人耳聋，五味令人口爽”的精神相关。故此两句在文意上并不存在确定关联，唯因句式雷同而被排列在一起。另，今人陈鼓应先生在《老子注释及评价》中将此句按上下文意调整为“以其上求生之厚”，但帛书等古本均为“以其求生之厚”。且如若为“以其上求生之厚”则与前句“以其上食税之多”意重。

3.再如第五十章拼凑的逻辑：

| 编号 | 原文 |
| --- | --- |
| 1 | 出生入死，<br>生之徒，十有三，死之徒，十有三。<br>民之生生，动皆之死地，亦十有三。 |
| 2 | 夫何故？以其生生之厚。 |

第五十章②句“夫何故？以其生生之厚”，看起来与上句是文通意顺的一段话。但如若与第七十五章②句相较，则第七十五章句之“民之轻死”更与第五十章①句之“民之生生”相呼应，语法关联更明确，故疑此句为错置。串连后文本为：出生入死。生之徒，十有三，死之徒，十有三。民之生生，动皆之死地，亦十有三。民之轻死，以其求生之厚，是以轻死。五色令人目盲，五音令人耳聋，五味令人口爽……

七、最有意思的拼凑则出现在以下两章：

| | |
|---|---|
| 第七十三章 | 勇于敢则杀，勇于不敢则活，此两者，或利或害。<br>天之所恶，孰知其故？<br>是以圣人犹难之。天之道，不争而善胜，不言而善应，不召而自来，繟然而善谋。<br>天网恢恢，疏而不漏。 |
| 第七十四章 | 民不畏死，奈何以死惧之？<br>若使民常畏死，而为奇者，吾得执而杀之，孰敢？<br>若民恒且必畏死，常有司杀者杀。夫代司杀者杀，是谓代大匠斫，夫代大匠斫者，希有不伤其手矣。 |

这是现有《老子》版本第七十三章与第七十四章，历来都被作为独立的两章来解读。我们先看第七十四章是这样说的：那些长期危害小民安危的歹徒会有司法部门来惩治，而代替司法部门执法的人，如同代替“大匠”砍削一样，会伤及自身的安危。如果沿着这个文意思路延伸思考，世人该不该代替司法部门执法呢？第七十三章则给出思路，“勇于敢则杀，勇于不敢则活，此两者，或利或害”，因此“圣人犹难之”。圣人可能也是没有决断的勇气，但圣人的结论是“天网恢恢，疏而不漏”，也就是对于那些“若使民常畏死，而为奇者”，天道不会放过他们。

这两章衔接的关键在于“孰敢”这一问句，现有《老子》版本“孰敢”句在第七十四章中间位置，而如果它在本章结尾，那么就有可能形成这样的文意衔接：“夫代大匠斫者，希有不伤其手矣。孰敢？勇于敢则杀，勇于不敢则活，此两者，或利或害。”那些代替有司部门杀贼的人，如同“代大匠斫”，难免会伤及自身。那么“孰敢”，谁还敢于代杀呢？老子进一步说，有勇气就杀，没胆量就不要杀。“此两者，或利或害”，除了老天又“孰知其故”呢？

虽然这样的衔接可以使此两章形成一段完整的论述，但可惜几乎所有版本的“孰敢”句都是在七十四章中间位置，原文是“吾得执而杀之，孰敢”。通常理解为：我要把威胁百姓生命的歹徒抓起杀掉，谁还敢作乱？但如果我们再深入推敲，就会发现这几乎不可能是老子的原话。持守无知、无为，淡然处事的老子明知道“天网恢恢，疏而不漏”，却要提倡“吾”挺身而杀之？这与道家乃至传统文化的核心精神是相悖的，《道教仪范·日忌》说“早不言梦，午不言杀，晚不言鬼”，儒家《孟子·梁惠王》也说“不嗜杀人者能一之”。且“希有不伤其手”对老子也同样适用，因此这一段文本疑为后人所篡改。如果稍加整理，我们也许可以看到更通顺合理的表述，其间虽亦有遗缺，却可大致看出老子论述“天网恢恢，疏而不漏”的文本结构：

**（第七十四章）**若使民常畏死，而为奇者，孰得执而杀之？若民恒且必畏死，常有司杀者杀。夫代司杀者杀，是谓代大匠斫；夫代大匠斫者，希有不伤其手矣。孰敢？

**（第七十三章）**勇于敢则杀，勇于不敢则活，此两者，或利或害？……是以圣人犹难之……天之道，不争而善胜，不言而善应，不召而自来，繟然而善谋。天网恢恢，疏而不漏。

八、以上我们部分梳理出现有文本中存在的错简、漏简等疑似拼凑的痕迹。与此同时也可以直观感受到，某些跨章节语句在文本及逻辑方面的关联与呼应，并且这样的关联并不在少数。如下：

| 编号 | 第二十七章 | 第六十二章 |
| --- | --- | --- |
| 1 | 善行无辙迹，善言无瑕谪，善数不用筹策，<br>善闭无关楗而不可开，善结无绳约而不可解。是以圣人常善救人，而无弃人，物无弃财。是谓袭明。 | |
| 2 | 故善人者，不善人之师；不善人者，善人之资。不贵其师，不爱其资，虽智大迷，是谓要妙。 | 道者万物之奥，善人之宝，不善人之所保。 |

并列展示以上两章，可以轻松地看到，第六十二章“道者万物之奥，善人之宝，不善人之所保”正是第二十七章②句“故善人者，不善人之师；不善人者，善人之资”的合理条件。

再如：

| 编号 | 第四十二章 | 第三十九章 |
|---|---|---|
| 1 | 道生一，一生二，二生三，三生万物。<br><br>万物负阴而抱阳，冲气以为和。 | 昔之得一者。天得一以清，地得一以宁，<br>神得一以灵，谷得一以盈，万物得一以生，侯王得一以为天下正。<br>其致之也，谓天无以清，将恐裂，地无以宁，将恐废，神无以灵，将恐歇，谷无以盈，将恐竭，侯王无以正，将恐蹶。 |
| 2 | 人之所恶，唯孤、寡、不谷，<br>而王公以为称。<br>故物或损之而益，<br>或益之而损。 | 故贵以贱为本，高以下为基。<br>是以侯王自称孤、寡、不谷、此非以贱为本邪？非乎？<br>故致誉无誉，<br>是故不欲禄禄如玉，珞珞如石。 |
| 3 | 人之所教，我亦教之。故强梁者不得其死，吾将以为教父。 | |

这两章并列一起可以看到，第三十九章②句“是以侯王自称孤、寡、不谷”明显是对第四十二章②句“人之所恶，唯孤、寡、不谷，而王公以为称”的承接。其间尚缺一段解释为何会自称“孤、寡、不谷”的文意。如“人之所恶，唯孤、寡、不谷，而王公以为称。故物或损之而益，或益之而损”（原因），“故贵以贱为本，高以下为基。是以侯王自称孤、寡、不谷、此非以贱为本邪？非乎？”。如此有可能会形成一段完整的论述。

同样第六十三章句也与多章产生文意关联：

| 编号 | 第六十三章 | 对应章句 |
|---|---|---|
| 1 | 为无为，<br>事无事，<br>味无味。 | “为无为”是否与第四十八章句“损之又损，以至于无为”呼应？“事无事”句是否与第四十八章句“取天下常以无事”呼应？“味无味”句是否与第三十五章句“淡乎其无味”呼应？ |
| 2 | 大小多少，报怨以德。 | 是否与第七十九章句“和大怨，必有余怨，安可以为善”，及第二十二章句“少则得，多则惑”有关联？ |

更为有趣的一种关联则集中出现在第三十四章与第六十三章中，如下表：

| 第三十四章 | 第六十三章 |
|---|---|
| 以其终不自为大，故能成其大。 | 图难于其易，为大于其细。<br>天下难事，必作于易，天下大事，必作于细。<br>是以圣人终不为大，故能成其大。 |

通过上表可以很直观地看到，第六十三章中“图难于其易，为大于其细”与“天下难事，必作于易；天下大事，必作于细”，此两句文意高度接近。同样第六十三章句“是以圣人终不为大，故能成其大”与第三十四章句“以其终不自为大，故能成其大”也存在文意高度重合的情况。这或许是说在《老子》全文中存在两处适用于“图难于易，为大于细”之语境，同理也有两处可适用“不自为大而成其大”的论述。这种现象与《史记》所载“于是老子乃著书上下篇”暗合。

本书在写作过程中花费了大量精力用于对现有《老子》版本之文意逻辑与文本结构的梳理，以上只是摘选比较有代表性的章节。但这样一种训解方法可能会有违大家的研读习惯，并且逐句地分析其逻辑对应关系本身就是很“烧脑”的过程。除明显错误外，在对某些似是而非的文意判别上，如若不与更为通顺的文本比较，就很难形成清晰的判断。为便于读者更准确地理解训解思路，本书将完整八十一章之文意训诂作为单独一部分，置于正文解读之后，供读者参阅，详见“第三部分：有物混成——《老子》解构”。

通过对现有《老子》版本文本结构及文意逻辑关联的梳理，可以发现现有版本充满似是而非的逻辑关联，其中大多禁不起进一步地推敲。全部八十一章中仅有约17章不存在错简、漏简，其余章节都存在这样那样的缺欠，即章节内文本可按语法关联或文意逻辑分割为独立语句。梳理后大致可将全文列为212条语意独立的单句或小段落，也就是说目前版本《老子》其初本大致是由这212句相对独立的语句组成。具体训解结果如下：

**第一章训为两句：**

1.道可道，非常道；名可名，非常名。无名，天地之始；有名，万物之母。

2.故常无，欲以观其妙；常有，欲以观其徼（以观其所噭）。此两者同出而异名，同谓之玄。玄之又玄，众妙之门。

**第二章训为四句：**

1.天下皆知美之为美，斯恶矣；皆知善，斯不善矣。

2.故有无相生，难易相成。长短相形，高下相盈。音声相和，先后相随。恒也。

3.是以圣人居无为之事，行不言之教。

4.万物作而弗始，为而弗恃，功成而弗居。夫唯弗居，是以弗去。

**第三章训为两句：**

1.不尚贤，使民不争；不贵难得之货，使民不为盗；不见可欲，使民心不乱。

2.是以圣人之治，虚其心，实其腹。弱其志，强其骨。常使民无知无欲，使夫智者不敢为也。为无为，则无不治。

**第四章训为两句：**

1.道冲，而用之或不盈。渊兮，似万物之宗；湛兮，似或存。

2.吾不知谁之子，象帝之先。

**第五章训为三句：**

1.天地不仁，以万物为刍狗；圣人不仁，以百姓为刍狗。

2.天地之间，其犹橐龠乎？虚而不屈，动而愈出。

3.多闻数穷，不如守于中。

**第六章训为两句：**

1.谷神不死，是谓玄牝。玄牝之门，是谓天地根。

2.绵绵若存，用之不勤。

**第七章训为两句：**

1.天长地久，天地所以能长且久者，以其不自生，故能长生。

2. 是以圣人后其身而身先；外其身而身存。非以其无私耶？故能成其私。

**第八章训为三句：**

1. 上善若水。水善利万物而不争，处众人之所恶，故几于道。

2. 居善地，心善渊。与善仁，言善信。政善治，事善能，动善时。

3. 夫唯不争，故无尤。

**第九章训为一句：**

1. 持而盈之，不如其己：揣而锐之，不可长保：金玉满堂，莫之能守：富贵而骄，自遗其咎：功成身退，天之道也。

**第十章训为两句：**

1. 载营魄抱一，能无离乎？抟气致柔，能如婴儿乎？涤除玄鉴，能无疵乎？爱国治民，能无为乎？天门开阖，能为雌乎？明白四达，能无知乎？

2. 生之畜之，生而不有，长而不宰，是谓玄德。

**第十一章训为一句：**

1. 三十辐共一毂，当其无，有车之用。埏埴以为器，当其无，有器之用。凿户牖以为室，当其无，有室之用。故有之以为利，无之以为用。

**第十二章训为两句：**

1. 五色令人目盲，五音令人耳聋，五味令人口爽。驰骋畋猎，令人心发狂。难得之货，令人行妨。

2. 是以圣人为腹不为目，故去彼取此。

**第十三章训为两句：**

1. 宠辱若惊，贵大患若身。何谓宠辱若惊？宠为下，得之若惊，失之若惊，是谓宠辱若惊。何谓贵大患若身？吾所以有大患者，为吾有身，及吾无身，吾有何患？

2. 故贵为身于为天下，若可寄天下；爱以身于为天下，若可托天下。

**第十四章训为七句：**

1. 视之不见，名曰夷；听之不闻，名曰希；搏之不得，名曰微。此三者不可致诘，故混而为一。

2. 其上不皦，其下不昧。

3. 绳绳兮不可名。

4. 复归于无物。

5. 是谓无状之状，无物之象，是谓惚恍。

6. 迎之不见其首，随之不见其后。

7. 执古之道，以御今之有。以知古始，是谓道纪。

**第十五章训为五句：**

1. 古之善为道者，微妙玄通，深不可识。

2. 夫唯不可识，故强为之容：豫兮若冬涉川，犹兮若畏四邻，俨兮其若客。涣兮其若凌释，敦兮其若朴。旷兮其若谷，浑兮其若浊。

3. 孰能浊以静之徐清？孰能安以久动之徐生？

4. 保此道者，不欲盈。

5. 夫唯不盈，故能蔽不新成。

**第十六章训为一句：**

1. 致虚极，守静笃。万物并作，吾以观其复。天道运运，各复归其根。归根曰静，静曰复命。复命曰常，知常曰明，不知常，妄作凶。知常容，容乃公，公乃王，王乃天，天乃道，道乃久，没身不殆。

**第十七章训为两句：**

1. 太上，下知有之；其次，亲而誉之；其次，畏之；其次，侮之。

2. 信不足焉，有不信焉。悠兮其贵言，功成事遂，百姓皆谓：我自然。

**第十八章训为一句：**

1. 故大道废，有仁义；智慧出，有大伪；六亲不和，有孝慈；

邦家昏乱，有忠臣。

**第十九章训为两句：**

1. 绝圣弃智，民利百倍；绝仁弃义，民复孝慈；绝巧弃利，盗贼无有。

2. 此三者以为文，不足。故令有所属：见素抱朴，少思寡欲，绝学无忧。

**第二十章训为四句：**

1. 唯之与阿，相去几何？美之与恶，相去若何？人之所畏，不可不畏。荒兮，其未央哉。

2. 众人熙熙，如享太牢，如登春台。我独泊兮其未兆，如婴儿之未孩，儽儽兮若无所归。众人皆有余，而我独若遗。我愚人之心也哉，沌沌兮。俗人昭昭，我独昏昏；俗人察察，我独闷闷。

3. 澹兮其若海，飂兮若无止。

4. 众人皆有以，而我独顽且鄙。我独异于人，而贵食母。

**第二十一章训为五句：**

1. 孔德之容，惟道是从。

2. 道之为物，惟恍惟惚，惚兮恍兮，其中有象。恍兮惚兮，其中有物。窈兮冥兮，其中有精。其精甚真，其中有信。

3. 自古及今，其名不去。

4. 以阅众甫。

5. 吾何以知众甫之状哉？以此。

**第二十二章训为四句：**

1. 曲则全，枉则直。洼则盈，敝则新。少则得，多则惑。

2. 是以圣人执一以为天下式。

3. 不自见故明，不自是故彰，不自伐故有功，不自矜故能长。

4. 夫唯不争，故天下莫能与之争。古之所谓“曲则全”者，岂虚言哉，诚全而归之。

**第二十三章训为三句：**

1. 希言自然。

2.飘风不终朝，骤雨不终日。孰为此者？天地。天地尚不能久，而况于人乎？

3.故从事于道者，同于道；德者，同于德；失者，同于失。同于道者，道亦乐得之；同于德者，德亦乐得之；同于失者，失亦乐得之。信不足焉，有不信焉。

**第二十四章训为一句：**

1.企者不立，跨者不行。自见者不明，自是者不彰，自伐者无功，自矜者不长。其在道也，曰：余食赘形。物或恶之，故有道者不处。

**第二十五章训为三句：**

1.有物混成，先天地生。寂兮寥兮，独立而不改，周行而不殆，可以为天下母。吾不知其名，字之曰道。

2.吾强为之名曰大，大曰逝，逝曰远，远曰反。

3.故道大，天大，地大，王亦大。国中有四大，而王居其一焉。人法地，地法天，天法道，道法自然。

**第二十六章训为一句：**

1.重为轻根，静为躁君。是以圣人终日行不离辎重。虽有荣观，燕处超然。奈何万乘之主，而以身轻天下。轻则失根，躁则失君。

**第二十七章训为四句：**

1.善行无辙迹，善言无瑕谪，善数不用筹策。善闭无关楗而不可开，善结无绳约而不可解。

2.是以圣人常善救人，而无弃人，物无弃财。

3.是谓袭明。

4.故善人者，不善人之师；不善人者，善人之资。不贵其师，不爱其资，虽智大迷，是谓要妙。

**第二十八章训为三句：**

1.知其雄，守其雌，为天下溪。为天下溪，常德不离，复归于婴儿。知其白，守其辱，为天下谷。为天下谷，常德乃足。复归于朴。

2. 朴散则为器，圣人用之则为官长。

3. 故大制无割。

**第二十九章训为四句：**

1. 将欲取天下而为之，吾见其不得已。天下神器，不可为也。为者败之，执者失之。

2. 是以圣人无为故无败，无执故无失。

3. 夫物或行或随，或嘘或吹，或强或羸，或载或隳。

4. 是以圣人去甚，去奢，去泰。

**第三十章训为三句：**

1. 夫以道佐人主者，不以兵强天下。其事好还。师之所处，荆棘生焉，大军之后必有凶年。

2. 善者果而已，不以取强。果而勿矜，果而勿伐，果而勿骄，果而不得已，是谓果而勿强。

3. 物壮则老，谓之不道，不道早已。

**第三十一章训为九句：**

1. 夫兵者，不祥之器，

2. 物或恶之，故有道者不处。

3. 君子居则贵左，用兵则贵右。

4. 故兵者不祥之器。

5. 非君子之器，不得已而用之，恬淡为上。

6. 胜而不美，而美之者，是乐杀人。夫乐杀人者，则不可得志于天下矣。

7. 是以吉事尚左，凶事尚右。

8. 是以偏将军居左，上将军居右。

9. 言以丧礼居之。杀人之众，以悲哀泣之。战胜，以丧礼处之。

**第三十二章训为五句：**

1. 道常无名。

2. 朴虽小，天下莫能臣。侯王若能守之，万物将自宾。

3. 天地相合，以降甘露，民莫之令而自均。

4. 始制有名，名亦既有，夫亦将知止，知止可以不殆。

5. 譬道之在天下，犹川谷之于江海。

**第三十三章训为一句：**

1. 知人者智，自知者明。胜人者有力，自胜者强。知足者富，强行者有志。不失其所者久，死而不亡者寿。

**第三十四章训为四句：**

1. 大道泛兮，其可左右。

2. 万物持之以生而不辞，功成而不有，衣养万物而不为主。则恒无欲也，可名于小。

3. 万物归焉而不为主，可名为大。

4. 以其终不自为大，故能成其大。

**第三十五章训为三句：**

1. 执大象，天下往。往而不害，安平泰。

2. 乐与饵，过客止。

3. 故道之出口，淡乎其无味，视之不足见。听之不足闻，用之不可既。

**第三十六章训为四句：**

1. 将欲歙之，必姑张之。将欲弱之，必姑强之。将欲废之，必姑兴之。将欲夺之，必姑与之。

2. 是谓微明。

3. 柔弱胜刚强。

4. 鱼不可脱于渊，邦之利器不可以示人。

**第三十七章训为两句：**

1. 道常无为而无不为。侯王若能守之，万物将自化。化而欲作，吾将镇之以无名之朴。

2. 镇之以无名之朴，夫将不欲。不欲以静，天下将自正。

**第三十八章训为一句：**

1. 上德不德，是以有德。下德不失德，是以无德。上德无为而无以为，下德为之而有以为。上仁为之而无以为，上义为之而有以为。上礼为之而莫之应，则攘臂而扔之。故失道而后德，失德而后仁，失仁而后义，失义而后礼。夫礼者，忠信之薄，而乱之首。前识者，道之华，而愚之始。是以大丈夫处其厚，不居其薄；处其实，不居其华。故去彼取此。

**第三十九章训为三句：**

1.昔之得一者。天得一以清，地得一以宁。神得一以灵，谷得一以盈，侯王得一以为天下正。

2.其致之也。谓天无以清，将恐裂。地无以宁，将恐废。神无以灵，将恐歇。谷无以盈，将恐竭。侯王无以正，将恐蹶。

3.故贵以贱为本，高以下为基。是以侯王自称孤、寡、不谷、此非以贱为本邪？非乎？故致誉无誉。是故不欲禄禄如玉，珞珞如石。

**第四十章训为两句：**

1.反者道之动，弱者道之用。

2.天下之物生于有，有生于无。

**第四十一章训为两句：**

1.上士闻道，勤而行之。中士闻道，若存若亡。下士闻道，大笑之，不笑不足以为道。

2.故建言有之：明道若昧，进道若退，夷道若颣。上德若谷，广德若不足；建德若偷，质真若渝。大白若辱，大方无隅。大器晚成，大音希声。大象无形，道隐无名。夫唯道，善贷且成。

**第四十二章训为四句：**

1.道生一，一生二，二生三，三生万物。万物负阴而抱阳，冲气以为和。

2.人之所恶，唯孤、寡、不谷，而王公以为称。故物或损之而益，或益之而损。

3.人之所教，我亦教之。

4.故强梁者不得其死，吾将以为教父。

**第四十三章训为两句：**

1.天下之至柔，驰骋于天下之至坚。无有入于无间，吾是以知无为之有益。

2.不言之教，无为之益，天下希及之。

**第四十四章训为一句：**

1.名与身孰亲？身与货孰多？得与亡孰病？甚爱必大费，多藏必厚亡。故知足不辱，知止不殆，可以长久。

**第四十五章训为两句：**

1.大成若缺，其用不弊。大盈若冲，其用不穷。大直若屈，大巧若拙，大益若绌。

2.躁胜寒，静胜热，清静为天下正。

**第四十六章训为两句：**

1.天下有道，却走马以粪。天下无道，戎马生于郊。

2.祸莫大于不知足，咎莫大于欲得。故知足之足，常足矣。

**第四十七章训为一句：**

1.不出户，知天下。不窥牖，见天道。其出弥远，其知弥少。是以圣人不行而知，不见而明，不为而成。

**第四十八章训为三句：**

1.为学日益，为道日损。损之又损，以至于无为。

2.无为而无不为。

3.取天下常以无事，及其有事，不足以取天下。

**第四十九章训为一句：**

1.圣人无常心，以百姓心为心。善者，吾善之；不善者，吾亦善之，德善。信者，吾信之；不信者，吾亦信之，德信。圣人在天下歙歙焉，为天下浑其心。百姓皆注其耳目，圣人皆孩之。

**第五十章训为三句：**

1.出生入死。生之徒，十有三。死之徒，十有三。民之生生，动皆之死地，亦十有三。

2. 夫何故？以其生生之厚。

3. 盖闻善摄生者，路行不遇兕虎，入军不被甲兵。兕无所投其角，虎无所措其爪，兵无所容其刃。夫何故？以其无死地。

**第五十一章训为两句：**

1. 道生之，德畜之，物形之，器成之。是以万物莫不尊道而贵德。道之尊，德之贵，夫莫之命而常自然。道生之，德畜之，长之、育之，亭之、毒之，养之、覆之。

2. 生而不有，为而不恃，长而不宰，是谓玄德。

**第五十二章训为三句：**

1. 天下有始，以为天下母。既得其母，以知其子。既知其子，复守其母，没身不殆。塞其兑，闭其门，终身不勤。开其兑，济其事，终身不救。

2. 见小曰明，守柔曰强。

3. 用其光，复归其明。无遗身殃，是谓袭常。

**第五十三章训为三句：**

1. 使我介然有知，行于大道，唯施是畏。大道甚夷，而民好径。

2. 朝甚除，田甚芜，仓甚虚。

3. 服文采，带利剑，厌饮食，财货有余，是谓盗夸，非道也哉。

**第五十四章训为三句：**

1. 善建者不拔，善抱者不脱。

2. 子孙以祭祀不辍。

3. 修之于身，其德乃真；修之于家，其德乃余。修之于乡，其德乃长；修之于邦，其德乃丰。修之于天下，其德乃普。故以身观身，以家观家，以乡观乡，以邦观邦，以天下观天下。吾何以知天下然哉？以此。

**第五十五章训为两句：**

1. 含德之厚，比于赤子。毒虫不螫，猛兽不据，攫鸟不搏。骨弱筋柔而握固，未知牝牡之合而朘怒，精之至也。终日号而不嗄，和之至也。知和曰常，知常曰明。

2.益生曰祥，心使气曰强。物壮则老，谓之不道，不道早已。

**第五十六章训为三句：**

1.知者不言，言者不知。

2.塞其兑，闭其门。挫其锐，解其纷。和其光，同其尘，是为玄同。

3.故不可得而亲，不可得而疏。不可得而利，不可得而害。不可得而贵，不可得而贱，故为天下贵。

**第五十七章训为三句：**

1.以正治邦，以奇用兵，以无事取天下。吾何以知其然哉，以此。

2 .天下多忌讳，而民弥贫。民多利器，邦家滋昏。民多伎巧，奇物滋起。法令滋彰，盗贼多有。

3.是以圣人云：我无为而民自化，我好静而民自正，我无事而民自富，我无欲而民自朴。

**第五十八章训为三句：**

1.其政闷闷，其民淳淳。其政察察，其民缺缺。

2.祸兮，福之所倚；福兮，祸之所伏。孰知其极？其无正也。正复为奇，善复为妖。人之谜，其日固久。

3.是以圣人方而不割，廉而不刿，直而不肆，光而不耀。

**第五十九章训为一句：**

1.治人事天，莫若啬。夫为啬，是谓早服。早服谓之重积德，重积德则无不克。无不克则莫知其极，莫知其极，可以有国。有国之母，可以长久，是谓深根固柢，长生久视之道。

**第六十章训为两句：**

1.治大邦，若烹小鲜。

2.以道莅天下，其鬼不神。非其鬼不神，其神不伤人。非其神不伤人，圣人亦不伤人。夫两不相伤，故德交归焉。

**第六十一章训为一句：**

1.大邦者下流，天下之交，天下之牝也。牝常以静胜牡，以静为下。故大邦以下小邦，则取小邦。小邦以下大邦，则取大邦。故或下以取，或下而取。大邦不过欲兼畜人，小邦不过欲入事人。夫两者各得其所欲，大者宜为下。

**第六十二章训为四句：**

1.道者万物之奥，善人之宝，不善人之所保。

2.美言可以市尊，美行可以加人。

3.人之不善，何弃之有？

4.故立天子，置三公，虽有拱璧以先驷马，不如坐进此道。古之所以贵此道者何？不曰：求以得。有罪以免邪？故为天下贵。

**第六十三章训为四句：**

1.为无为，事无事，味无味。

2.大小多少，报怨以德。

3.图难于其易，为大于其细。

4.天下难事，必作于易。天下大事，必作于细。是以圣人终不为大，故能成其大。夫轻诺必寡信，多易必多难。是以圣人犹难之，故终无难矣。

**第六十四章训为七句：**

1.其安易持，其未兆易谋。其脆易泮，其微易散。为之于其未有，治之于其未乱。

2.合抱之木，生于毫末。九层之台，起于累土。千里之行，始于足下。

3.为者败之，执者失之。

4.是以圣人无为故无败，无执故无失。

5.民之从事，常于几成而败之。

6.故慎终如始，则无败事。

7.是以圣人欲不欲，不贵难得之货。学不学，复众人之所过，以辅万物之自然而不敢为。

**第六十五章训为两句：**

1.故曰：古之善为道者，非以明民，将以愚之。民之难治，以其智多。故以智治国，国之贼；不以智治国，国之福。

2.知此两者亦稽式，常知稽式，是谓玄德。玄德深矣，远矣，与物反矣，然后乃至大顺。

**第六十六章训为两句：**

1.江海之所以能为百谷王者，以其善下之，故能为百谷王。是以圣人欲上民，必以言下之。欲先民，必以身后之。是以圣人处上而民不重，处前而民不害，是以天下乐推而不厌。

2.以其不争，故天下莫能与之争。

**第六十七章训为一句：**

1.天下皆谓我道大，似不肖。夫唯大，故似不肖；若肖，久矣其细也夫。我有三宝，持而保之。一曰慈，二曰俭，三曰不敢为天下先。慈故能勇，俭故能广。不敢为天下先，故能成器长。今舍慈且勇，舍俭且广，舍后且先，死矣。夫慈，以战则胜，以守则固。天将救之，以慈卫之。

**第六十八章训为四句：**

1.善为士者不武，善战者不怒。善胜敌者不与，善用人者为之下，是谓不争之德。

2.是谓用人。

3.是谓配天。

4.古之极也。

**第六十九章训为两句：**

1.用兵有言：吾不敢为主而为客，不敢进寸而退尺。

2.是谓行无行，攘无臂。扔无敌，执无兵。祸莫大于轻敌，轻敌几丧吾宝。故抗兵相若，哀者胜矣。

**第七十章训为两句：**

1.吾言甚易知，甚易行。天下莫能知，莫能行。言有宗，事有君。夫唯无知，是以不我知。知我者希，则我者贵。

2.是以圣人被褐而怀玉。

**第七十一章训为一句：**

1. 知不知，尚矣；不知知，病也。圣人不病，以其病病，是以不病。

**第七十二章训为两句：**

1. 民不畏威，则大威至。

2. 无狎其所居，无厌其所生。夫唯不厌，是以不厌。是以圣人自知不自见，自爱不自贵。故去彼取此。

**第七十三章训为三句：**

1. 勇于敢则杀，勇于不敢则活。此两者，或利或害。

2. 天之所恶，孰知其故？

3. 是以圣人犹难之。天之道，不争而善胜，不言而善应；不召而自来，繟然而善谋。天网恢恢，疏而不漏。

**第七十四章训为三句：**

1. 民不畏死，奈何以死惧之？若使民常畏死，而为奇者，孰得执而杀之。

2. 孰敢？

3. 若民恒且必畏死，常有司杀者杀。夫代司杀者杀，是谓代大匠斫。夫代大匠斫者，希有不伤其手矣。

**第七十五章训为三句：**

1. 民之饥，以其上食税之多，是以饥。民之难治，以其上之有为，是以难治。

2. 民之轻死，以其求生之厚，是以轻死。

3. 夫唯无以生为者，是贤于贵生。

**第七十六章训为两句：**

1. 人之生也柔弱，其死也坚强。万物草木之生也柔脆，其死也枯槁。故曰：坚强者死之徒，柔弱者生之徒。

2. 是以兵强则灭，木强则折。故强大处下，柔弱处上。

**第七十七章训为两句：**

1. 天之道，其犹张弓也？高者抑之，下者举之。有余者损之，不足者补之。天之道，损有余而补不足。人之道，则不然，损不足以奉有余。孰能有余以奉于天？唯有道者。

2.是以圣人为而不恃，功成而不处，其不欲见贤。

**第七十八章训为两句：**

1.天下莫柔弱于水，而攻坚强者莫之能胜，以其无以易之。弱之胜强，柔之胜刚，天下莫不知，莫能行。

2.是以圣人云：受邦之垢，是谓社稷主。受邦不祥，是为天下王。正言若反。

**第七十九章训为两句：**

1.和大怨，必有余怨，安可以为善。

2.是以圣人执左契，而不责于人。有德司契，无德司彻。天道无亲，常与善人。

**第八十章训为一句：**

1.小邦寡民。使有什伯之器而不用，使民重死而不远徙。虽有舟舆，无所乘之。虽有甲兵，无所陈之。使民复结绳而用之，甘其食，美其服，安其居，乐其俗。邻国相望，鸡犬之声相闻。民至老死，不相往来。

**第八十一章训为一句：**

1.信言不美，美言不信。善者不辩，辩者不善。知者不博，博者不知。圣人不积，既以为人己愈有，既以与人己愈多。天之道，利而不害。圣人之道，为而不争。

我们知道一句话或是字词，只有置于特定的语境之中才会明确其准确含义，这是汉语固有的特点。尤其是文言文多采用会意、引申、比拟等手法，如若脱离具体的语境，那么任何的解读都将不得要领。历史上解老的观点与角度如此繁多，而又始终无法形成共识，也许根本原因正在于此。即学人没有一个准确的《老子》底本为解读的基准，故而晦涩难明。见仁见智者虽众，但大道隐于无形，以至于各种误读与谬论纵横交织形成一张无形的网，彻底遮掩了《老子》一书的真实面貌。

以我一己之浅见，造成这样的状况很可能与其成书过程有莫大之关系。《老子》大约是在周敬王时期尹喜驻守的函谷关处完成的。彼时的函谷关大约位于现今河南省西部灵宝市北15公里处的王垛村，紧靠黄河岸边，周边多以丘陵岗地为主。因关在谷中，深险如函，故称函谷关。彼时河南省气候较今日要温暖湿润一些，类似现今两湖地区的气候条件，故其地原始物产相对充裕。但函谷关毕竟属于边塞军事地区，距中原富庶之地尚远。很多需要加工处理的物资储备可能会相对匮乏，因此或许不会随手拿起竹简或是丝帛就可以书写。而这本《老子》恰恰并不是准备充分后所写，而是被尹喜所挟临时机缘巧合而“强”成。粗略计算会发现，书写这本5200字左右的《老子》需要350—500支简，如此当时关府是否有这么多的存简就成了疑问。因此《老子》原件是写在什么材质之上？可能是所有问题的根源，更勿论其保存。根据以上情况简单地推断现存《老子》底本来源可能有以下情况，按可能性大小排列为：其一，可能性最大的情况是其原件是临时写在不适宜书写留存的粗糙材质之上，比如初级加工的竹板、木板，甚至是兽骨等随手可取的材质，其正常文本顺序并不明显，后被有心人简单拼凑而成；其二，有人想要毁掉本书的原件并使之残损凌乱；其三，其底本并非抄自原件，而是根据口述拼凑而成。无论是怎样的具体原因，使之流传下来的前辈总是在仓促间将零散的残本简单拼接而成，于是现有《老子》版本之底本得以流行于世。

# 第三章 大器晚成

最后一个难题是，如何利用这212条语句重新串连成一篇文通意顺的《老子》，使其尽可能接近彼时尹喜所见之面貌。虽然前辈学人多对现有《老子》版本存在的错简、漏简等瑕疵进行揭示，但仅我所接触的解老作品中，并未有相关重组文本之经验可以借鉴。这同样是一个漫长的过程，如同拼图游戏一般。在不断拼接、串连的尝试中，我逐渐找到了串连所应遵循的基本原则。首先以历代传本为基准，不增、不删原文字词，这是保证文本真实、准确的基础。其次以中国传统文化学理为导向，这是融通《老子》一书之核心宗旨。最后具体的拼接方法是，以散落在现有文本中若隐若现的"道""德"逻辑为主线，以原文中固有之连接词如"故""是以""是谓"等为枢纽，寻找最贴合文意或逻辑关联的文本衔接成句。再按同意相聚的原则形成相关段落，最后串连成文通意顺的文章。

遵循着这样的原则，经过持续地串连与调整，《老子》这部所谓的"万经之王"，在其传承两千多年后逐渐显露出它的真容。老子说"大器晚成"，或许这也是一种宿命吧。虽然我相信这会比现有版本更为接近《老子》原文，或者说是更为文通意顺的版本，但我同样知道其结果必然会局限于自己的认知与能力，很难不带有主观臆断，诚望同好斧正指引。

重新串连后的《老子》文本按历史所载分为两篇，即"道篇"与"德篇"，又按其文意分为十五章。具体如下：

## 凡例

1.【 】内为原文，原文前数字表示该句在原八十一章中的具体位置。如【25.1……】表示第二十五章第1句。

2.【 】内之【 】表示插入的语句。

3. 结合思维导图（见本书附页）。

# 上篇：道篇

## 道纪第一：

【25–1有物混成，先天地生。寂兮寥兮，独立而不改，周行而不殆，可以为天下母。吾不知其名，字之曰道。】【1–1道可道，非常道；名可名，非常名。无名，天地之始；有名，万物之母。】

【32–4始制有名，名亦既有，夫亦将知止。知止可以不殆，】【28–3故大制无割。】【39–1昔之得一者。天得一以清，地得一以宁。神得一以灵，谷得一以盈，侯王得一以为天下正。】【22–2是以圣人执一以为天下式。】

【22–2道之为物，惟恍惟惚。惚兮恍兮，其中有象。恍兮惚兮，其中有物。窈兮冥兮，其中有精。其精甚真，其中有信。】【1–2故常无，欲以观其妙；常有，欲以观其徼（以观其所噭）。此两者同出而异名，同谓之玄。玄之又玄，众妙之门。】

【4–1道冲，而用之或不盈。渊兮，似万物之宗；湛兮，似或存。】【14–6迎之不见其首，随之不见其后。】【4–2吾不知谁之子，象帝之先。】【21–3自古及今，其名不去，】【68–4古之极也。】【14–7执古之道以御今之有，以知古始，【21–4以阅众甫，】是谓道纪。】【21–5吾何以知众甫之状哉？以此。】

## 稽式第二：

【33–1知人者智，自知者明。胜人者有力，自胜者强。知足者富，强行者有志。不失其所者久，死而不亡者寿。】【42–3人之所教，我亦教之。】【76–1人之生也柔弱，其死也坚强。万物草木之生也柔脆，其死也枯槁。故曰：坚强者死之徒，柔弱者生之徒。】【42–4故强梁者不得其死，吾将以为教父。】

【77–1天之道，其犹张弓也？高者抑之，下者举之。有余者损

之，不足者补之。天之道，损有余而补不足。人之道，则不然，损不足以奉有余。【50–2 夫何故？以其生生之厚。】孰能有余以奉于天？唯有道者。】

【40–1 反者道之动，弱者道之用。】【65–2 知此两者亦稽式，常知稽式，是谓玄德。玄德深矣，远矣，与物反矣。然后乃至大顺，】【68–3 是谓配天。】

**无为第三：**

【2–1 天下皆知美之为美，斯恶矣；皆知善，斯不善矣。】【20–1 唯之与阿，相去几何？美之与恶，相去若何？人之所畏，不可不畏。荒兮，其未央哉。】【42–2 人之所恶，唯孤、寡、不谷，而王公以为称。故物或损之而益，或益之而损。】【73–2 天之所恶，孰知其故？】

【40–2 天下之物生于有，有生于无。】【2–2 故有无相生，难易相成。长短相形，高下相盈。音声相和，先后相随。恒也。】【39–3 故贵以贱为本，高以下为基。是以侯王自称孤、寡、不谷，此非以贱为本邪？非乎？故致誉无誉。是故不欲禄禄如玉，珞珞如石。】

【11–1 三十辐共一毂，当其无有车之用。埏埴以为器，当其无有器之用。凿户牖以为室，当其无有室之用。故有之以为利，无之以为用。】【2–3 是以圣人居无为之事，行不言之教。】【47–1 不出户，知天下。不窥牖，见天道。其出弥远，其知弥少。是以圣人不行而知，不见而明，不为而成。】【48–2 无为而无不为。】

【65–1 故曰：古之善为道者，非以明民，将以愚之。民之难治，以其智多。故以智治国，国之贼；不以智治国，国之福。】【3–1 不尚贤，使民不争；不贵难得之货，使民不为盗；不见可欲，使民心不乱。】【19–2 此三者以为文，不足。故令有所属：见素抱朴，少思寡欲，绝学无忧，】【23–1 希言自然。】【3–2 是以圣人之治，虚其心，实其腹。弱其志，强其骨。常使民无知无欲，使夫智者不敢为也。为无为，则无不治。】

## 长生第四：

【7–1天长地久。天地所以能长且久者，以其不自生，故能长生。】【2–4万物作而弗始，为而弗恃，功成而弗居。夫唯弗居，是以弗去。】

【50–1出生入死。生之徒，十有三。死之徒，十有三。民之生生，动皆之死地，亦十有三。】【75–2民之轻死，以其求生之厚，是以轻死。】【12–1五色令人目盲，五音令人耳聋，五味令人口爽。驰骋畋猎，令人心发狂。难得之货，令人行妨。】【64–7是以圣人欲不欲，不贵难得之货。学不学，复众人之所过，以辅万物之自然而不敢为。】

【59–1治人事天，莫若啬。夫为啬，是谓早服。早服谓之重积德，重积德则无不克。无不克则莫知其极，莫知其极，可以有国。有国之母，可以长久，是谓深根固柢，长生久视之道。】

## 袭常第五：

【5–2天地之间，其犹橐龠乎？虚而不屈，动而愈出。】【6–2绵绵若存，用之不勤。】【10–1载营魄抱一，能无离乎？抟气致柔，能如婴儿乎？涤除玄鉴，能无疵乎？爱国治民，能无为乎？天门开阖，能为雌乎？明白四达，能无知乎？】【15–3孰能浊以静之徐清？孰能安以久动之徐生？】【5–3多闻数穷，不如守于中。】

【52–1天下有始，以为天下母。既得其母，以知其子。既知其子，复守其母，没身不殆。塞其兑，闭其门，终身不勤。开其兑，济其事，终身不救。】【56–2塞其兑，闭其门。挫其锐，解其纷。和其光，同其尘，是为玄同。】【52–3用其光，复归其明，无遗身殃，是谓袭常。】【12–2是以圣人为腹不为目，故去彼取此。】

【55–2益生曰祥，心使气曰强。物壮则老，谓之不道，不道早已。】【6–1谷神不死，是谓玄牝。玄牝之门，是谓天地根。】【14–1视之不见，名曰夷；听之不闻，名曰希；搏之不得，名曰微。此三者不可致诘，故混而为一。】【14–3绳绳兮不可名，】【25–2吾强为之

名曰大。大曰逝，逝曰远，远曰反，】【14–4复归于无物。】【14–2其上不皦，其下不昧。】【14–5是谓无状之状，无物之象，是谓惚恍。】

【16–1致虚极，守静笃。万物并作，吾以观其复。天道运运，各复归其根。归根曰静，静曰复命。复命曰常，知常曰明，不知常，妄作凶。知常容（客），容（客）乃公，公乃王，王乃天，天乃道，道乃久，没身不殆。】

**袭明第六：**

【13–1宠辱若惊，贵大患若身。何谓宠辱若惊？宠为下，得之若惊，失之若惊，是谓宠辱若惊。何谓贵大患若身？吾所以有大患者，为吾有身，及吾无身，吾有何患？】【75–3夫唯无以生为者，是贤于贵生。】【50–3盖闻善摄生者，路行不遇兕虎，入军不被甲兵。兕无所投其角，虎无所措其爪，兵无所容其刃。夫何故？以其无死地。】

【43–1天下之至柔，驰骋于天下之至坚。无有入于无间，吾是以知无为之有益。】【51–2生而不有，为而不恃，长而不宰，是谓玄德。】【55–1含德之厚，比于赤子。毒虫不螫，猛兽不据，攫鸟不搏。骨弱筋柔而握固，未知牝牡之合而朘怒，精之至也。终日号而不嗄，和之至也。知和曰常，知常曰明，】【27–3是谓袭明。】

【37–1道常无为而无不为。侯王若能守之，万物将自化。化而欲作，吾将镇之以无名之朴。】【24–1企者不立，跨者不行。自见者不明，自是者不彰，自伐者无功，自矜者不长。其在道也，曰：余食赘形。物或恶之，故有道者不处。】【22–3不自见故明，不自是故彰，不自伐故有功，不自矜故能长。】

【32–1道常无名。】【34–2万物持之以生而不辞，功成而不有，衣养万物而不为主。则恒无欲也，可名于小。】【28–1知其雄，守其雌，为天下溪。为天下溪，常德不离，复归于婴儿。知其白，守其辱，为天下谷。为天下谷，常德乃足，复归于朴。】【32–2朴虽小，天下莫能臣。侯王若能守之，万物将自宾。】

【37–2镇之以无名之朴，夫将不欲。不欲以静，天下将自正。】【25–3故道大，天大，地大，王亦大。国中有四大，而王居其一焉。人法地，地法天，天法道，道法自然。】【57–3是以圣人云：我无为而民自化，我好静而民自正，我无事而民自富，我无欲而民自朴。】

**慎终第七：**

【62–1道者万物之奥，善人之宝，不善人之所保。】【27–4故善人者，不善人之师；不善人者，善人之资。不贵其师，不爱其资，虽智大迷，是谓要妙。】

【32–5譬道之在天下，犹川谷之于江海。】【34–1大道泛兮，其可左右。】【23–3故从事于道者，同于道；德者，同于德；失者，同于失。同于道者，道亦乐得之；同于德者，德亦乐得之；同于失者，失亦乐得之。信不足焉，有不信焉。】【27–2是以圣人常善救人，而无弃人，物无弃财。】【62–3人之不善，何弃之有？】

【45–1大成若缺，其用不弊。大盈若冲，其用不穷。大直若屈，大巧若拙，大益若绌。】【41–2故建言有之：明道若昧，进道若退，夷道若纇。上德若谷，广德若不足；建德若偷，质真若渝。大白若辱，大方无隅。大器晚成，大音希声。大象无形，道隐无名。夫唯道，善贷且成。】

【54–1善建者不拔，善抱者不脱。】【64–5民之从事，常于几成而败之。】【23–2飘风不终朝，骤雨不终日。孰为此者？天地。天地尚不能久，而况于人乎？】【64–2合抱之木，生于毫末。九层之台，起于累土。千里之行，始于足下。】【64–6故慎终如始，则无败事。】【63–4天下难事，必作于易。天下大事，必作于细。是以圣人终不为大，故能成其大。夫轻诺必寡信，多易必多难。是以圣人犹难之，故终无难矣。】

**闻道第八：**

【62–2美言可以市尊，美行可以加人。】【35–2乐与饵，过客

止。】【53-3服文采，带利剑，厌饮食，财货有余，是谓盗夸，非道也哉。】【35-3故道之出口，淡乎其无味，视之不足见。听之不足闻，用之不可既。】【29-4是以圣人去甚，去奢，去泰。】

【41-1上士闻道，勤而行之。中士闻道，若存若亡。下士闻道，大笑之，不笑不足以为道。】【53-1使我介然有知，行于大道，唯施是畏。大道甚夷，而民好径。】【20-2众人熙熙，如享太牢，如登春台。我独泊兮其未兆，如婴儿之未孩，傫傫兮若无所归。众人皆有余，而我独若遗。我愚人之心也哉，沌沌兮。俗人昭昭，我独昏昏；俗人察察，我独闷闷。】【20-4众人皆有以，而我独顽且鄙。我独异于人，而贵食母。】

【48-1为学日益，为道日损。损之又损，以至于无为。】【64-3为者败之，执者失之。】【63-1为无为，事无事，味无味，】【15-4-保此道者不欲盈。】【9-1持而盈之，不如其已：揣而锐之，不可长保：金玉满堂，莫之能守：富贵而骄，自遗其咎：功成身退，天之道也。】【46-2祸莫大于不知足，咎莫大于欲得。故知足之足，常足矣。】【15-5夫唯不盈，故能蔽不新成。】【64-4是以圣人无为故无败，无执故无失。】

【26-1重为轻根，静为躁君。是以圣人终日行不离辎重。虽有荣观，燕处超然。奈何万乘之主，而以身轻天下。轻则失根，躁则失君。】【13-2故贵为身于为天下，若可寄天下；爱以身于为天下，若可托天下。】【44-1名与身孰亲？身与货孰多？得与亡孰病？甚爱必大费，多藏必厚亡。故知足不辱，知止不殆，可以长久。】【62-4故立天子，置三公，虽有拱璧以先驷马，不如坐进此道。古之所以贵此道者何？不曰：求以得。有罪以免邪？故为天下贵。】

**玄通第九：**

【15-1古之善为道者，微妙玄通，深不可识。】【27-1善行无辙迹，善言无瑕谪，善数不用筹策。善闭无关楗而不可开，善结无绳约而不可解。】【15-2夫唯不可识，故强为之容：豫兮若冬涉川，犹兮若畏四邻，俨兮其若客。涣兮其若凌释，敦兮其若朴。旷兮其若

谷，浑兮其若浊。】【20-3澹兮其若海，飂兮若无止。】【17-2信不足焉，有不信焉。悠兮其贵言，功成事遂，百姓皆谓：我自然。】【77-2是以圣人为而不恃，功成而不处，其不欲见贤。】

【56-1知者不言，言者不知。】【70-1吾言甚易知，甚易行。天下莫能知，莫能行。言有宗，事有君。夫唯无知，是以不我知。知我者希，则我者贵。】【43-2不言之教，无为之益，天下希及之。】

## 下篇：德篇

### 天下第十：

【42-1道生一，一生二，二生三，三生万物。万物负阴而抱阳，冲气以为和。】【51-1道生之，德畜之，物形之，器成之。是以万物莫不尊道而贵德。道之尊，德之贵，夫莫之命而常自然。道生之，德畜之，长之、育之，亭之、毒之，养之、覆之。】【32-3天地相合，以降甘露，民莫之令而自均。】【10-2生之畜之，生而不有，长而不宰，是谓玄德。】【54-3修之于身，其德乃真；修之于家，其德乃余。修之于乡，其德乃长；修之于邦，其德乃丰。修之于天下，其德乃普。故以身观身，以家观家，以乡观乡，以邦观邦，以天下观天下。吾何以知天下然哉？以此。】

【21-1孔德之容，惟道是从。】【8-2居善地，心善渊。与善仁，言善信。政善治，事善能，动善时。】【60-2以道莅天下，其鬼不神。非其鬼不神，其神不伤人。非其神不伤人，圣人亦不伤人。夫两不相伤，故德交归焉。】【34-3万物归焉而不为主，可名为大。】【35-1执大象，天下往。往而不害，安平泰。】【54-2子孙以祭祀不辍。】

【38-1上德不德，是以有德。下德不失德，是以无德。上德无为而无以为，下德为之而有以为。上仁为之而无以为，上义为之而有以为。上礼为之而莫之应，则攘臂而扔之。故失道而后德，失德而后仁，失仁而后义，失义而后礼。夫礼者，忠信之薄，而乱之首。

前识者，道之华，而愚之始。【18–1故大道废，有仁义；智慧出，有大伪；六亲不和，有孝慈；邦家昏乱，有忠臣。】是以大丈夫处其厚，不居其薄；处其实，不居其华，故去彼取此。】

**圣人第十一：**

【28–2朴散则为器，圣人用之则为官长。】【66–1江海之所以能为百谷王者，以其善下之，故能为百谷王。是以圣人欲上民，必以言下之；欲先民，必以身后之。【7–2是以圣人后其身而身先；外其身而身存。非以其无私耶？故能成其私。】是以圣人处上而民不重，处前而民不害，是以天下乐推而不厌。】【72–2无狎其所居，无厌其所生。夫唯不厌，是以不厌。是以圣人自知不自见，自爱不自贵。故去彼取此。】

【49–1圣人无常心，以百姓心为心。善者，吾善之；不善者，吾亦善之，德善。信者，吾信之；不信者，吾亦信之，德信。圣人在天下歙歙焉，为天下浑其心。百姓皆注其耳目，圣人皆孩之。】【58–1其政闷闷，其民淳淳；其政察察，其民缺缺。】【58–3是以圣人方而不割，廉而不刿，直而不肆，光而不耀。】【56–3故不可得而亲，不可得而疏。不可得而利，不可得而害。不可得而贵，不可得而贱，故为天下贵。】

**治邦第十二：**

【29–1将欲取天下而为之，吾见其不得已。天下神器，不可为也。为者败之，执者失之。】【75–1民之饥，以其上食税之多，是以饥。民之难治，以其上之有为，是以难治。】【57–2 天下多忌讳，而民弥贫。民多利器，邦家滋昏。民多伎巧，奇物滋起。法令滋彰，盗贼多有。】【39–2其致之也。谓天无以清，将恐裂。地无以宁，将恐废。神无以灵，将恐歇。谷无以盈，将恐竭。侯王无以正，将恐蹶。】【19–1绝圣弃智，民利百倍；绝仁弃义，民复孝慈；绝巧弃利，盗贼无有。】【36–4鱼不可脱于渊，邦之利器不可以示人。】【17–1

太上，下知有之；其次，亲而誉之；其次，畏之；其次，侮之。】【29-2是以圣人无为故无败，无执故无失。】

【80-1小邦寡民。使有什伯之器而不用，使民重死而不远徙。虽有舟舆，无所乘之。虽有甲兵，无所陈之。使民复结绳而用之，甘其食，美其服，安其居，乐其俗。邻国相望，鸡犬之声相闻，民至老死，不相往来。】【8-3夫唯不争，故无尤。】

【60-1治大邦，若烹小鲜。】【52-2见小曰明，守柔曰强。】【64-1其安易持，其未兆易谋。其脆易泮，其微易散。为之于其未有，治之于其未乱，】【36-2是谓微明。】【63-3图难于其易，为大于其细。】【34-4以其终不自为大，故能成其大。】

【61-1大邦者下流，天下之交，天下之牝也。牝常以静胜牡，以静为下。故大邦以下小邦，则取小邦。小邦以下大邦，则取大邦。故或下以取，或下而取。大邦不过欲兼畜人，小邦不过欲入事人。夫两者各得其所欲，大者宜为下。】【66-2以其不争，故天下莫能与之争。】【45-2躁胜寒，静胜热，清静为天下正。】

## 用兵第十三：

【31-1夫兵者，不祥之器。】【31-5非君子之器，不得已而用之，恬淡为上。】【31-3君子居则贵左，用兵则贵右。】【31-7是以吉事尚左，凶事尚右。】【31-9言以丧礼居之，杀人之众，以悲哀泣之。战胜，以丧礼处之。】【30-2善者果而已，不以取强。果而勿矜，果而勿伐，果而勿骄，果而不得已，是谓果而勿强。】

【78-1天下莫柔弱于水，而攻坚强者莫之能胜，以其无以易之。弱之胜强，柔之胜刚，天下莫不知，莫能行。】【68-1善为士者不武，善战者不怒。善胜敌者不与，善用人者为之下，是谓不争之德。】【31-8是以偏将军居左，上将军居右。】【68-2是谓用人。】【30-3物壮则老，谓之不道，不道早已。】【76-2是以兵强则灭，木强则折。故强大处下，柔弱处上，】【36-3柔弱胜刚强。】

【69-1用兵有言：吾不敢为主而为客，不敢进寸而退尺。】【36-1将欲歙之，必姑张之。将欲弱之，必姑强之。将欲废之，必姑兴之。

将欲夺之，必姑与之。】【69-2是谓行无行，攘无臂。扔无敌，执无兵。祸莫大于轻敌，轻敌几丧吾宝。故抗兵相若，哀者胜矣。】

【46-1天下有道，却走马以粪。天下无道，戎马生于郊。】【30-1夫以道佐人主者，不以兵强天下，其事好还。师之所处，荆棘生焉，大军之后必有凶年。】【53-2朝甚除，田甚芜，仓甚虚。】【31-4故兵者不祥之器，】【31-2物或恶之，故有道者不处。】【31-6胜而不美，而美之者，是乐杀人。夫乐杀人者，则不可得志于天下矣。】【48-3取天下常以无事，及其有事，不足以取天下。】

【57-1以正治邦，以奇用兵，以无事取天下。吾何以知其然哉，以此。】【8-1上善若水。水善利万物而不争，处众人之所恶，故几于道。】【78-2是以圣人云：受邦之垢，是谓社稷主。受邦不祥，是为天下王。正言若反。】

**天道第十四：**

【5-1天地不仁，以万物为刍狗；圣人不仁，以百姓为刍狗。】【79-1和大怨，必有余怨，安可以为善。】【22-1曲则全，枉则直。洼则盈，敝则新。少则得，多则惑。】【63-2大小多少，报怨以德。】【22-4夫唯不争，故天下莫能与之争。古之所谓“曲则全”者，岂虚言哉，诚全而归之。】【79-2是以圣人执左契，而不责于人。有德司契，无德司彻。天道无亲，常与善人。】

【72-1民不畏威，则大威至。】【74-1民不畏死，奈何以死惧之？若使民常畏死，而为奇者，孰得执而杀之？】【74-3若民恒且必畏死，常有司杀者杀。夫代司杀者杀，是谓代大匠斫。夫代大匠斫者，希有不伤其手矣。】【74-2孰敢？】

【73-1勇于敢则杀，勇于不敢则活。此两者，或利或害。】【58-2祸兮，福之所倚；福兮，祸之所伏。孰知其极？其无正也，正复为奇，善复为妖。【29-3夫物或行或随，或嘘或吹，或强或羸，或载或隳。】人之谜，其日固久，】【73-3是以圣人犹难之。天之道，不争而善胜，不言而善应，不召而自来，繟然而善谋。天网恢恢，疏而不漏。】

## 三宝第十五：

【67–1天下皆谓我道大，似不肖。夫唯大，故似不肖；若肖，久矣其细也夫。我有三宝，持而保之。一曰慈，二曰俭，三曰不敢为天下先。慈故能勇，俭故能广。不敢为天下先，故能成器长。今舍慈且勇，舍俭且广，舍后且先，死矣。夫慈，以战则胜，以守则固。天将救之，以慈卫之。】

【81–1信言不美，美言不信。善者不辩，辩者不善。知者不博，博者不知。【71–1知不知，尚矣；不知知，病也。圣人不病，以其病病，是以不病。】圣人不积，既以为人己愈有，既以与人己愈多。天之道，利而不害。圣人之道，为而不争。】【70–2是以圣人被褐而怀玉。】

这是重新串连后为大家呈现的《老子》是与学史上其他解老形式完全不同的一种尝试。现在来看，《老子》一书极有可能自流传那天起就是由被肢解的章句简单拼凑而成的，再经过两千多年文字与学理之变迁，其文意被曲解得较为严重。同时，历代以八十一章版为底本均有所增删调整，因此串连后的文章在某些地方存在语法或音韵上的不畅，此为最大之憾事。只好如此吧，“斯乃内证之法，岂在文荃”，个别字词的瑕疵已无碍于我们领会老子之真精神。

第二部分将以重新串连的《老子》文本为基础，进行必要的解读。这既是对《老子》大义的诠释，同时也是对串连合理性的有效验证。为尽量做到准确融通，成稿后笔者遵循以下原则对全文进行重新审视。特公布于此与诸君共享，诚盼同好襄助。

1. 新文本是否具备明确之主题，论点、论据是否清晰并可自洽。

2. 新文本是否具备严谨的论述结构，前后文意衔接是否合理，主题逻辑是否贯通。

3. 本文之解读仅以中国传统文化儒释道三家之核心学理为宗旨，所谓“言有宗，事有君”，与此不符者均未采纳。

4. 本文之解读对传统解老中存在争议或分歧的部分均有明晰的定论，以明确彰显《老子》之大义。

5. 在此基础上，可审视整篇解读内容是否存在前后矛盾或无法圆通之处。

需要说明的是，本书解读在很多方面与传统解老共识存在较大的差异，因为所依据之底本已有很大不同。在此诚盼对《老子》熟识之读者勿以传统思路为禁锢。作为全新的原创作品，本书惟愿为同好提供理解《老子》及中国传统文化的不同视角。

## 第二部分

# 众妙之门——《老子》范韦

## 上篇·道篇——内圣之道

**导读：**

上篇内圣之道主要讲解修身为道的学理与方法，按照由理论到方法的顺序分为九章。简要来说，道纪第一是总论，揭示“道”的玄妙与修身原则，统领全篇。稽式第二、无为第三、长生第四，这三章偏重理论方面的阐述，是修身前的学理储备。袭常第五、袭明第六则主讲修身为道的具体方法。慎终第七主要是激励学人的内容，闻道第八则是对为道中的一些感受及注意事项进行阐发，玄通第九是这一篇的结语。

## 道纪第一

### 第一节：道隐无名

**【原文】有物**（存在）[1]**混成**（混沌恍惚又浑然一体），**先**（于）**天地生**[2]。**寂兮**（静而无声）**寥兮**（虚而无形）[3]，**独立**（自主自本）**而不改**（不改而得其常）[4]。**周**（无所不在）

**行**（运化）**而不殆**（畅通无碍故不怠）[5]，**可以为天下母**（本源）[6]。**吾不知其名，字之**（主观认知之名）**曰道**[7]。**道可**（命名）**道，非常**（独立不改）**道**[8]。**名可名，非常名**[9]。**无名，天地**（身在世界）**之始**（本来）。因无名故曰混成。**有名，万物**（万有）**之母**（起源）[10]。天地之始因无名故无物，万物则因抽象认知的命名而有。

**【注解】**

[1] 物：汉字经过几千年的流转，很多基本字意已经产生很大的畸变，而春秋时代对汉字的使用更加接近其造字本义。物，本义是杂色的牛，后取其杂色之意来指代万物（杂色的万物）。《列子·黄帝》说："凡有貌、像、声、色者，皆物也。"可见造字之初"物"统指自然界中能够被感知的具备不同外貌、形态、声响、颜色之存在。所以彼时的"物"不是指某个具体的实物，这与现代语境有着较大区别。《老子》后文言"物形之，器成之"，即"物"指具备可辨识之"形态"，而具体实物则被称为"器"。故此古代"物"字更接近现代汉语中"东西"或"存在"，是个虚指的概念。因此"有物"并不是说有个实体，而是说它是一个存在。如后文所言"道之为物，惟恍惟惚"，故楚简本此句为"有状混成"，《说文》"状，犬形也"，引申为形容或样子，即有如此状态的一个存在。

[2] 有物混成，先天地生：混，《说文》"丰流也"。后因水流势大搅动杂质变得不再清澈，而引申出掺杂、混合意。如大水裹挟泥沙顺势而进，自然而成，故曰"混成"。以此本文"混成"有两意：其一形容其浩大广袤，所谓"大道泛兮"；其二为浑然一体无可割裂，所谓"大制无割"。《列子·天瑞》说："浑沦者，言万物相浑沦未相离也。"

王弼注："混然不可得而知，而万物由之以成，故曰'混成'。""无名，天地之始"，因无名故万有混为一物，统字之曰"道"。"道"者含藏天地万有，故天地万有起于"道"却非“道”之所成，所谓“生而不有”，故曰“先天地生”而不言“生天地”。

物，《说文》“万物也”，“有物混成”亦可理解为万物混合一体即是道，故曰“与物反矣”。《正蒙》说：“太和所谓道，中含浮沉、升降、动静、相感之性，是生氤氲、相荡、胜负、屈伸之始。”是说这个存在并不是具象，而是由浮沉、升降、动静这些动能所产生的氤氲、相荡、胜负、屈伸之运化。由这些作用混杂在一起而形成似有似无之虚像，老子称为“无状之状，无物之象，是谓惚恍”，故曰“混成”。《周易·系辞》也说“天地氤氲，万物化醇，”言其德之盛大。所谓“氤氲”者，恍如湿热飘荡之云气，烟云弥漫之象也。

［3］寂兮寥兮：寂，没有声音。寥，空虚、无形。混成之物无声无形，道之貌也。《诗经·大雅·文王》云“上天之载，无声无臭”。

［4］独立而不改：独立，自在自为的状态，无所持而自化自正。它无所依附，自本自根自生自化，无可使之变者，道之体也。

王弼注：“无物匹之，故曰‘独立’；返化始终，不失其常，故曰‘不改’。”

［5］周行而不殆：周，周遍、环绕。殆通怠，松懈、疲怠。言其无所不至畅通无碍地运行，道之用也。

《周易·乾》象曰：“天行健，君子以自强不息。”

［6］天下母：母，本义是母亲，引申为本源，即天下万有之本源。

［7］吾不知其名，字之曰道：《礼记·檀弓》说“幼名，冠字”，是说年幼时取名，二十加冠时取字，因此“字之曰道”也许是说“道”是正式名称。混成之物被人类感知以后取名为“道”。

苏辙注：“道本无名，圣人见万物之无不由也，故字之曰

‘道’。”“道”者，路也，《说文》“所行道也”。混成之物先天地生，又为天下万有之母，天下万有莫不出于“道”，如人之所行莫不由路，故字之为“道”。因此“道”之名，是对“有物混成”者的比喻，喻其犹路也，非是指代其质，故曰“道可道，非常道”。

《庄子·大宗师》赞到：“夫道有情有信，无为无形；可传而不可受，可得而不可见；自本自根，未有天地，自古以固存；神鬼神帝，生天生地；在太极之先而不为高，在六极之下而不为深，先天地生而不为久，长于上古而不为老。”

［8］道可道，非常道：按照以上文意逻辑，今天就可以对这句千古名言进行清晰地解读。“道可道”两个“道”字都是名词。第一个“道”是指“有物混成”的实存“道”之物，第二个“道”是指“字之曰道”的“道”之名。关键是中间的“可”字，“可”从丂从口，歌的古字，本义是在神（丂）前唱歌，有表述意。《说文》“肯也”,《韵会》“可者，否之对”，引申为相称、适当、能够诸义。因此“可”这里是动词，做表述解。混成之物被命名为“道”，则失其“常”。

非常道，“常”在长沙马王堆出土汉代帛书《老子》作“恒”，后因避汉文帝讳而用“常”。《说文》“恒，常也”，下句“非常名”亦然。《周易·恒》彖曰“恒，久也”，恒久不易之义，所谓“独立而不改”，亦如后文所言“可以长久”。混成之物先天地生，自古固存，周行独立而无可使之变者，故曰“常（恒）”。《广雅》又说“常，质也”，不改且可久，其质也。

《周易·系辞》说：“是故形而上者谓之道，形而下者谓之器。”“道”虽实存却超越于有形之上，任何的描述与定义都使之成为形下之器。而器世界是生灭无常的，故曰“道可道，非常（恒）道”。后文言“道生之，德蓄之”，可道之者，德也。《庄子·齐物论》说：“道昭而不道，言辩而不及。”

《正蒙》说：“形而上者，得意斯得名，得名斯得象；不得名，非得象者也。故语道至于不能象，则名言亡矣。”其意是说形而上之大道是这样的，被人意识到才有名称，名称具备了就需要有个相应的形象。没有名称就不会有形象，因此我们说“道”如果没有一个形象，那就无法明言了。既然谓之“形而上”则一定是无法被人为计量定义之存在，圣人为了方便后世学人更形象的理解，才将“有物混成”取名为“道”，以便于教化万方，《礼记·中庸》说“修道之谓教”。但学人不可以“道”之一字去认知“有物混成”之实在，如此就被局限在有形生灭之器的世界中，故曰“非常道”。《金刚经》说：“凡所有相，皆是虚妄。”“相”者，凡有貌、像、声、色之物也，皆因名而有。

朱谦之注：“盖‘道’者，变化之总名。与时迁移应物变化，虽有变易，而有不易者在，此之谓常。”这与老子之意并不完全契合，“道”者，既不是“变化之总名”亦不是与“变易”相对之“不易者”，如此是将“道”自“混成之物”中割裂出来。要知“变易”者阳之动，“不易”者阴之守也。《周易·系辞》说：“一阴一阳之谓道，继之者善也，成之者性也。”实则老子之“道”是对“有物混成”之整体而言，并不是说在“有物混成”之中或之外别有一物被称为“道”。学史上最大的误解是将“道”自万物之中抽象独立出来，以为是万物生化之主宰。而老子之意恰恰相反，“道”就是万有万物之本身所谓本体，故庄子说道无所不在，因此可道可名的万物均非其常。“道可道，非常道”整句意为“有物混成”的存在被命名称为“道”，但“道”的名字并不能指代它恒常不变之本体。

郑玄说：“道，犹道路也，出入动作由之，离之恶乎从也？”如此解读是有误导的。说“道”犹路出入由之，没有问题，但“道”无从离之，万有都在“有物混成”之中，并非不能离之，而是离无可离。正如《礼记·中庸》所言“须臾不可离也”，唯“日用而不知”而已。

现代学者运用哲学思维对“道”进行解读，比较主流的理解是：“道”是可以被表述的，但所表述的“道”并不完全等同于“道”的本体。人们只能通过学习无限接近“道”的本质，故曰“非常道”。这样的理解是与中国传统文化精神相悖的,“道昭则不道”如何习之?“道”者,并非依靠背咏熟习即可通达的经验性知识。后文所谓“明白四达,能无知乎?”《庄子·齐物论》说:“道行之而成,物谓之而然。”“道”是需要亲身修而行之以成,非是言语可以表述理解的哲学思想。

《庄子·天下》说:“是故内圣外王之道,暗而不明,郁而不发,天下之人各为其所欲焉以自为方。悲夫!百家往而不反,必不合矣!后世之学者,不幸不见天地之纯,古人之大体,道术将为天下裂。”春秋时代百家争鸣,“天下之人各为其所欲”而“可道”,并以可道之道为“方”,于是“道”被天下人的“可道”所解构,割裂成百家,不再是“有物混成”之道的本身,故此“不幸不见天地之纯,古人之大体”。“道”是何物?几千年来虽然儒释道乃至墨法杂各家均有不同的理解与实践,但在学术整体上“道”已失其“常”,今人所见已是“非常道”。所谓“譬如耳目鼻口,皆有所明,不能相通”。

后人往往认为《老子》全文并未对“道”做一更深入全面的精准定义,因此多凭己意做“道可道”的努力。但“道可道,非常道”,单提一个“道”字即已失其“常”,况且各类解读愈言愈偏。“道”在这里不过是一个代号,用来指代“有物混成”,任何“理性”的理解都是画蛇添足。《礼记·中庸》曰:“道不远人,人之为道而远人,不可以为道。”因此我们在研习先秦典籍时首先应立足于对原典大义的理解,避免用后人主观结论干扰自己对原典精神的把握。也即是规避后人“可道”之“道”的误导,回到原典语境与文意中去感悟。《金刚经》说:“如来说第一波罗蜜,非第一波罗蜜,是名第一波罗蜜。”《老子》也是在说,道可道,非常道,只是字之曰“道”而已。

“道”是这部《老子》乃至中国传统文化之核心,是理解整个文化系统的钥匙。圣人体察它的实在,并命名为“道”。即用“道”这个汉字来指代实存的混成之“物”,是用人的“理性”“字之”而产生的主观认识。《说文》说“所行道也”,道者,路也。鲁迅在《故乡》结尾说：“其实地上本没有路，走的人多了，也便成了路。”同理，天下之始本无“道”之名，被研习的次数多了也就产生“道”的观念。而混成之物“独立而不改，周行而不殆”，此其之“常”，是不以人的意志为转移的客观实存。无所谓“道”时，山川大地随处可行，而一旦被修造上漂亮的柏油路，那么无论如何通达宽广，人们之交通往来也就被局限于“路”而无法逾越。此谓“道可道，非常道”。

［9］名可名，非常名：承接上句文意，由“有物混成”之“道”的命名，推演到大千世界万物的命名。第一个“名”，以名指代万物；第二个“名”则是命名之名。后世学人大多被通行本首句“道可道，非常道”所震撼，陷入对“道”的思辨与憧憬之中，却忽略了“名可名”句对“道可道”的进一步解读，是理论上的升华。由“道”的个体演绎至普遍万有之“名”，皆是“非常名”。《说文》：“名，自命也。从口从夕。夕者，冥也。冥不相见，故以口自名。”王弼注：“可道之道，可名之名，指事造形，非其常也。”

《尚书正义》言：“道本冲寂，非有名言。既形以道生，物由名举。”混成之物恍惚难辨，世人据其形而名之以成万有。于是“道”被缤纷的物质世界所遮蔽，正如《淮南子·本经训》中寓言所说：“昔者苍颉作书而天雨粟，鬼夜哭。”所谓“色即是空，空即是色”者，有名万有之为色，其名非常故为空；名虽空，但物为实有，故曰“空不异色”。《庄子·知北游》载：“东郭子问于庄子曰：‘所谓道，恶乎在？’庄子曰：‘无所不在。’”这是关键一点，是玄之又玄的众妙之门。“道”无所不在，万物莫不在“道”，万有只是“道”之呈现。“道”之内万物无名！并不存在独立于“道”之外的万物或其“名”。万物因名而器成，但“道”始终贯穿于名器之中，“须臾不可离”。虽然器物必有损毁、变易，但其道性始终不改。故名者非常名，而道是常道。苏辙注：“名既立，则方、圆、曲、直之不同，不可常也。”“有物混成”者，时空大地本为浑然整体。因此《金刚经》进一步说：

"凡所有相，皆是虚妄，若见诸相非相，即见如来。"相由名起，无名则道成。至此结合《金刚经》名言，关于"道"的真相已经揭示清楚。"名可名，非常名"，"若见诸相非相，即见如来"。所谓"大道至简"即是如此，后文所言"无名""无为""执一"等，不过是理论上的延伸与应用。《金刚经》说"一切圣贤皆以无为法而有差别"。

后文《老子》说"道生之，德蓄之，物形之，器成之"，万物因名而成器，世人只见其形而失其"道"与"德"。《庄子·知北游》"万物以形相生"，物因其形被感知而有，因此"名"只是对物形之抽象描述并不涉及其质。我们常说眼见为实，但人类的眼睛只能看到光谱中波长介于380—760纳米之间的部分，这在整条光谱中是很微小的一点（约占4%），我们称为"可见光"。大概只是夹在红外线和紫外线之间的一条窄缝，而其他的长波、中波、短波、微波乃至红外线、紫外线等我们肉眼是无法见到的。同时对于人类来说，生理感知能力的不足不仅体现在视力上，包括听力、味觉、嗅觉等等都存在较大局限。因此我们通过生理硬件无法感知到真实而完整的外部世界，"名可名，非常名"正有此意。这样的学理在今天这个繁华的物质世界会显得如此不着边际，既然有名则非常那又何来物质文明的巨大进步呢？虽然在诸多典籍中对此矛盾多有揭示，但本书专注于对《老子》大义的解读，不作过多讨论。《礼记·中庸》说"诚者物之终始，不诚无物"，又说"能尽人之性，则能尽物之性；能尽物之性，则可以赞天地之化育"。

《心经》说："是故空中无色，无受想行识，无眼耳鼻舌身意，无色声香味触法，无眼界，乃至无意识界。"可名皆非其常，故诸法实空；万物有名，则有生灭、垢净、增减之无常。这是古圣跟我们现代人的对话，以《周易·说卦传》为例，"乾为天，为圜，为君，为父，为玉，为金，为寒，为冰，为大赤，为良马，为老马，为瘠马，为驳马，为木果"。乾卦☰是六十四卦之首，但我们可以看到乾卦所表征的众多事物中，并不完全存在今人能够理解的共性或相关性。天与玉与寒与良马、木果等等，可以说风马牛不相干，但在“道”的视角内它们具有相似的属性或内涵。故《周易·系辞》说：“圣人有以见天下之赜，而拟诸形容，象其物宜，故谓之象。”圣人唯恐以名表物误导了学人的认知，故拟其形以传大道。

[10] 无名，天地之始。有名，万物之母：始，《说文》“女之初也”，引申为原貌、本来如此。朱谦之注：“盖天地未生，浑浑沌沌，正如少女之初，纯朴天真。”母，《说文》：“牧也；从女，象怀子形；一曰象乳子也。”由命名而生万有万物，犹如母孕其子。帛书及部分文献此句为“无名，万物之始；有名，万物之母”，实则天地亦万物之一物，无文意差别。《庄子·齐物论》说：“古之人，其知有所至矣。恶乎至？有以为未始有物者，至矣，尽矣，不可以加矣。”

在现代宇宙生成论中，占主流的是“大爆炸”学说。该学说假设宇宙起始于一个空间无穷小、能量无穷大的“奇点”。这个所谓“奇点”恰如混成之物，由于其间没有感知存在，故此万物无名而一体。寂兮廖兮，恍兮惚兮，是谓“天地始”。当某个时刻人们感知到外界形色声貌之不同，并据此将之命名，万物因其名而有，是谓“万物母”。这是中国传统文化对我们身在世界的认知，日常当我们听到某个“名称”立刻就可以条件反射出其“形”或与之相应的事件，于是混成之物被人为地割裂成抽象的点，有形之器遍布我们的身在世界。《礼记·中庸》曰：“人莫不饮食也，鲜能知味也。”

比如我们都知道“原子”它一直存在于自然界，在未被发现之前所有的物质好似浑然一体。直到1803年约翰·道尔顿提出“原子说”，即所有物质都是由原子构成。于是万物之中又多出一物，因此说“有名，万物之母”，这其实是人类向外认知世界的基本路径。苏辙注：“自其无名，形而为天地；天地位而名始矣。自其有名，播而为万物，万物育而名不可胜载矣。故无名者道之体也，有名者道之用也。”

学史上，对这两句之断句争议很大。有人主张断为“无，名天地之始；有，名万物之母，”将文意导向“有”与“无”形而上的境界。境界虽然很高，但学人无从把握到领会“有”与“无”的抓手，故无从于现实中落实。其实这里《老子》已经交代得很清楚，万物因名而有。故此“有”可理解为“有名”，同理“无”即“无名”。《史记·日者列传》说：“无名者，万物之始也。”这样的解读虽然意犹未尽，但“违道不远”。最高深处也最是平实，老子就是在说：无名，天地本来如此，万物本为一物。天下万物之名，不过是人“理性”的主观认识，是对混成之物“抽象”后的分别感知。《黄帝四经·拾太经·成法》说：“万物之多，皆阅一空（孔）。”

以上是这篇《老子》的首章首节，我将之题为道隐无名。据史料所载，老子归隐行至函谷关，关令尹喜望见紫气东来知是有圣人将至，遂设法拦下老子说：“子将隐矣，强为我著书。”大概老子是“强”不过关令之诚意，或是愿将“古之道”传承后学，于是就有了这本《老子》。可以想见彼时之尹喜当如我辈初读《老子》一样满怀憧憬，希冀自圣人书中领略“道”之神髓，天上地下任意逍遥。但老子说确实有个“道”在，只是“道可道，非常道”，凡说出口的这个“道”即不是人们梦寐以求之“常道”。《楞严经》说：“如人以手，指月示人。彼人因指，当应看月。若复观指以为月体，此人岂唯亡失月轮，亦亡其指。”字之之“道”如同指向明月（常道）的手指，是给学人一个进阶的方向，并不是“道”之本身，故此谓之“非常道”。学人于“理性”中对“道”进行哲学式的思辨，如同以指为月，其结果必然是“亡失月轮，亦亡其指”。因此学人若欲一窥“道”之玄妙，首先就要破除对“道”之迷思，所谓“常道”不破不立。《庄子·则阳》说：“言而足，则终日言而尽道；言而不足，则终日言而尽物。”

《老子》开宗明义的这一段，看似来回说了一通颠倒话，但能切中世人为道的关键一点。《庄子·知北游》说：“视之无形，听之无声，于人之论者，谓之冥冥，所以论道，而非道也。”《金刚经》也说：“汝等比丘，知我说法，如筏喻者，法尚应舍，何况非法。”可名之“道”与可名之万物都只是我们体察天地大道之工具，透过万物之名相把握万物之本质才是我们认知世界的最终目的。

最后用禅宗学理作为这一节的小结。《宗镜录》开篇：“伏以，真源湛寂，觉海澄清。绝名相之端，无能所之迹。最初不觉，忽起动心，成业识之由，为觉明之咎。因明起照，见分俄兴。随照立尘，相分安布。如镜现像，顿起根身。次则随想，而世界成差。后即因智，而憎爱不等。从此遗真失性，执相徇名，积滞着之情尘，结相续之识浪。锁真觉于梦夜，沉迷三界之中。”

**【白话大意】**有个浩大的存在浑然一体，先于天地而在。它寂然无声又空旷无形，独立运作从不会变更，周遍天地的运转又永不停滞，可以称它为天下万有的根源。我不知道它的名字，姑且称呼它为“道”。“有物混成”被称为“道”，并不是“独立不改”之“道”的本质。同理，万物被命名的名字，也不能代表万物之本质。因为天地本来寂然无名，只是人为的抽象命名才产生了万物万有。

## 第二节：道立于一

**【原文】始制**（裁割混成之物）（以）**有名**[1]，因有名而制物。**名亦既有**[2]，**夫亦将知止**（知其所止）[3]，物止于其名而有；无名则无物，无物则混成之物浑然一体。**知止可以不殆**（危害）[4]，得其常故不殆。**故大**（最好的）**制无割**（割而散殊）[5]。最好的认知不会视混成之物散殊万有。**昔之得一者，天得一以**（因此）**清**（清明），**地得一以宁**（安宁），**神得一以灵**（灵应），**谷得一以盈**（丰足），**侯王得一以为天下正**（治平）[6]。**是以圣人执**（持守）**一**（混成则唯一，大制无割即道立于一）**以为天下式**（样式、标榜）[7]。

【注解】

［1］始制有名：制，《说文》“裁也”，本义裁割而成。《诗经·豳风·东山》“制彼裳衣”。混成之物本为一体，因有名而生万物，犹如将之裁割而生万有。

［2］名亦既有：既，本义是食毕，引申为已经完成。名字已经具备，但学人应该警醒万有之名是如何产生的。

［3］知止：是这一节的关键概念，有助于我们真切理解老子之大义。但后人多据字面理解为知道停止，即适可而止，言知足意。但后文有言“知足不辱，知止不殆”，知足与知止本是两个完全不同的概念，这在先秦文献中有明确的解说。止，停止、不再前进，造字本义是脚趾。引申义，底部的基础。《礼记·大学》说：“《诗》云：‘邦畿千里，惟民所止。’《诗》云：‘缗蛮黄鸟，止于丘隅。’子曰：‘于止，知其所止，可以人而不如鸟乎？’”孔子是说在其停留的地方，应知晓它之所以停下的原因。通读文意可知，“邦畿千里”是说这个国家强盛富饶，故“惟民所止”。“缗蛮黄鸟”是因为“道之云远，我劳如何”，这才“止于丘隅”。《周易·艮》彖曰：“艮其止，止其所也。”因此“知止”并不是说要懂得适可而止，而是说应该“知其所止”，亦即止于此的缘由。回到《老子》语境，“无名，天地之始”是天地客观本来，“始制有名”是人为的命名而有万物。“知止”就是知其常，要知缤纷万物是止于“名”而有，无名则无物。“有物混成”本是浑然一体，但因有名而散殊为万物。因此有名只是人主观理性认知而不是客观实在，用主观去解读与体察客观，怎会得其“常”，因此要知道这个“止”。

［4］殆：《说文》“危也”，陷入困境为殆。知止，可以使学人不掉进认知的陷阱。

《礼记·中庸》说：“人皆曰予知，驱而纳诸罟擭陷阱之中，而莫之知辟也。”

［5］故大制无割：最好的认知不会使“道”散殊为万有。憨山注：“不割者，不分彼此界限之意。”

《列子·天瑞》说：“太始者，形之始也；太素者，质之始也。形质具而未相离，故曰浑沦。浑沦者，言万物相浑沦而未相离也。视之不见，听之不闻，循之不得，故曰易也。易无形埒，易变而为一。”

我们展开一张世界地图，最为明显的就是州界、国界，经线、纬线等等，纵横交错的各类线条将这个星球分割成无数的区块。其中林立着不同的国家，有着不同的疆界与名称，此为“始制有名”。但是如果从广漠的太空来凝视湛蓝的这个星球，能看到任何界线吗？现实中地球永远都浑然一体，人为划分的界限只在人的意识里有效。而今天人类所有的纷争莫不是由这些线条所引起，故曰“大制无割”，天地之大道不会随人之主观而失其常。《正蒙》说：“盖得正则得所止，得所止则可以弘而至于大。”知止则正，是为大。这一句是《老子》全文之关键句，后文多言“道常无名”，无名故执其一。《庄子·齐物论》说：“天地与我并生，而万物与我为一。既已为一矣，且得有言乎？”无言则无名，无名则无别，故混而为一，于是“道”不所不在。

举例来说，以前固定电话是通过电缆互相连接，因此物理意义上整个电话系统是一体的。现在无线电话早已普及，终端之间已不存在可见的实物联系，那么电话系统还是一体吗？同理，科学常识告诉我们，地球海水之潮汐现象是由太阳、月球的引力所引起的，那么在这个意义上来看这个小宇宙是一体还是分体？英国著名天文学家弗雷德·霍伊尔曾说：“我们的日常经验甚至在最小的细节上，都是与宇宙的大尺度性质密切联系在一起的，以至根本不可能设想这两者可以分离。”

［6］昔之得一者，天得一以清，地得一以宁，神得一以灵，谷得一以盈，侯王得一以为天下正：天得一，谓阴阳和合，恩

威自均，故自清。地得一，谓动静有常，四时有序，故自宁。神得一，谓营魄不离，故自灵。谷得一，谓运任自然，故自盈。侯王得一，谓无欲无为，故天下自正。

憨山注："神，指人心而言。谓人得之而为万物之灵。"《庄子·缮性》说："当是时也，阴阳和静，鬼神不扰，四时得节，万物不伤，群生不夭，人虽有知，无所用之，此之谓至一。当是时也，莫之为而常自然。"

《圆觉经》说："身心寂灭，平等本际，圆满十方，不二随顺，于不二境，现诸净土。"因无名故，身心无欲而寂静，万有得其常，故天地清净圆满。

［7］是以圣人执一以为天下式：《说文》"圣者，通也"，上左为"耳"以表闻道，通达天地之正道，上右为"口"表宣扬教化万民，下边为"王"，意为具备王天下之德，是才德全尽之人。《大戴礼·哀公问五义》孔子对曰："所谓圣人者，知通乎大道，应变而不穷，能测万物之情性者也。大道者，所以变化而凝成万物者也。 情性也者，所以理然、不然、取、舍者也。故其事大，配乎天地，参乎日月，杂于云蜺，总要万物，穆穆纯纯，其莫之能循；若天之司，莫之能职；百姓淡然，不知其善。若此，则可谓圣人矣。"

式，通栻，占卜凶吉的工具，引申为准则、标榜。圣人执一故万物无名，因无名故无所为之。

《庄子·齐物论》说："凡物无成与毁，复通为一，唯达者知通为一。"一，《广韵》说"数之始也，物之极也"，物极于一则道立。混成之物被有名而裁割成万有，大制无割即不因有名而分别万物。圣人执一故道常无名，因无名而得其常，故为天下式，王弼注"式，犹则之也"。《周易·系辞》说："天下之动，贞夫一者也。"苏辙注"抱一者，复性者也"。后人多讲"一"即是"道"，这不是了义之理解。《说文》说"道立于一"，"一"是"道"之德，或通俗说是其属性，却不是"道"之本身。

《庄子·达生》说:“凡有貌象声色者,皆物也,物与物何以相远?夫奚足以至乎先?是色而已。则物之造乎不形而止乎无所化,夫得是而穷之者,物焉得而止焉!彼将处乎不淫之度,而藏乎无端之纪,游乎万物之所终始,一其性,养其气,合其德,以通乎物之所造。夫若是者,其天守全,其神无郤,物奚自入焉!”

上一节《老子》说“常道”无名,破除学人对“道”的迷思。这一节则为我们“立道”,《说文》:“惟初大始,道立于一。造分天地,化成万物。”“道”虽不可名,却立于“一”,是学人入道的切入点。面对缤纷的物质世界,“夫亦将知止”,“知止”则万物无别,故曰“大制无割”。《论语·里仁》中子曰:“参乎!吾道一以贯之。”《庄子·知北游》载:“东郭子问于庄子曰:‘所谓道,恶乎在?’庄子曰:‘无所不在。’东郭子曰:‘期而后可。’庄子曰:‘在蝼蚁。’曰:‘何其下邪?’曰:‘在稊稗。’曰:‘何其愈下邪?’曰:‘在瓦甓。’曰:‘何其愈甚邪?’曰:‘在屎溺。’东郭子不应。”这是一段非常经典的对话,庄子说道无所不在。站在“道”的视角,万物一体,莫不在道,而站在人的角度,则有你我、蝼蚁、稊稗、屎溺等等之不同,实则不过是“有名,万物之母”之割裂。因此《老子》告诫我们“夫亦将知止”,“知止”即不要用人的主观理性去体察混成之物,从而让有名万物复归于无名之道。所谓“复归于朴”,朴者,始也。《庄子·德充符》中仲尼曰:“自其异者视之,肝胆楚越也;自其同者视之,万物皆一也。夫若然者,且不知耳目之所宜,而游心乎德之和;物视其所一而不见其所丧,视丧其足犹遗土也。”

万物源于道,是由“道”所化生,其质同唯因颜色、形态等不同而有别。试以“牛”在上古社会中的特殊意义为例,简要说明这个道理。牛是祭祀中最重要的牺牲之一,古人在挑选祭祀用牛时会根据不同的祭祀等级以及献祭者的地位,有着不同的规制。《礼记·王制》载:“祭天地之牛角茧栗;宗庙之牛角握；宾客之牛角尺。”《礼记·曲礼》也说：“凡祭……天子以牺牛，诸侯以肥牛，大夫以索牛，士以羊、豕。”其中“牺牛”是指色纯的全牛，“肥牛”即指肥壮的牛，“索牛”是经过简单挑选的牛。同样的牛由于其体态、毛色等外貌特征的不同，从而被区分为不同的用途与祭义。而“物”字以牛为主体，大概也是遵循着相通的道理。“物”原意是杂色之牛，形色虽纷杂万端，但其本质为牛是唯一。如《老子》后文所言“道生一，一生二，二生三，三生万物”，《礼记·中庸》也说：“天地之道，可一言而尽也。其为物不贰，则其生物不测。”不贰即唯一，万物本一物，因无别故无名，是谓“无名，天地之始”。慧能诗云“菩提本非树，明镜亦非台。本来无一物，何处染尘埃”。万物本一物故无别，无别则复归于无物，故曰“道常无名”，“是以圣人执一为天下式”。 永嘉大师《证道歌》：“一性圆通一切性，一法遍含一切法。一月普现一切水，一切水月一月摄。”

盖因“执一”，故儒者以仁为本。《礼记·中庸》说“仁者人也，亲亲为人”。人与我皆出于“道”，在道的视野下是一体无异的。《大般涅槃经》也说：“以佛性等故，视众生无有差别。”故亲亲相仁实为人之本性，这是儒家倡导为仁的学理基础，《礼记·中庸》说“修身以道，修道以仁”。《礼记·礼运》说：“故圣人耐以天下为一家，以中国为一人者，非意之也，必知其情，辟于其义，明于其利，达于其患，然后能为之。”以此，某些后世看来刻板或虚悬的传统文化在其初，并非“意之”而得。而是有其完整的理论与实践体系，所谓“必知其情，辟于其义，明于其利，达于其患”。《韩非子·解老》说：“众人之轻弃道理而易妄举动者，不知其祸福之深大而道阔远若是也。”今天我们在重拾文化自信的过程中，首先要找到我们传统文化之学理核心，重建彼时的文化系统。

《礼记·礼运》说：“故人者，其天地之德，阴阳之交，鬼神之会，五行之秀气也。”即人亦在“一”之中，如《庄子·齐物论》所说：“天地与我并生，万物与我为一。”“大制无割”，天下万有本自一体，莫不在道，因此说“天人合一”。《春秋繁露·深察名号》:“事各顺于名，名各顺于天。天人之际，合而为一。”也即说“道”不在远，时时刻刻都在每个人身上。《礼记·中庸》说:“道也者，不可须臾离也；可离非道也。”《周易·系辞》“百姓日用而不知”。因此所谓“为道”，非向外界求取，而是要在自己身上寻获。《孟子·尽心》曰:“万物皆备于我矣，反身而诚，乐莫大焉。强恕而行，求仁莫近。”老子也说:“多闻数穷，不如守于中。”

**【白话大意】**初始人们用命名来裁割混成之物，于是万物有了各自的名称。但需要知道万物只因其名而有，所以学人要知止。知道这个原则就不会掉进认知的陷阱，因此最好的认知不会视混成之物为散殊万有。往昔那些得一的：天得一而清明，地得一而安宁，神得一而灵通，谷得一则充盈，侯王得一则天下万邦治平。是以圣人守持万物为“一”之理念，作为天下的楷模。

## 第三节：众妙之门

**【原文】道之为物**（实存）[1]混成之物与有名之道相区分，**惟恍惟惚**[2]。**惚兮恍兮，**（混成之像）**其中有象**（恍惚之迹象）[3]。**恍兮惚兮，其中有物**（可辨之形）[4]。**窈兮冥兮**（昏昧不明）[5]，**其中有精**（灵）[6]。**其精甚真**（纯而美）[7]，**其中有信**（信验、可识别之信息）[8]。**故常无，**（道之为物），**欲以观其妙**[9] 不可思议之像；**常有**（知止），**欲以观其徼**（返、归终）（**以观其所噭**（称谓））[10]。**此两者**（有名、无名）**同出**（出于混成之物）**而异**（于）**名**（有名）[11]，**同谓之玄**[12]（玄奥）。**玄之又玄**[13]（观之又观），**众妙之门**[14]。玄与妙，可实证不可言说之谓。

【注解】

［1］道之为物：这一节主旨是修身方法概述，而修身是修“有物混成”之道，而非“字之曰道”之道。故言“道之为物”，“道”虽超越有形却实存。

邵雍：“以物观物，性也；以我观物，情也。”

［2］惟恍惟惚：惟，文言助词。恍，忽然醒悟或好像、仿佛之意。惚，精神不集中、神志不清。惟恍惟惚连起来就是似有似无，模糊不清之意，喻其若存若亡，无形无状。

［3］象：迹象或是形象，虽然恍惚不清却有可识之影像。《周易·系辞》说“见乃谓之象”。王弼注：“万物以始以成，而不知其所以然，故曰恍兮惚兮，惚兮恍兮，其中有象也。”

［4］物：吴澄注：“形之可见者，成物；气之可见者，成象。”

［5］窈兮冥兮：窈，幽深、深远。冥，昏暗不清，均是幽深不明之意。

憨山注：“恍惚，谓似有若无，不可定指之意。然且无象之中，似有物象存焉。故曰惚兮恍兮，其中有象。恍兮惚兮，其中有物。其体至深至幽，不可窥测。”

［6］精：原义是上好的米，引申为物质中最纯粹的部分，提炼出来之精华。《素问·阴阳应象大论》说“故天有精，地有形”，《素问·金匮真言论》说“夫精者，身之本也”，言其为赖以运化之灵。《管子·内业》说“精也者，气之精者也”，又说“凡人之生也，天出其精，地出其形，合此以为人”。

［7］真：纯一无杂为真。《韵会》“实也，伪之反也”，指未经人为的原始存在。

《庄子·渔父》说“真者，精诚之至也”，“有物混成”先天地而在，未经人为之污浊。

［8］信：会意，从人、从言，人的言论应当是诚实的。本

义：真心诚意，《孟子·尽心》说："可欲之谓善，有诸己之谓信"，谓其有使人信验的信息。

［9］故常无，欲以观其妙：首先"故常无"是呼应"道之为物"，可道则非常道，故此"常无"以见"常道"。其次本句为倒装，"故欲以观其妙，常无名"。道作为实存之"物"是客观实在的，而"名"是人为的主观认知。因此以无名的视角，据其"象""物""精""真""信"去观"道之为物"方可见其妙。其中有两个字需要做关键解读。

其一是"观"，通常理解就是看、观察之意。但《说文》说"观，谛视也"。谛，言加帝，帝做原始、最初之义。谛视，看到最初的、真实的样子，"其精甚真"，此为观。冯友兰说："《老子》所讲的为学的方法，主要的是'观'……'观'要照事物的本来面貌。……这就是说，必须保持内心的安静，才能认识事物的真相。"因此古文中"观"并不是粗浅的看看或者观察一下这么简单，它包含眼的看及心的感悟。《礼记·中庸》说："《诗》云：'鸢飞戾天，鱼跃于渊'，言其上下察也。"《周易·恒》彖曰："观其所恒，而天地万物之情可见矣。"

其二是"妙"，本义，神妙。老子多次提到妙，何为妙？用无名去体察有名之万物，非有（名）非无（名）为妙。想象一下，非有非无是个什么存在？释家讲"色即是空，空即是色"，其理同。《摩诃止观》说："言语道断，心行处灭，故名不可思议境。"非有非无非空非色，不落一端，因此叫做"妙"。

［10］常有，欲以观其徼（观其所噭）：此句亦为倒装，"欲以观其徼，常有名"。这一句帛书甲乙本均做"欲以观其所噭"，今本为"欲以观其徼"。噭，呼叫、鸣叫，《扬子法言·方言》"啼极无声，楚谓之噭咷"，也就是通过有名，观其所以起名的由来，即知其所止。

徼，王弼注"归终也"，尹文子言："故穷则徼终，徼终则反始。"即通过有名，观其最终的归宿，终归于无名。此两文意通，如后文所言"万物并作，吾以观其复"。王安石注："道之本出于无，故常无，所以自观其妙。道之用常归于有，故常有，得以自观其徼。”

同时“徼”另有一义,《玉篇》说“边徼也”，如《史记·司马相如传》说“南至牂牁为徼”，故作界限、边界之义。因为有名而有万物，名称使万物之间产生区别与界限，学人也就被困在有名之中。憨山注：“徼，犹边际也。意谓全虚无之道体，既全成了有名之万物。是则物物皆道之全体所在，正谓一物一太极。”

［11］此两者同出而异名：无名之玄妙与有名之归终都是出于同一存在，因为有无名称而不同，无名、有名只是对“混成之物”的不同感知。

憨山注：“而有不能生有，必因无以生有。无不自无，因有以显无。此乃有无相生。”故曰“同出而异名”。

［12］同谓之玄：玄，原义为赤黑色，如天地玄黄。后引申为不容易看清或者是有规律的变化之义，用以形容深奥不易理解。《说文》：“玄，幽远也，象幽而入覆之也。”

苏辙注：“凡远而无所至极者，其色必玄，故老子常以玄寄极也。”天下万有缤纷多彩，有美物，有佳肴，有财富，世人沉浸其间不亦乐乎。圣人却说有名万有本为一物，舍弃万有才可见其妙。这样的理论确实可谓“玄”，使人无从通过“理性”的逻辑进行理解。扬雄说：“玄者，幽摊万类而不见形者也。”

［13］玄之又玄：观之又观。前句说无名之妙与有名之徼“同谓之玄”，因此这里“玄之又玄”既是一个加深的形容，又是一个动作的提示，就是反复以“常无”“常有”去“观”,《周易·复》象曰“反复其道”。憨山注：“意谓我观无，不是单单观无。以观虚无体中，而含有造化生物之妙。我观有，不是单单观有。以观万物象上，而全是虚无妙道之理。是则有无并观，同是一体。”

［14］众妙之门：门，出入之枢机也，观之又观才是领略众

妙之枢机。憨山注："工夫到此，忘怀泯物，无往而不妙，故曰众妙之门。"所谓"真空妙有"者，可名者非其常故曰真空。无名之有，不可思议之像故曰妙有。《心经》说："色不异空，空不异色。色即是空，空即是色。"如此，谓之妙。

前文《老子》说"道可道，非常道"，告诫学人通过文字、知识无法获取"常道"。又进一步讲"大制无割"，万物本自混成一体，"道"就在每个人身上，这一节则对修身作概述性介绍。"道"作为"有物混成"的客观实存虽不可道，但"道之为物"其中含有"象""物""精""信"。学人通过这些信息，观之又观则可近道。具体方法是"常无，以观其妙；常有，以观其徼"，所谓"众妙之门"。

宋代禅宗大师青原行思提出参禅的三重境界也许可以作为对这一节的印证，他说："参禅之初，看山是山，看水是水。禅有悟时，看山不是山，看水不是水。禅中彻悟，看山仍然山，看水仍然是水。"《庄子·在宥》说："得吾道者，上为皇而下为王；失吾道者，上见光而下为土。"

【白话大意】"道"作为客观实在，它似有似无。虽然似有似无模糊不清，其中却又显现某些迹象。虽然模糊不清似有似无，其中却似有东西存在。它幽深不明，却含有精华。它的精华甚是纯真，其中含有确切的信息。因此，保持无名，以道为物才能体察它之玄妙；常以有名去体察，就能看到它归终于无名（观察它的名称因何而有）。无名之妙与有名之徼都出于同一存在，因为有无名称而不同。这两种情况是如此玄奥，玄奥啊玄奥，以此反复去观，就是体察众妙之门径。

## 第四节：执而御之

【原文】**道冲**（虚而满），**而用之或不盈**（穷尽）[1]。**渊**（浩大）**兮，似万物之宗**（本体）[2]；**湛**（通透、深远）**兮，似或存**[3]。似有似无之冲。**迎之不见其首，随之不见其后**[4]无始无终。**吾不知谁之子**（育之），**象帝之先**[5]。**自古及今，其名不去，古之极**（最高）**也**[6]。**执**（操行）**古之道，以御**（驾御）**今之有**（有名万物）[7]，**以知古始**（天地之始），**以阅**（审视、推究）**众甫**（万物之始）[8]，**是谓道纪**（记载、传承）[9]。**吾何以知众甫之状哉？以此**（执古之道）。

**【注解】**

［1］道冲，而用之或不盈：冲，古作“盅”，《说文》“器虚也”。同时“冲”有势大、有力义。“道”惟恍惟惚故此是“冲”，但其启用又不会穷尽，故曰“不盈”。

［2］渊兮，似万物之宗：渊，回旋的水流，引申为深、浩大。宗，本义为源头，本文用于“道”则应理解为万事万物之整体，有完整、全体之意。浩大深远，为万物之本体而含藏万物。憨山注：“冲，虚也。盈，充满也。渊，静深不动也。宗，犹依归也。”

［3］湛兮，似或存：湛，形容水清澈，王夫之“澄澈而静正也”。似、或，均是带疑问的肯定，因为大道冲虚缥缈，故曰“形而上之谓道”。《正蒙》说“湛一，气之本”。

［4］迎之不见其首，随之不见其后：因其“似或存”，故此不见其首尾，无始无终之意。“道”没有开始，更不会断绝，故此万物万有都在其中。《吕氏春秋·慎大览·下贤》：“莫知其始，莫知其终；莫知其门，莫知其端，莫知其源。其大无外，其小无内。”《黄帝内经·六微旨大论》也说：“天之道也，如迎浮云，若视深渊。视深渊尚可测，迎浮云莫知其极。”

［5］吾不知谁之子，象帝之先：帝，天之宰谓之帝，传说中最高的神。道先天地而在又自本自根，故非谁之子。因不见其首，故曰“象帝之先”。王安石注：“‘象’者，有形之始也；‘帝’者，生物之祖也。”《金刚经》：“如来者，无所从来，亦无所从去。”

[6] 自古及今，其名不去，古之极也：去，《说文》“人相违也”，离开、失去义。极，《说文》“栋也”，最高的顶点。“古之极”可做两解，其一：“道”自古就已开始流传，是古时最高深的学问。其二：“道”先天地，即是天下万有始于“道”，因此“道”是历史时间线之极。

[7] 执古之道，以御今之有：执，本义为拿着，掌握，《礼记·中庸》说：“诚之者，择善而固执之者也。”故“执”有施行、落实之义。“道”者古之极，故曰古之道，即庄子所谓“古之道术”。执古之道，其义为践行古时传承的为道方法。《论语·述而》曰“信而好古”,《尚书》云“若曰稽古”。陆游诗云：“纸上得来终觉浅，绝知此事要躬行。”

御，本义为驾驭马车，又是古时御除灾殃的一种祭祀方式，引申为驾驭、统率义。《庄子·逍遥游》：“夫列子御风而行，泠然善也。”

“今之有”即有名之万物，践行古时为道的方法来统御今日之万有，承前意。《礼记·礼器》说：“礼也者，反本修古，不忘其初者也。”“以御今之有”知物之所止也。同时，御亦有阻止、抵御义，以御今之有即所谓“与物反矣”。

《庄子·在宥》说：“夫有土者，有大物也。有大物者，不可以物；物而不物，故能物物。明乎物物者之非物也，岂独治天下百姓而已哉！出入六合，游乎九州，独往独来，是谓独有。独有之人，是谓至贵。”“物”者，今之有也。“大物”者，“道”也。“物而不物”者，“执一”“知止”也。“物物”者，“以御今之有”也。

[8] 以知古始，以阅众甫：古始即“天地之始”，即“有物混成”之“道”。阅，《说文》“具数于门中也”，本义在门内考察、计算事物。故阅在此处并非简单观看，而有审视或推究义。众甫，甫通父，众父，万物万有之初。王弼注：“众甫，物之始也。”这一句承接前句，“执古之道”是要参透“道”之真，所谓“以知古始”。进而可以推究万有万物之根源，乃可“以御

今之有”。

［9］道纪：纪，本义，散丝的头绪，引申为整理、头绪。又通“记”，做记载义，是史书的一种体裁，如“本纪”，专记帝王的历史事迹。道纪，“道”之记载或传承，《庄子·天地》“故执德之谓纪”。通常将“道纪”理解为道的规律或纲纪，这与“道可道，非常道”相悖。《庄子·大宗师》说：“夫道，有情有信，无为无形；可传而不可受，可得而不可见。”道者，言辩所不及者。故此任何语言的传授都只是方便的引导，可传不可受，学人唯有实地“执”而“御”之才可获取。它不是依靠理性思辨获得的主观认知，而是依靠亲身躬行观其妙的实证体悟。因此《老子》文中只言“为道”而不提“学道”，此之谓“众妙之门”。《庄子·天下》说：“古之人其备乎！配神明，醇天地，育万物，和天下，泽及百姓，明于本数，系于末度，六通四辟，小大精粗，其运无乎不在。”“执古之道以御今之有”是这一章核心归旨，“道”是通过实证体悟来传承与成就的，故这一章题为“道纪”。

**【白话大意】**“道”看似空虚无形，但启用又不会穷尽。它浩大宽广仿佛含藏万物，又清澈深远似存似无。迎着它看不到起始，随着它也找不到归处。我不知是谁孕育了它，像是在天帝之前就已经存在。自古以来它恒久常存，是古时最高等的学问。践行古时为道的方法来统御今日之万有世界，就可知道天地之初的状况，以此来推究万物万有的根源，这就是“道”的传承。我怎么知道万物万有之根源呢？因为我也执而御之。

## 稽式第二

**【原文】**知人者智，自知者明（通达），胜人者有力，自胜者强[1]，知足者富，强行者有志[2]。不失其所（根基）者

**久**[3]**，死而不亡**（灭）**者寿**[4]**。人之所教，我亦教之**[5]**。人之生也柔弱**（生之柔软）**，其死也坚强**（死之僵硬）[6]**。万物草木之生也柔脆，其死也枯槁**[7]（干枯）**。故曰：坚强者死之徒**（类属）**，柔弱者生之徒**[8]**。故强梁**（强硬）**者不得其死，吾将以为教父**（开场白）[9]**。**

**【注解】**

[1] 知人者智，自知者明，胜人者有力，自胜者强：此几条格言句实则与老子全文精神多有相悖之处，后文多有表述“非以明民”“绝圣弃智”“果而勿强”等清静无为的文意。

苏辙注：“分别为智，蔽尽为明。分别之心未除，故止于知人而不能自知。蔽尽则无分别，故能自知而后可以及人也。”

[2] 强行者有志：强行，努力不懈之意，心怀大志的人自然努力不懈。但郑玄说：“感物而动，乃呼为志。志之所适，外物感焉。”因此“志”是攀援于外物而产生的欲望，是谓“强行”，这与老子后文所言“弱其志”的无为精神矛盾。

[3] 不失其所者久：不失去其根基的人才能够长久。

朱谦之注：“不失其所者，如《易·艮彖》云：‘艮，止也。时止则止，时行则行，动静不失其时，其道光明。’”

[4] 死而不亡者寿：亡，《说文》“逃也”，引申为灭、消失，身体死去其道不会消失故曰寿。苏辙注：“不与物争而自强不息，物莫能夺其志也。物变无穷而心未尝失，则久矣。死生之变亦大矣，而其性湛然不亡，此古之至人，能不生不死者也。”

《庄子·田子方》：“楚王与凡君坐。少焉，楚左右曰：‘凡亡者三。’凡君曰：‘凡之亡也，不足以丧吾存。’”

[5] 人之所教，我亦教之：前文句大概是当时社会比较流行的观点，是大家都在普遍采用的教授内容，故此说“人之所教”。

[6] 人之生也柔弱，其死也坚强：生，有生命之意。柔弱，

指人体之柔软。强，通彊，《说文》“彊，弓有力也”，因有力而僵直。坚强，指人死之僵挺。人活着其身体筋骨肌肉是柔软活络的，死后身体也就僵挺了。

［7］草木之生也柔脆，其死也枯槁：柔脆，植物柔软脆弱。枯槁，草木凋败干枯的样子，与人之生死道理相通。

［8］故曰：坚强者死之徒，柔弱者生之徒：徒，同一类之谓。坚强是死亡的特征，柔弱是生命的特征。

［9］故强梁者不得其死，吾将以为教父：强梁者，《说文》“梁，水桥也”，泛指承重的结构，如栋梁。《晋书·地理志》说：“梁者，言西方金刚之气强梁，故因名之。”这里“梁”与“强”意近，强硬僵直之义，是对“坚强者”的呼应。不得其死，不得好死之义。一家之首曰父，教父，即教书讲授的起始。

憨山注：“木之枝条，以冲气为和。故欣欣向荣，而生意自见。是以虚心柔弱在上。”

**【白话大意】**能够读懂人心是智慧的，能够自知的人是明达的。能够战胜他人的有力量，能够战胜自己的强大。知足的人富有，努力不懈的人有志气。不失去其根基的人才能够长久，身体死去其道不亡的人长寿。这些道理是别人教授学生的，我也这样传授给学生。人有生命的时候柔弱，死了就会僵硬。草木活的时候是柔脆的，死后就变得干枯。因此坚挺强硬是死亡的特征，柔顺姣弱是生命的属性。所以那些强硬的会不得好死，我将以此作为教授育人的开端。

**【原文】天之道**（规则），**其犹张**（拉开）**弓也**[1]。（角度）**高者抑**（压制）**之，下者举之；**（力量）**有余者损**（减损）**之，不足者补之。天之道，损有余而补不足**[2]**。人之道，则不然，损不足以奉**（给予）**有余。夫何故？以其生**（养育）**生**（生命）**之厚**[3]**。孰能有余以奉**（奉养）**于天**（天道）[4]“奉于天”修身为道之谓。**唯**（仅有）**有道者**（修身为道的人）。

【注解】

［1］天之道，其犹张弓也：此句以“天之道”代指“常道”，但“天”已是形下之存在。故此处之“道”不同于“常道”之“道”，作规则、道理义。这是先秦核心典籍常见手法，凡在“道”前加定语，大多是以形下比拟形上，这样的用法多被后人所误解，从而混淆了“常道”与“某某之道”的本质区别。

自然界最高的法则如同张弓射箭，《周易·临》彖曰：“刚中而应。大亨以正，天之道也。”

［2］天之道，损有余而补不足：因此天道是减少多余的，用以补充其不足。

苏辙注：“张弓上筋，驰弓上角，故以况天之抑高举下。天无私故均，人多私故不均。”

［3］人之道则不然，损不足以奉有余，夫何故？以其生生之厚：人之道与天之道相反。奉，本义尊敬地用双手捧着，含下对上的恭敬，这里有奉养、侍奉之义。减少不足的部分去供养有余的，这是人之道。

憨山注：“世人嗜味养生，以希寿考，殊不知厚味腐肠，气惫速死，谁见其寿哉。”生生之厚，因为太重视自己生命以至于贪生厚养反倒与天道相违。《孟子·告子》说：“如使人之所欲莫甚于生，则凡可以得生者，何不用也？使人之所恶莫甚于死者，则凡可以辟患者，何不为也？”

［4］孰能有余以奉于天：与前句“损不足以奉有余”相呼应，劝诫人们停止溺于厚生的人之道，莫要再损其本自不足之天道。而应损其有余的生生之厚去修身为道，以便增益自己之天道，所谓“执古之道”。

憨山注：“以其（天之道）但施而不受，皆损一气之有余，以补万物之不足，均调适可，故各遂其生。人道但受而不施，故人主以天下奉一己。”

【白话大意】自然界最高的规则与张弓射箭一个道理，方向高了就压低些，低了就抬高。力量用过了就减少，不足就增添一些。天之道啊是减少有余用以弥补不足。而人道却相反，是减损本已不足之天道，而供养有余之人道。为什么会这样呢？因为人们养育生命太过优厚。谁可以像厚养生命那样，奉养自己之天道呢？唯有道的人才能做到。

【原文】**反者**（反人之道而奉于天）**道之动**（方向）[1]，**弱者**（弱故能生）**道之用**（以弱为用）[2]。**知此两者亦稽**（标准）**式**（可验证的准则），**常知**（牢记、固执）**稽式，是谓玄德**[3]。**玄德深矣，远矣，与物反矣**（有余奉于天）[4]。**然后乃至大**（最）**顺**[5]，**是谓配天**[6]。

**【注解】**

［1］反者道之动：反，本义背过身去干，引申为相反而作。与“人之道”相反，也就是要“损有余以奉于天”。

《正蒙》说：“性于人无不善，系其善反不善反而已；过天地之化，不善反者也。”王夫之注之曰：“食色以滋生，天地之化也，如其受命之则而已。恃其攻取之能而求盈，则湛一之本，迷而不复。”食色养生是谓“天地之化”，过之求盈则谓“生生之厚”也。“善反”者，明其本性之天道，复其湛一之本也。今人多理解为“反”通“返”；返者，返其自性也，意通。《礼记·乐记》说：“人生而静，天之性也。感于物而动，性之欲也。物至知知，然后好恶形焉。好恶无节于内，知诱于外，不能反躬，天理灭矣。”王弼注：“天下之物，皆以有为生。有之所始，以无为本。将欲全有，必反于无也。”

动，本义改变原来位置或脱离静止状态为动，这里是动作、行为之义，“道”之所行与人道相反。《礼记·礼器》说“礼也者，反其所自生”，反其自生之厚。《论语·颜渊》所谓“克己复礼”，《礼记·乐记》说：“礼者，天地之序也。”克己厚生之情而复天命之性，故曰“有余以奉于天”。《庄子·秋水》说：“牛马四足，是谓天；落马首，穿牛鼻，是谓人。故曰：无以人灭天，无以故灭命，无以得殉名。谨守而勿失，是谓反其真。”

［2］弱者道之用：弱，两把弯曲的弓，“彡”象毛羽之形，合起来表示柔弱。本义气力小，势力差，所谓“柔弱者生之徒”。用，使用，道的启用以柔弱为原则。

《庄子·逍遥游》说：“今子有大树，患其无用，何不树之于无何有之乡，广莫之野，彷徨乎无为其侧，逍遥乎寝卧其下。不夭斤斧，物无害者，无所可用，安所困苦哉！”无用而用，谓之弱。

［3］玄德：玄，大而无极曰玄，玄德也即是最高等级之德。

德，是传统文化中的重要概念，本义：登高、攀登，后多用于表人的道德、品性，《周礼》曰“以德诏爵”。“德”的古字从彳（或从行）、从直，表示与行走有关。因此“道”犹路，而“德”则是在“道”之路上行走，故循道而行谓之德。《管子·心术》说：“德者道之舍，物得以生。”“道”为体，“德”为用。“道”是形而上之归旨，而“德”是“道”之显现，是形而下的操行。故“道”与“德”是“有物混成”的一体两面，有“道”者必以其“德”以现，有“德”者亦必有其“道”为本。由此古时圣贤往往将道德连起来使用，如这本《老子》也叫作《道德经》。《韩非子·解老》说：“德者，内也。得者，外也。”又说：“凡德者，以无为集，以无欲成，以不思安，以不用固。”其中，“无为”“无欲”反者也；“不思”“不用”弱者也。《化书·道化》说：“道之委也，虚化神，神化气，气化形，形生而万物所以塞也。道之用也，形化气，气化神，神化虚，虚明而万物所以通也。”唯玄德可以通达万物之性。

［4］玄德深矣、远矣、与物反矣：深，高深莫测；远，广大无极。

物，有名万物的简称，与万物相反。前文言“有名，万物之母”，是人为主观取名才产生了万物，《正蒙》说“有识有知，物交之客感尔”。《韩非子·解老》说：“‘上德不德’言其神不淫于外也。神不淫于外，则身全。身全之谓德。德者，得身也。”“不淫于外”，与缤纷万有物交之客感反向而行以近“道”，即所谓“无名，天地之始”，因此是“与物反矣”，所谓“有余奉于天”。

《庄子·缮性》说：“丧己于物，失性于俗者，谓之倒置之民。”憨山注：“是故世人只知天下之物生于有，而不知有生于无也。苟知有生于无，则自然不事于物，而能体道凝神矣，岂易得哉！”“以其生生之厚”，正是出于对“物”之贪婪追求，使人与道渐行渐远。《荀子·修身》说：“君子役物，小人役于物”。《礼记·乐记》说：“夫物之感人无穷，而人之好恶无节，则是物至而人化物也。人化物也者，灭天理而穷人欲者也。”

朱熹曰：“明德者，人之所得乎天，而虚灵不昧，以具众理而应万事者也。但为气禀所拘，人欲所蔽，则有时而昏；然其本体之明，则有未尝息者。故学者当因其所发而遂明之，以复其初也。”朱子这段论述可谓是对“与物反矣”比较恰当的解读。《孟子·尽心》曰：“万物皆备于我矣。反身而诚，乐莫大焉。”

［5］大顺：顺，朝同一个方向行进曰顺，也就是与“道”同向。

憨山注：“民之欲，火驰而不返。唯以此化民，则民自然日与物相反，而大顺于妙道之域矣。”《庄子·天地》说：“泰初有无，无有无名；一之所起，有一而未形。物得以生，谓之德；未形者有分，且然无间，谓之命；留动而生物，物成生理，谓之形；形体保神，各有仪则，谓之性。性修反德，德至同于初。同乃虚，虚乃大。合喙鸣；喙鸣合，与天地为合。其合缗缗，若愚若昏，是谓玄德，同乎大顺。”

［6］是谓配天：与天之道相匹配，呼应“天之道”，玄德故可奉于天。《礼记·中庸》说：“果能此道矣，虽愚必明，虽柔

必强。”

必须要说明的是，本节之“与物反矣”并不是所谓节俭朴素。这其间存在本质不同，今人早已习惯缤纷多彩的物质世界，以为物质绝对实存，故当下哲学、科学及生活都是围绕着物质展开的。但古人说“有名，万物之母”，人类只有摆脱物质之局限才会大顺于天地之间。但同时，这并不与人类的物质繁荣相违背，所谓“以御今之有”而是要更合理地利用我们身在的世界。例如，现代科学将我们的世界定义为长宽高三维空间，并预言维度越高则文明等级越高，于是人类被束缚在空间维度之中无从突破。而中国古人却说，身在世界只有一个维度，“道立于一”。在“道”的层面并不存在万有之别，故因其唯一且无别所以我们可以超凡入圣无所不在，是谓配天。

【白话大意】因此说，道之所行与人道相反，道之启用以柔弱为尚。这两项是经过验证的规则，可以称为玄德。玄德高深、广大，与物欲相反。然后可以与大道同向共进，因此与天道匹配。

# 无为第三

## 第一节：有无相生

**【原文】天下皆知美之为美，斯恶矣**[1]**；皆知善，斯不善矣**[2]。圣人执一而行，强分美善于道为不善。**唯**（敬诺）**之与阿**（慢应），**相去几何**[3]**？美之与恶，相去若何**[4]**？**美恶之别如同唯阿之异一样微不足道。**人之所畏，不可不畏。**从众者多矣。**荒**（荒唐）**兮，其未央**（终结）**哉**[5]。**人之所恶**（厌恶），**唯孤、寡、不谷，而王公以为称**[6]。**故物或损之而益**（使之益），**或益之而损**[7]。**天之所恶，孰**（谁）**知其故**[8]**？**

【注解】

［1］天下皆知美之为美，斯恶已：世人分美恶即不是执一，困于此则使“道”分裂，如同有个可道之道，故为恶。

王夫之注：“天下之万变，而要归于两端生于一致。故方有美而方有恶。”《庄子·齐物论》说：“毛嫱丽姬，人之所美也，鱼见之深入，鸟见之高飞，麋鹿见之决骤。”

［2］皆知善，斯不善已：同理，为善制定一个标准，这是不善。《周易·系辞》说：“一阴一阳之谓道，继之者善也。”违道则不善。

《庄子·天地》说：“百年之木，破为牺尊，青黄而文之，其断在沟中。比牺尊于沟中之断，则美恶有间矣，其于失性一也。跖与曾史，行义有间矣，然其失性均也。”

《六祖坛经》载六组慧能因提诗“菩提本无树，明镜亦非台。本来无一物，何处惹尘埃”而获五祖传承衣钵。随后为避免人事纠纷连夜向南而走，但最后还是在大谀岭被惠明和尚追上。六祖便将衣钵掷置石上说：“此衣只表示征信而已，岂可以力争吗？”惠明强举衣钵而不能动，只好说：“我为法来，不为衣来！”六祖便说：“汝既为法来，可屏息诸缘，勿生一念，吾为汝说。”惠明听罢如言调整，六祖乃说：“不思善，不思恶，正与么时，哪个是明上座本来面目？”惠明便在言下大悟。善也好恶也罢，都是人主观意识分别的念头，念头一动就是人欲，也就遮掩了真实之“道”，因此说“言语道断，心行处灭”。《孟子·离娄》这样说：“舜明于庶物，察于人伦，由仁义行，非行仁义也。”“非行仁义”不要以“仁义”“美”“善”的标准去行动，因为“斯不善已”。《庄子·天道》说：“齑万物而不为戾，泽及万世而不为仁，长于上古而不为寿，覆载天地刻雕众形而不为巧，此之谓天乐。”

［3］唯之与阿，相去几何：唯与阿同为应答词，差别不大。“唯”多用于应答长辈含恭敬之意，“阿”多用于应答晚辈有怠慢之意。相去，到……的距离。几何、若何，质疑之问，相差

无多义。唯与阿无多大差异。

［4］美之与恶，相去若何：同理，美与恶又能有多大差别呢？

杜光庭注“美善者，生于欲心”，《论语·公冶长》载：“子曰：‘吾未见刚者。’或对曰：‘申枨。’子曰：‘枨也欲，焉得刚？’”周敦颐在《太极图说》中说：“生性感动而善恶分，万事出矣。”现实生活中，判断善恶美丑是人类趋利避害之本性，而所有的行动也都是基于这种判断，所谓关心则乱，故此是万事出矣。《庄子·齐物论》说：“是非之彰也，道之所亏也。道之所以亏，爱之所以成。”

［5］人之所畏，不可不畏，荒兮其未央哉：畏，畏惧、害怕。荒，本义长满野草的沼泽地，引申为不合情理之义。央，结束、终结。世人所畏惧的不可以不畏惧，多么荒唐啊，这种情况还没有终结的预期。

《庄子·天地》说：“世俗之所谓然而然之，所谓善而善之，则不谓之道，谀之人也！”

［6］人之所恶，唯孤、寡、不谷，而王公以为称：孤，失亲为孤。寡，失伴为寡。不谷，本义是不结果实。因此孤、寡、不谷都是不吉祥的，而王公贵族却以此自称。

［7］故物或损之而益，或益之而损：因此有些东西或是贬损反而得益，而有些受益反而会有所损失。《庄子·大宗师》说：“与其誉尧而非桀也，不如两忘而化其道。”

［8］天之所恶，孰知其故：与前句“人之所恶”相应。

《列子·力命》说：“生非贵之所能存，身非爱之所能厚；生亦非贱之所能夭，身亦非轻之所能薄。故贵之或不生，贱之或不死；爱之亦不厚，轻之或不薄。此似反也，非反也；此自生自死，自厚自薄。或贵之而生，或贱之而死；或爱之而厚，或轻之而薄。此似顺也，非顺也；此亦自生自死，自厚自薄。鬻熊语文王曰：‘自长非所增，自短非所损。算之所亡若何？’老聃语关尹曰：‘天之所恶，孰知其故？’言迎天意，揣利害，不如其已。”

与此相应，释家唯识论亦有近似的学理，其理论基础就是人识之三量：现量、比量及非量。所谓现量，通俗地说是指世界本来的面目，是未经人为意识思考加工过的，即“不增不减，不垢不净”的“有物混成”。比量意即相比较下显现的外界，也就是直观现量在经过人为意识分别推断以后的面貌。如同看到有烟我们马上就可以推论出会有火。一般来说我们意识到的都是比量之世界，例如好坏、善恶、利害等等。非量则是指不正常的世界，也就是因为人的缺陷造成的错觉。唯识论说，外界呈现给我们的本来是现量世界（无名，天地之始），但由于人后天积累的各种知识、经验，瞬间就把这个现量进行分别、归类形成比量认知（有名，万物之母）。这一过程是由我们的潜意识在不可察觉的毫发间完成的，因此本质上我们都是带着有色眼镜来认知世界的。而形成有色眼镜的正是我们平时积累的各类知识和经验，因此叫做“觉明为咎”，老子故曰“非以明民”。

《庄子·逍遥游》之问：“天之苍苍，其正色邪？”现在我们都知道天之蓝色是因为太阳光散射的缘故，那么剔除散射作用，天空之正色是什么呢？我们习以为常之蓝色会是天空之本色吗？同理，我们触目所及的所有我们司空见惯之“物”为何？“其视下也，亦若是则已矣。”圣人告诉我们善恶、有无、高低等等都只是我们人为的分别意识，正是这些意识成为扭曲我们“理智”的散射。将本来真实的世界变成了人欲修饰过之人间，如同散射以后我们看到的蓝天。物理的作用可以很好理解，但我们心里的屏障如何破除，使得我们可以看到真实的世界？

**【白话大意】**天下人分别出美，追求美，这是丑恶的；同样都知道为善，这是不善的行为。唯与阿能有多大之差别？美与恶也没有多少区分。世人所畏惧的不能不畏惧，这是多么荒唐的事啊，并且还没有终结之预期。你看人们所厌恶的，孤、寡、不谷这些不吉祥的称呼，王公们都用在自己身上。因此说有些东西是被贬损了反而得益；有些东西呢，受益了反倒有所损失。天道所厌恶的，谁知道是什么缘故呢？

【原文】**天下之物生于有，有生于无**[1]万物因名而有，有名则起于无名无识。**故有无相生**（相互转化），**难易相成**（成就，相反相成），**长短相形**（显现），**高下相盈**（超、满）。**音声相和**（融合），**先后相随**（随顺）。**恒也**（真实不虚）[2]。**故贵以贱为本**（基础），**高以下为基**（根基）[3]。**是以侯王自称孤、寡、不谷，此非以贱为本邪？非乎？**难道不是吗？**故致誉**（赞誉）**无誉，是故不欲禄禄**（华美）**如玉，珞珞**（粗硬）**如石**[4]。

【注解】

［1］天下之物生于有，有生于无：天下之物生于有（名），有（名）生于无（名）。因此“有”与“无”本一体的两面，“无”是“有”的基础，“有”显现“无”的价值。

《正蒙》说：“两不立则一不可见，一不可见则两之用息。两体者，虚实也，动静也，聚散也，清浊也，其究一而已。”

冯友兰《中国哲学简史》说：“老子这句话，不是说，曾经有个时候只有‘无’，后来有个时候‘有’生于‘无’。他只是在说，我们若分析物的存在，就会看出，在能够是任何物之前，必须是‘有’。‘道’是‘无名’，是‘无’，是万物之所以从生者。所以在是‘有’之前必须是‘无’，由‘无’生‘有’。这里所说的属于本体论，不属于宇宙发生论。”“物”因“无名”而“无”，但“物”虽“无名”却为实有。“天下之物”自古固存，唯因“无名”而“无”。因此并不存在绝对的“有”与“无”，乃至“有”与“无”都是“有”所谓“妙有”。“有”出于“无”而归于“无”，故曰“有无相生”，相生于“名”也。

而“名”是由人的意识对身在世界的感知而有,《周易·兑》彖曰:“故人者,天地之德,阴阳之交,鬼神之会,五行之秀气也。”

［2］故有无之相生也,难易之相成也,长短之相形也,高下之相盈也,音声之相和也,前后之相随,恒也:有与无互相生化,难与易互相成就,长与短互相显形,高与下互相对立,音与声相互融和,前与后相互随顺。

苏辙注:“难易、长短、高下、声音、前后之相生、相夺,皆非其正也。”

“唯之与阿,相去几何?善之与恶,相去若何?”老子并不视“善恶”为对立或相对,而是如同“唯与阿”一样相差无几。《正蒙》说:“气本之虚则湛(本)无形,感而生则聚而有象。有象斯有对,对必反其为;有反斯有仇,仇必和而解。故爱恶之情同出于太虚,而卒归于物欲,倏而生,忽而成,不容有毫发之间,其神矣夫!”《圆觉经》则直说其意:“一切众生于无生处,妄见生灭。”同样,《老子》后文多有与此相应地论述:

有无相生于物,故曰“有之以为利,无之以为用”。

难易相成于事,故曰“图难于易,做大于细”。

长短相形于形,故曰“九层之台,起于累土”。

高下相盈于势,故曰“高以下为基”。

音声相合于乐,故曰“大音希声”,《礼记·乐记》说“声成文谓之音”。

前后相随于行,故曰“千里之行始于足下”。

《楞伽经》说:“又如诸识,相虽是一,随于境界有上中下染净善恶种种差别。”《庄子·秋水》说:“以道观之,物无贵贱;以物观之,自贵而相贱;以俗观之,贵贱不在已。以差观之,因其所大而大之,则万物莫不大;因其所小而小之,则万物莫不小;知天地之为稊米也,知毫末之为丘山也,则差数睹矣。”《心经》也说:“色不异空,空不异色,色即是空,空即是色,受想行识,亦复如是。”六祖或可如是说:“不思‘有’,不思‘无’，正与么时，哪个是明上座本来面目？”

［3］故贵以贱为本，高以下为基：承前意，因为“贵以贱为本”，故“侯王自称孤、寡、不谷”，正是“弱者道之用”之应用。其学理是“高下相盈”，用一个示下的称谓来使自己有向上的空间。《淮南子·原道训》说“是故贵者必以贱为号”，《周易正义》说“二二相偶，非覆即变”。因此示下者待其覆变而已，此谓“不自矜故长”。

［4］故致誉无誉，是故不欲禄禄如玉，珞珞如石：故致誉无誉，古本多作“故致数舆无舆”，庄子也有致誉无誉之说。碌碌，形容玉的华美。珞珞，形容石头的粗硬。玉之华美与石之粗硬均是不得一。

朱谦之注：“可贵可贱，皆非道真。玉貌珞珞，为人所贵；石形落落，为人所贱。贱既失矣，贵亦未得。言当处才不才之间。”

《礼记·大学》说：“所谓修身在正其心者，身有所忿懥，则不得其正；有所恐惧，则不得其正；有所好乐，则不得其正；有所忧患，则不得其正。心不在焉，视而不见，听而不闻，食而不知其味。此谓修身在正其心。”因此远离“忿懥”“恐惧”“好乐”“忧患”的心念，做到“不见”“不闻”“不味”，从而无善恶、无美丑、无利害的分别才是修身进道之端。

**【白话大意】**天下万物生于有（名），有生于无（名）。因此有与无在万物中相互转化，难与易在事功上互相成就，长与短在形态上互相显现，高与下在态势上互相依存，音与声在乐曲中相互融和，前与后在行动上相互随顺，这些是恒常的道理。故此说低贱是高贵的基础，高大以低下为根基。因此侯王常常自称孤、寡、不谷，这不是以低贱为本吗？难道不是吗？因此最极致的荣誉就是没有荣誉，因此不希望像美玉一样华美，也不希望像石头那样粗硬。

## 第二节：无为之道

【原文】**三十辐**（辐条）**共一毂**（轮轴），**当其无**（车轮中空），**有车之用**[1]。**埏埴**（和泥）**以为器，当其无**（器物中空），**有器之用**[2]。**凿户**（门）**牖**（窗）**以为室，当其无，有室之用**[3]。**故有**（有形、有名）**之以为利**（便利）[4]，**无**（无形、无名）**之以为用**（启用、功用）[5]。道无处不在，以器喻道。**是以圣人居**（存心）**无为之事**[6]，道常无名，故无可为之。**行**（施行）**不言之教**[7]汉字是象形文字，并不以口语表音为主要功能。**不出户，知天下；不窥**（偷看）**牖，见天道**[8]。**其出弥**（越）**远，其知弥少**[9]。**是以圣人不行而知，不见而明**（自然之明），**不为而成，无为而无不为**[10]。

【注解】

［1］三十辐共一毂，当其无，有车之用：辐，车轮的辐条。毂，车轮中间的圆孔，轮轴是也。当其无，也就是除去三十辐以外车轮都是空的，有了空的车轮，车辆才可以行驶。

［2］埏埴以为器，当其无，有器之用：埏，用水与土和泥。埴，细黏土。器，器物、盛物之用，器物中空才可使用。

［3］凿户牖以为室，当其无，有室之用：房间中空才可住人。憨山注："人人皆知车毂有用，而不知用在毂中一窍。人人皆知器之有用，而不知用在器中之虚。人人皆知室之有用，而不知用在室中之空。以此为譬，譬如天地有形也，人皆知天地有用，而不知用在虚无大道。亦似人之有形，而人皆知人有用，而不知用在虚灵无相之心。是知有虽有用，而实用在无也。"

［4］故有之以为利：有，指器物实有可见部分，有形的实体。利，方便、利益，实有的部分带来便利。

［5］无之以为用：无，器物中没有实体的部分，即"当其无"。用，《说文》"可施行也"，使用、启用，无实物的部分才

是器物可被使用的关键。王弼注：“言无者，有之所以为利，皆赖无以为用也。”

苏辙注：“非有，则无无以致其用；非无，则有无以施其利，是以圣人常无以观其妙，常有以观其徼。知两者之为一而不可分，则至矣。”此两句老子以人们日用平常之物为例，将“物之整体”分为两个部分。一部分是有形之实有，一部分是无形之虚空。其中实有的部分产生它的“利”，无形的部分产生它的“用”。有形之利与无形之用共同构成器物之整体，缺一不可，无法割裂。《周易·系辞》也说“显诸仁藏诸用”，大道显现在其有形之利，而隐赜其无形之用，这是古人对“物”的整体认知。“物”因其有用才有其利，而世人只求其利而忽略其启用之机。憨山注：“是知有虽有用，而实用在无也。然无不能自用，须赖有以济之。故曰有之以为利，无之以为用。”《楞严经》说：“由器形异，名之异空。除器观空，说空为一。”

［6］是以圣人居无为之事：无为，是传统文化中重要的学术概念。非只道家在讲，先秦儒家、法家等各派都有相关的论述。其最早于《尚书·武成》有“垂拱而天下治”之说，《礼记·中庸》说“不见而章，不动而变，无为而成”，《论语·卫灵公》曰：“无为而治者，其为舜与？”但“无为”的确切含义是什么，这在今天已成为学术上争议最多的概念之一。在本书语境下，我们将揭示“无为”的核心意义。字面上简单的理解是对“有之以为利，无之以为用”的进一步阐述。如老子所举的三个例子，车、室与器，实有部分带来利益，而“当其无”才可应用。将这样的现象提升为理论，有为而为是争利，无为而为是启用。如前节所论述有无之相生，难易、长短、高下、前后等亦复如是。故此有为之为是无意义的，所谓至誉无誉。圣人关注事物之用而不在事物谋利上发心，有用自然有其利，因此是无为而为。但更深层的意义则体现着中国传统文化之精髓。器物因其有形而有利，因其无形而有用，正是对《周易·系辞》所言“形而上者谓之道，形而下者谓之器”的形象

解说。其中“形而下者”即是“有之以为利”之“器”，是可见的器物。而“形而上者”是超越有形器物之“道”，是“无之以为用”。故此“无为”的核心归旨是“为道”，万事万物以“道”为体，而“道常无名”，故无以为之。《周易·系辞》说：“易，无思也，无为也，寂然不动，感而遂通天下之故。”故曰“居无为之事”，居者，存其心也。《论语·雍也》说：“居敬而行简，以临其民，不亦可乎？”

《金刚经》说：“一切有为法，如梦幻泡影，如露亦如电，应作如是观。”可道之“道”非常道，那如何而为，又如何可言。圣人无为并不是无所事事，而是执一而动。非行“美善”“难易”“高下”之为，故曰“无为”。《礼记·中庸》说：“诚者不勉而中，不思而得，从容中道，圣人也。”

［7］行不言之教：《庄子·知北游》说：“道不可闻，闻而非也；道不可见，见而非也；道不可言，言而非也。”不可言亦不可闻，故为不言之教。《周易·系辞》：“圣人有以见天下之赜，而拟诸其形容，象其物宜，是故谓之象。”“道可道，非常道”言之则谬，故古之圣人不言而传之以象，如我们熟习的汉字。《论语·阳货》曰：“天何言哉？四时行焉，百物生焉，天何言哉？”因此《礼记·中庸》开篇即言“修道之谓教”，圣人之教不在于闻、言之背咏积累，而是以亲身躬行修之来获取的实证体悟为其教，所谓“执古之道以御今之有”。《金刚经》说：“若人言如来有所说法，即为谤佛，不能解我所说故。须菩提，说法者，无法可说，是名说法。”《兴禅护国论》也说：“若人言佛、禅有文字言语者，实是谤佛谤法谤僧。是故祖师不立文字，直指人心见性成佛，所谓禅门也。”

《庄子·外物》说：“荃者所以在鱼，得鱼而忘荃；蹄者所以在兔，得兔而忘蹄；言者所以在意，得意而忘言。吾安得夫忘言之人而与之言哉！”因此学人对古典文化的学习，需感悟其主旨大义，切不可陷入对章句之迷思。《庄子·在宥》说：“大人之教，若形之于影，声之于响。有问而应之，尽其所怀，为天下配。处乎无响，行乎无方。挈汝适复之挠挠，以游无端；出入无旁，与日无始；颂论形躯，合乎大同，大同而无已。无已，恶乎得有有！睹有者，昔之君子；睹无者，天地之友。”

［8］不出户，知天下：不窥牖，见天道：窥，从小孔里看。《说文》“窥，小视也”，故窥牖者短视。

苏辙注：“性之为体，充遍宇宙，无远近古今之异。古之圣人，其所以不出户牖而无所不知者，特其性全故耳。”《列子·仲尼》说：“我体合于心，心合于气，气合于神，神合于无。其有介然之有，唯然之音，虽远在八荒之外，近在眉睫之内，来干我者，我必知之。乃不知是我七孔四支之所觉，心腹六脏之所知，其自知而已矣。”《周易·系辞》赞曰：“夫《易》，圣人之所以极深而研几也。唯深也，故能通天下之志；唯几也，故能成天下之务；唯神也，故不疾而速，不行而至。”

［9］其出弥远，其知弥少：弥，越、逾。走得远，收获得反而少。

这里有必要说一下，何为“其出弥远，其知弥少”？难道越是在家无所事事收获反而越多吗？那宅男宅女岂不是有福？此处实则在讲求知不在于身外，《礼记·中庸》借用《诗经·国风·伐柯》讲述这个道理：“《诗》云：‘伐柯伐柯，其则不远。’执柯以伐柯，睨而视之，犹以为远。”“道不远人”“不可须臾离也”，天地万有莫不在大道之中，只是“日用而不知”。故此《孟子·尽心》说：“万物皆备于我矣。反身而诚，乐莫大焉。”“反身而诚”者，诚于己心而复归天命之性，如此可以“不见而章，不动而变，无为而成”。因此“其出弥远，其知弥少”是说离开自己的真心越远，所知就越少，而这个真心要“无为”而得。《楞严经》说：“聚缘内摇，趣外奔逸，昏扰扰相，以为心性。一迷为心，决定惑为色身之内。不知色身、外洎山河、虚空大地，咸是妙明真心中物！”圣人是说，我们自身以及身外世间万有都是我们天命之性有感所呈现，所谓“有名，万物之母”。圣人执一，万物本一体，故《正蒙》说：“诚于此，动于彼，神之道与！”彼一动则全体尽知。“不出户”“不窥牖”，看似什么也不做，“居无为之事”，不在物之“有利”上虚耗生命，而是感悟自己本性之明，“以阅众甫”，故此可以做到“不出户，知天下”。《吕氏春秋·季春纪·论人》说：“太上反诸己，其次求诸人。其索之弥远者，其推之弥疏；其求之弥疆者，其失之弥远。”

［10］是以圣人不行而知，不见而明，不为而成，无为而无不为：不用走出去自然而通晓，不用看到自然而明达，不用动手做自然有成，无为则无所不为。

《礼记·中庸》说：“唯天下之至诚，为能尽其性；能尽其性，则能尽人之性；能尽人之性，则能尽物之性；能尽物之性，则可以赞天地之化育，可以赞天地之化育，则可以与天地参。”又云“至诚之道，可以前知”，“故至诚如神”。苏辙注：“世之人为物所蔽，性分于耳目，内为身心之所纷乱，外为山河之所障塞。见不出视，闻不出听。户牖之微，能蔽而绝之。不知圣人复性而足，乃欲出而求之，是以弥远而弥少也。性之所及，非特能知能名而已。盖可以因物之自然，不劳而成之矣。”《淮南子·原道训》说：“故圣人不以人滑天，不以欲乱情，不谋而当，不言而信，不虑而得，不为而成，精通于灵府，与造化者为人。”

《孟子·公孙丑》载：“心勿忘，勿助长也。无若宋人然：宋人有闵其苗之不长而揠之者，芒芒然归。谓其人曰：‘今日病矣！予助苗长矣！’其子趋而往视之，苗则槁矣。天下之不助苗长者寡矣。以为无益而舍之者，不耘苗者也；助之长者，揠苗者也，非徒无益，而又害之。”这是著名的拔苗助长的典故，“心勿忘”居其心也，“勿助长也”无为者也。顺应天道之人看似什么也没做，却成全了万物的成长。《淮南子·原道训》说：“无为为之而合于道，无为言之而通乎德，恬愉无矜而得于和。”《礼记·中庸》说：“致中和，天地位焉，万物育焉。”

【白话大意】三十根辐条组成的车轮，当车轮中空就有了车的用途。用土和泥制成器皿，当其中空就有了器物的用途。开凿出门与窗，当其中空即可作为房屋使用。因此“有”产生利益，“无”才可以启用。因此圣人心存大道无为而为，施行不言的教化。不出门便知天下事，不必望向窗外，就能明晰天地万物之情。走出去越远，收获得越少。因此圣人不用经历就能够通晓，不必看到就能明达，不必刻意而为就能成功，因为无为所以无所不为。

## 第三节：圣人之治

【原文】**故曰：古之善为**（修、行、言）**道**（修身）**者**[1]**，非以明**（使之多知）**民，将以愚**（使之淳朴）**之**[2]**。民之难治，以其智**（主观认知）**多**[3]**。故以智治国**（域，境界）**，国之贼**（危害）**；不以智治国，国之福**[4]**。不尚贤**（贤者多识）**，使民不争**（争名）**；不贵难得之货，使民不为盗**（夺利）**；不见**（显现）**可欲，使民心不乱**[5]**。此三者以为文，不足**（足以阐明）**，故令有所属**（归类）[6]**：见素抱朴，少思寡欲，绝学无忧，希言自然**[7]**。是以圣人之治**（为道）**，虚其心**（少思）**，实其腹；弱其志**（寡欲）**，强其骨**[8]**。常使民无知无欲，使夫智者**（绝学）**不敢为也**[9]**。为无为，则无不治**[10]**。**

【注解】

[1] 古之善为道者：所谓“执古之道”者，这里在说古时为道者的做法。为道即修道，儒家谓之修身。《礼记·曲礼》说：“修行言道，礼之质也。”

[2] 非以明民，将以愚之：明，使动用法，使民明。知善恶美丑，通高下长短难易则明，所谓“明白四达，能无知乎”。王弼注：“明，谓多智巧诈，蔽其朴也。”这其实偏离了老子的本意，智者无论巧诈或善意都是智，都将蔽其朴。这是后人解读先圣之通病，例如会将“克己复礼”解读为克制人的私欲，

实则欲就是欲，何来公私之别？有欲则不得正。苏辙注："凡民不足以知此而溺于小智，以察为明，则智之害多矣。"愚，本义指性格孤僻、不谙熟人情世事之人。王弼注："愚，谓无知，守其真顺自然也。""非以明民"者，所谓"天下皆知美之为美，斯恶已；皆知善，斯不善已"，对物质世界认知越深则越明。但"无名，天地之始"，分别多了，"道"也就被遮蔽不明。故先秦多用"婴儿""赤子"比喻德全之人，以其混沌未明。朱谦之注："又强本成疏，言古昔善修道之夫实智内明，无幽不烛。外若愚昧，不耀于人。闭智塞聪，韬光晦迹也。"

《庄子·骈拇》说："是故骈于明者，乱五色，淫文章，青黄黼黻之煌煌非乎？而离朱是已！多于聪者，乱五声，淫六律，金石丝竹黄钟大吕之声非乎？而师旷是已！枝于仁者，擢德塞性以收名声，使天下簧鼓以奉不及之法非乎？而曾史是已！骈于辩者，累瓦结绳窜句，游心于坚白同异之间，而敝跬誉无用之言非乎？而杨墨是已！故此皆多骈旁枝之道，非天下之至正也。"

［3］民之难治，以其智多：智，《说文》"从白从亏从知"，古文"智"与"知"相通。因有知而多智，《孟子·告子》说"是非之心，智也"，是非者，美善高下前后者也。"有名，万物之母"就是多知有智的认知途径，《孟子·离娄》说："禹之行水也，行其所无事也。如智者亦行其所无事，则智亦大矣。"

［4］故以智治国，国之贼；不以智治国，国之福：贼，偷东西的人、盗匪，引申为危害。国，其初文是"或"，是"域"的古字，本义指疆域、地域，后指国家。《周礼·太宰》说"以佐王治邦国"，郑玄注："大曰邦，小曰国。"现有《老子》版本"国"与"邦"无严格区分，但本书据文意而区别用之。"道"篇取"国"字，"德"篇取"邦"字。国，取其本义，通"域"，指被分封的，由侯王自主掌控的区域。

［5］不尚贤，使民不争；不贵难得之货，使民不为盗；不

见可欲，使民心不乱：尚贤，虚名也；难得之货，财利也；可欲，财色名食睡皆欲也。见，同“现”显示、炫耀。

苏辙注：“尚贤，则民耻于不若而至于争；贵难得之货，则民病于无有而至于盗；见可欲，则民患于不得而至于乱。”

这是在讲“不以智治国”的措施，贤者多知，故不尚；难得之货多欲，故不贵；可欲则乱其心，故不见。《庄子·庚桑楚》说：“举贤则民相轧，任知则民相盗。之数物者，不足以厚民。民之于利甚勤。”因此用贤而不尚贤，民无所慕，故无争。《庄子·则阳》也说：“夫力不足则伪，知不足则欺，财不足则盗。”《论语·颜回》载：“季康子患盗，问于孔子。孔子对曰：‘苟子之不欲，虽赏之不窃。’”

[6] 此三者以为文不足，故另有所属：属，种类、归属。此句意为，以上三种事例（民不争、民不盗、民心不乱）作为文字不能完全说明问题，因此要让它们有所归属比类。

[7] 见素抱朴，少思寡欲，绝学无忧，希言自然：素，丝织品的本色。朴，天然的木质未加雕饰。希言，少言。

持守朴素的本色，减少欲望的心念，绝学方没有忧患，少言自然可以合道。如此，民将归朴，则国之福也。

《吕氏春秋·季春纪·论人》说：“何谓反诸己也？适耳目，节嗜欲，释智谋，去巧故。而游意乎无穷之次，事心乎自然之涂，若此则无以害其天矣。无以害其天则知精，知精则知神，知神之谓得一。”

[8] 是以圣人之治，虚其心，实其腹；弱其志，强其骨：治，对治。

虚其心，虚，使动用法，使其心虚，即排除那些“可欲”的思想见地，持守纯朴的本色。

实其腹，实，使动用法，充实之义，实其腹或曰满足基本需求。

弱其志，弱，使动。志，《说文》“意也，从心”，心之所向为志。志向，含图强之义。《孟子·公孙丑》说：“志壹则动气，气壹则动志也。今夫蹶者趋者，是气也，而反动其心。”志强则气动，气动则心动，心动则欲望生焉。“弱其志”即不动于心者故能虚心。董思靖注：“实腹者，精神内守。物我兼忘，则虑不萌而志自弱矣；精神内守，则气不馁而骨自强矣。虚心弱志，则民自无知；实腹强骨，则民自无欲也。”

［9］常使民无知无欲，使夫智者不敢为也：智者，同愚公移山中的智叟，自作聪明的人。

《吕氏春秋·士容论·尚农》说：“民舍本而事末则智，好智则多诈，多诈则巧法令，以是为非，以非为是。”这是“智”的流弊。

［10］为无为，则无不治：朱谦之注：“使民不见可尚之人，可贵之货，可欲之事。如是，则混混沌沌，反朴守醇。常使民无知无欲，则自然泊然，不争不盗不乱，此所以知者不敢、不为。至德之世，上如标枝，民如野鹿；含哺而熙，鼓腹而游。此则太古无为而民自化，翱翔自然而无物不治者也。”《庄子·逍遥游》说：“日月出矣而爝火不息，其于光也，不亦难乎！时雨降矣而犹浸灌，其于泽也，不亦劳乎！”

这一章以“美之与恶，相去若何”至“有无相生”为切入点，首先破除世俗眼中相对或对立概念之间的藩篱，从而阐明“有为”之无意。进一步导入“无为”的概念，循道而为则无所不为。所谓“不为而成”正是对“反者道之动，弱者道之用”的应用。最后以无为结语，阐述“无为”在为道修身中之应用，是由理论到实践的过渡。其中之关键是对“国”字的理解，其本义指疆域、地域。春秋时期国家常用“邦”字，如“邦畿千里，惟民所止”。西汉以后，因为避刘邦讳才渐用“国”。先秦时期“国”多指侯王获得的封地，是由侯王主导与管控的区域。而《老子》文中常用“侯王”来隐喻为道修身之人，如“侯王若能守之，万物将自宾”，“故道大，天大，地大，王（侯王）亦大”等。因此《老子》语境中“国”并不是指物理意义上的封地、疆域，而是学人为道中出现的某种自己管控的身心境界。后人多用“宅”代之，《释名》曰：“宅，择也，择拣吉处而营之。”所谓“国之福”，即对修身有益之事。如下：

| 人、物 | 原意 | 道篇引申义 |
|---|---|---|
| 国 | 侯王的封地 | 指为道者之境界，为道即是对身心地管控 |
| 圣人 | 已达到人类最高境界的人 | 达道之人，为师者 |
| 民（侯王） | 人民，需要教化与管理的人 | 求道之人，是圣人教化的对象 |
| 智者 | 社会中精于世故的人，如愚公移山中的智叟 | 求道者自身残留的世俗之智，为道之贼 |

梳理出这些概念的引申义，就可以清晰地理解“道”篇大义。老子将为道修身比喻为“治国”，“国之难治，以其智多”。为道者自身主观认知过多，顺于物而蔽其朴，因此是“国之贼”。在此老子提出“见素抱朴，少思寡欲，绝学无忧，希言自然”，是对修道者“民”的规范。使其“不争”“不为盗”“心不乱”，从而达到“虚其心，实其腹，弱其志，强其骨”的状态。《庄子·养生主》说“臣以神遇而不以目视，官知止而神欲行”，让感官之所知与能知都停止，则神妙将欲显现。

【**白话大意**】因此说：古时善于为道的人，不是要使人们更精明，而是让他们质朴无欲。人之所以难以治理，是因为他们主观学识太多。因此依靠智巧治国是有危害的，不依靠智巧治国才是福气。不崇尚贤能，使人民不争名；不看重难得之货，使人民不去夺利；不显现可以引起欲望的东西，使人民心绪平和不狂乱。这三者还不能完全说清问题，因此要有所归属：持守朴素的本色，减少对物欲的贪念。绝学就没有忧患，少言自然合道。因此圣人对治的方法是：虚化他们的世俗思想，填饱他们的肚子；弱化他们的志向，强健他们的身体。使人民保持无知无欲的状态，使那些聪明的人不再妄为，无为而为就没有什么不能对治的。

## 长生第四

【原文】天长地久，独立不改者。天地（之）所以能长且（同时）久者，以其不（为）自（而）生[1]，故能长生。万物作（兴起）而弗（不）始，为而弗恃（自恃其能）[2]。功成而弗居（自居有功），夫唯弗居，是以（因此）弗去[3]。

【注解】

［1］以其不自生：以，因为；自生，为自己而生。

王弼注："自生则与物争，不自生则物归也。"憨山注："以其不自私其生，故能长生。"《周易·系辞》说："日新之谓盛德，生生之谓易。"天地滋养万物，万物欣欣向荣，天地自然长久，故曰不自生。

［2］万物作而弗始，为而弗恃：恃，《说文》"赖也"。

《吕氏春秋·孟春纪》说："天地大矣，生而弗子，成而弗有，万物皆被其利而莫知其所由始。"

［3］功成而弗居，夫唯不居，是以弗去：天地不自生，故无功；无功者，无所去之。《周易·系辞》曰："劳而不伐，有功而不德，厚之至也。"

【白话大意】天长地久，天地之所以能够长久存在，是因为不为自己而生，故此可以长生。运化万物如同从未开始，养育天下也不自恃其能，功成自己并不居功。因为不自居其功，所以没什么可以失去的。

【原文】出生入死[1]。生（存活）之徒，十有三（十分之三）。死之徒，十有三。民之生（养育）生（生命），动皆之（到）死地，亦十有三[2]。民之轻死（轻易而亡），以其求生

**之厚**（厚养其生），**是以轻死**[3]。**五色令人目盲，五音令人耳聋，五味令人口爽**（伤也）[4]。**驰骋畋猎**（狩猎），**令人心发狂；难得之货，令人行**（操行）**妨**[5]。**是以圣人欲不欲，不贵难得之货**[6]；**学不学，复众人之所过**[7]，**以辅万物之自然而不敢为**（妄为）[8]。

【注解】

[1] 出生入死：《大戴礼·本命》说："分于道，谓之命；形于一，谓之性，化于阴阳，象形而发，谓之生；化穷数尽，谓之死。故命者，性之终也。"象形而发，出离于大化，出生者也；化穷数尽，归于形一，入死者也。《庄子·田子方》说："日出东方而入于西极，万物莫不比方，有目有趾者，待是而后成功。是出则存，是入则亡。万物亦然，有待也而死，有待也而生。吾一受其成形，而不化以待尽。"

[2] 民之生生，动皆之死地，亦十有三：第一个生，生养、养育；第二个生，生命。之，动词，到达。此句意为：民众爱养自己生命，却加速其亡。

司马光注："大约柔弱以保其生者三，刚强以速其死者三，虽志在爱生而不免于趋死者亦三。"

[3] 民之轻死，以其求生之厚，是以轻死：厚，奢厚、求多之义。求生之厚，不惜一切代价保养自己的身体和生命。

高亨注："生生之厚者，逞欲于声色等，是自伤其生而动之死地矣。"《庄子·大宗师》说："故善吾生者，乃所以善吾死也。"

《庄子·齐物论》说："一受其成形，不亡以待尽。与物相刃相靡，其行尽如驰，而莫之能止，不亦悲乎！终身役役而不见其成功，苶然疲役而不知其所归，可不哀邪！人谓之不死，奚益！其形化，其心与之然，可不谓大哀乎？人之生也，固若是芒乎？其我独芒，而人亦有不芒者乎？"

［4］五色令人目盲，五音令人耳聋，五味令人口爽：五色，指青、黄、赤、白、黑，代指悦目的色彩。五音，指宫、商、角、徵、羽，代指美妙的声音。五味，指酸、苦、甘、辛、咸，代指可口的味道。《尚书·旅獒》说“不役耳目，百度惟贞”。盲，盲于五色，专注于赏心悦目之色彩，五色之外则视而不见故曰盲。聋、爽，亦然。

《庄子·天地》说：“且夫失性有五：一曰五色乱目，使目不明；二曰五声乱耳，使耳不聪；三曰五臭薰鼻，困惾中颡；四曰五味浊口，使口厉爽；五曰趣舍滑心，使性飞扬。此五者，皆生之害也。”

［5］驰骋畋猎，令人心发狂，难得之货，令人行妨：畋猎，田猎，打猎之义。行妨，倒装，本为妨行，有碍操守。

［4］［5］两句阐述何谓“求生之厚”，老子告诫我们，心心念念之花花世界正是我们“生生之厚”的结果。“天长地久”之“不自生”，以化育万物为己之生，故此“弗始”“弗恃”“弗居”。人们所追求之五色、五音、五味这些光鲜诱人的欲望，却是为己而生且唯恐生之不厚，是“多始”“多恃”“多居”，与天道相违，故此“轻死”。

《礼记·礼运》曰：“夫礼，先王以承天之道，以治人之情。”

［6］是以圣人欲不欲，不贵难得之货：欲不欲，前一个欲为动词，向往、想要。以不欲为欲，对应少思寡欲。

［7］学不学，复众人之所过：学不学，以不学为学，即“为道日损，为学日益”，对应绝学无忧。复，改正义。

［8］以辅万物之自然，而不敢为：辅，辅助，《正韵》“车辅，两旁夹车木也”，《左传·僖公五年》有“辅车相依”说。辅助万物自然生息，而不敢妄为，对应希言自然。

苏辙注：“内外空明，廓然无为，可以辅万物之自然，而待其自成矣。”

这一段节长生文意相对简洁明了，是具体而微对“反者道之动”的阐述。憨山注：“若夫众人之所欲者，功名利禄，玉帛珍奇。所学者，权谋智巧。火驰于此，往而不返，皆其过也。至于道德无为，皆以为贱而所不欲，以为无用而不学。故恃智好为，以伤自然之朴。圣人离欲释智，以复众人之过耳。以恃万物之自然，故终不敢为也。”

【**白话大意**】出为生，入为死。能生存下来的十之有三，早亡夭折的十之有三，人出生后因养育不宜而亡的又是十之有三。民众之所以会轻易死亡，是因为他们对生命厚养过分，故此轻易早亡。缤纷的色彩会让人视力衰退甚至失明，靡靡之音会让人听力受损甚至失聪，贪图口味反倒使人味觉麻木。驾车驰骋打猎会让人心由于贪婪而发狂，难得的货物会妨碍人的操守。因此圣人要的是无欲，不以难得之货为贵。以不学为学，修复众人的过错。用以上原则辅助万物自然发展，而不敢轻率妄为。

【**原文**】**治人事天**[1]，**莫若啬**（虚心弱志，收敛于内）[2]。**夫为啬，是谓早服**（早日执行）[3]。**早服谓之重**（增益）**积**（蓄养）**德**[4]，**重积德则无不克**（挫其锐解其纷）[5]。**无不克则莫知其极**（极限），**莫知其极，可以有国**（境界）。**有国之母**（为啬之人）[6]，**可以长久。是谓深根固柢，长生久视之道**[7]。

【**注解**】

[1] 治人事天：首先，自开篇起都是在理论上对修身为道进行阐述，以规范学人的认知。这一段开始由理论过渡到实际功夫，是承上启下的一段。以“以辅万物之自然，而不敢为”为结论，执一无为是其核心学理。“治人事天”承接上文“圣人之治”进一步展开，所谓“治人事天”者，如《周易·乾》文言所形容：“夫大人者与天地合其德，与日月合其明，与四时合其序，与鬼神合其吉凶，先天而天弗违，后天而奉天时。”因此

"治人事天"可以理解为调教培养人性使之符合天道，即"奉于天"。

治，从水从台（胎之变形），自水的初始处、基础、细小处开始，以水的特征为法，进行的修整、疏通是为治。后引申为统治、治理、管理诸义，因此"治"是一个管控的过程。治人，顺着人之本性进行疏导、调教、管理达到"大顺"的过程。事，侍奉、事从于。《庄子·天地》说："有治在人，忘乎物，忘乎天，其名为忘己。忘己之人，是之谓入于天。"王纯甫注："事天，谓全其天之所赋，即修身之谓也。"《孟子·尽心》也说"存其心，养其性，所以事天也"。因此治人是手段与过程，事天是结果与目的，所谓"孰能有余以奉于天，唯有道者"。

《大戴礼·礼三本》说："礼有三本：天地者，性之本也；先祖者，类之本也；君师者，治之本也。"因此"事天"意即复返天命之本性，非为修身之不可得。《礼记·大学》说："自天子以至于庶人，壹是皆以修身为本。其本乱，而末治者否矣。其所厚者薄，而其所薄者厚，未之有也。"以下开始讲解修身为道的实际功夫，《礼记·中庸》说："诚者，天之道也；诚之者，人之道也。诚者不勉而中，不思而得，从容中道，圣人也。诚之者，择善而固执之者也。"

［2］莫若啬：啬，《说文》："本作嗇，爱濇也。从来从㐭；来者，㐭而藏之，故田夫谓之啬夫。"高亨注："是啬夫收藏之义，衍而为爱而不用之义，此啬字谓收藏其神形而不用，以归于无为也。"啬，本义收获谷物入仓。本书取其本义，即将精神由外收归于内。《庄子·刻意》说："夫有干越之剑者，柙而藏之，不敢用也，宝之至也。"所谓"虚其心，实其腹，弱其志，强其骨"，《清静经》说："夫人神好清，而心扰之；人心好静，而欲牵之。常能遣其欲，而心自静；澄其心，而神自清。"《礼记·中庸》说"喜怒哀乐之未发，谓之中"，诚于中，谓之"啬"，故"为道"者，内圣也。

［3］早服：服，遵从、实施之义。《论语·颜渊》说："一

日克己复礼，天下归仁焉。”

［4］重积德：重，程度深、数量多。积，积累，蓄积，蓄养其德。

［5］无不克：克，本义为肩，引申为克除、战胜义。后文所谓之“挫其锐，解其纷”，重积德故可胜任更多。

［6］有国之母：国，域也，引申为修道者的境界。母，主也，谓早啬之人。此句可以理解为，通过为“啬”累计功德达到无不克而莫知其极之时，进入某个境界。“有国之母”，是说有如此境界的人自会长生。

［7］深根固柢，长生久视之道：根柢，树根向四边伸的叫做根，向下扎的叫做柢。深根固柢，根基牢固不可动摇。久视，看得久，也是长寿之意。合起来是说，使人根基牢固以获得长生长寿的方法，以呼应“天长地久”。

《孟子·尽心》曰：“尽其心者，知其性也。知其性，则知天矣。存其心，养其性，所以事天也。夭寿不贰，修身以俟之，所以立命也。”《正蒙》说：“聚亦吾体，散亦吾体，知死之不亡者，可与言性矣。”《黄帝内经·上古天真论》说：“夫上古圣人之教下也，皆谓之：虚邪贼风，避之有时，恬淡虚无，真气从之，精神内守，病安从来。是以志闲而少欲，心安而不惧，形劳而不倦，气从以顺，各从其欲，皆得所愿。故美其食，任其服，乐其俗，高下不相慕，其民故曰朴。是以嗜欲不能劳其目，淫邪不能惑其心，愚、智、贤、不肖不惧于物，故合于道。所以能年皆度百岁而动作不衰者，以其德全不危也。”

**【白话大意】**调教培养人性使之复归于天道，没有比精神收归于内更好的方法。只有这个方法，因此要尽早应用。尽早应用并不断蓄积德行，德行累积的过程就是自我完善的过程。于是可以体悟“啬”是没有极限的，慢慢就可以有自己的境界，有此境界的人可以长久，这就是根基牢固长生长寿之道。

# 袭常第五

## 第一节：筑基正身

【原文】天地之间，其犹橐龠（鼓风箱）乎[1]？虚而不屈（穷尽），动而愈出[2]。绵绵（细微而不断）若存，用之不勤（竭）[3]。载（承载）营魄（形体与精神）抱一（抱于一），能无离（散失）乎[4]？。抟（结聚）气致柔，能如婴儿乎[5]？涤除（洗涤）玄鉴（心灵之镜），能无疵（瑕疵）乎[6]？爱国治民，能无为（顺势而为，不强行）乎[7]？天门开阖（动静），能为雌（守静）乎[8]？明白四达，能无知乎[9]？孰能浊（浑浊、凌乱）以（用）静之徐（逐渐）清（清而明）[10]？孰能安（安于清）以久动（感动）之徐生（感通）[11]？多闻数（道）穷，不如守于中（心）[12]。

【注解】

[1]天地之间，其犹橐龠乎：橐龠，风箱，鼓吹通气的工具。天地之间，难道不像一只风箱吗？

吴澄注：“为函以周罩于外者，橐也；为辖以鼓扇于内者，龠也。天地间犹橐龠者，橐象太虚，包含周遍之体；龠象元气，氤氲流行之用。”憨山注：“不用则虚以自处，置之而亦不自以为屈，故曰虚而不屈。且人不用则已。若用之，则触动其机，任其造作而不休，故曰动而愈出。”

[2]虚而不屈，动而愈出：空虚却不会穷尽，愈是鼓动风量愈大。

[1][2]句既是指说天地大宇宙的运行体系又暗喻人体之小天地，《周易·系辞》说：“是故阖户谓之坤，辟户谓之乾，

一阖一辟谓之变，往来不穷谓之通。”天地像一个硕大无朋的风箱，鼓动阴阳之气，“虚而不屈，动而愈出”。人体也是如此，小一点的是心脏，鼓动全身血液的流动，其犹橐籥乎？大一些的我们整个躯体，其内空虚依靠一呼一吸与天地交换着能量。《庄子·逍遥游》说“野马也，尘埃也，生物之以息相吹也”，天地万物之运化彷如蒸腾舞动的氤氲之气，其“升降飞扬，未尝止息”。

［3］绵绵若存，用之不勤：绵绵，细微不断。若存，存而不可见。勤通堇，穷尽之意。细微连绵若存若无，用起来又不会竭尽。

袭常第五开始传授具体修身方法，首节筑基是基础功夫，《论衡·自纪》所谓之“养气自守”。前三句以养气为主，后面则是内守之法。《庄子·知北游》说：“人之生，气之聚也。聚则为生，散则为死。”老子以“橐籥”比喻人身，以“虚而不屈，动而愈出”来暗喻人体之气息，绵绵若存则是呼吸要领。按照各家修身实践，心粗则息粗，心念细则呼吸细。因此一般将呼吸分为四相，依次由粗到细为风、喘、气、息。《修习止观坐禅法要》中说：“云何为风相，坐时则鼻中息出入觉有声，是风也。云何喘相，坐时息虽无声而出入结滞不通，是喘相也。云何气相，坐时息虽无声亦不结滞，而出入不细，是气相也。云何息相，不声不结不粗出入绵绵，若存若亡资神安隐，情抱悦豫，此是息相也。”前三种呼吸为不调和相，是调息的过程。息相则是呼吸调和现象，是调息的目的即绵绵若存之呼吸。修身中呼吸细微则心念细微，容易在细微之心念中清楚地观照自心。观照自己的呼吸由风到喘到气最后为息，就是一个完整的静定过程。《黄帝内经·上古天真论》说：“提挈天地，把握阴阳，呼吸精气，独立守神，肌肉若一，故能寿敝天地，无有终时，此其道生。”

《孟子·公孙丑》所言“我善养吾浩然之气”，曰：“难言也。其为气也，至大至刚，以直养而无害，则塞于天地之间。其为气也，配义与道；无是，馁也。是集义所生者，非义袭而取之也。行有不慊于心，则馁矣。我故曰，告子未尝知义，以其外之也。必有事焉而勿正，心勿忘，勿助长也。”

［4］载营魄抱一，能无离乎：载，乘也，乘载。营魄，魂魄，营通魂。《内观经》说：“动以营身之谓魂，静以镇形之谓魄。”《左传·昭公七年》子产曰“人生始化曰魄，既生魄，阳曰魂”，孔颖达注曰：“附形之灵为魄，附气之神为魂也。附形之灵者，谓初生之时，耳目心识，手足运动，啼呼为声，此则魄之灵也。附气之神者，谓精神性识，渐有所知，此则附气之神也。”诸多解释虽有小异但大体相当，魂者大致指精神主动，魄者大致是形体主静，《楚辞·远游》说“载营魄而登遐兮”。《列子·仲尼》说：“我体合于心，心合于气，气合于神，神合于无。”

抱，本义用手或手臂围住，引申为心里存着、怀有。载、抱，同义。一，纯而不杂、聚而不散则为一。载营魄抱一，抱于一，释曰“正念一心”，心专于一境则营魄自合。《庄子·在宥》说：“无视无听，抱神以静，形将自正，必静必清。无劳汝形，无摇汝精，乃可以长生。目无所见，耳无所闻，心无所知，汝神将守形，形乃长生。”营魄抱一和合，《周易·系辞》所谓“动静有常”，一阴一阳之谓道也。憨山注：“故动则乘魂，营营而乱想。静则乘魄，昧昧而昏沉。是皆不能抱一也。”魂与魄抱一相合，则虽动而无妄想，虽静而不昏沉。《黄帝内经·上古天真论》说：“故能形与神俱，而尽终其天年，度百岁乃去。”

无，通勿。乎，责问之语气，可以做到吗？无离即抱于一而不散，气与神相合，无心无形而融于一境。高诱说：“魂，人阳神也。魄，人阴神也。魂阳灵而动，魄阴专而静，二者相依，则神志常强。”《淮南子·俶真训》说：“夫人之事其神而娆其精，营慧然而有求于外，此皆失其神明而离其宅也。”宅者，国也。

［5］抟气致柔，能如婴儿乎？抟，《说文》“以手圜之也”，凝聚义。《管子·内业》说：“抟气如神，万物备存。”盖气随心

转，故抟气即专心于一念无所断绝之意。《管子·内业》说："心静气理，道乃可止。"如此则浊气下降，清气上升，体柔肤润，即可如婴儿一般。

憨山注："学道工夫，先制其气不使妄动以薰心，制其心不使妄动以鼓气，心静而气自调柔。"苏辙注："婴儿不知好恶，是以性全。"

［6］涤除玄鉴，能无疵乎：涤除，去垢为涤，去尘为除。玄鉴，特指人的心灵，《抱朴子·行品》说："夫惟大明，玄鉴幽微。"

《庄子·天道》说："圣人之心静乎！天地之鉴，万物之镜也。"憨山注："玄览者，谓前抱一专气工夫，做到纯熟，自得玄妙之境也。"《楞严经》说"返闻闻自性"是谓"涤除玄鉴"，不徇其声之杂，返闻其所以闻者。

疵，瑕疵，污垢。六祖师兄神秀偈语"身是菩提树，心如明镜台。时时勤拂拭，莫使惹尘埃"，则是对此句最恰当的注释。

［7］爱国治民，能无为乎：国与民，都是对修道的隐喻。气随心行，心妄动则气散乱，故此说应无为而顺其自然。《道德真经论》说："善爱民者，任其自生，遂而勿伤。善治国者，任物以能，不劳而成。"憨山注："若在用上无迹，方为道妙。"所谓"道法自然"也。

［8］天门开阖，能为雌乎：天门开阖似与后文"谷神不死，是谓玄牝。玄牝之门，是谓天地根"意通，牝者，亦雌也。高亨注："耳为声之门，目为色之门，口为饮食言语之门，鼻为嗅门，而皆天所赋予，故谓之天门也。"《庄子·庚桑楚》说："有乎生，有乎死，有乎出，有乎入，入出而无见其形，是谓天门。天门者，无有也，万物出乎无有。有不能以有为有，必出乎无有，而无有一无有。圣人藏乎是。"所谓"天门"可以理解为"道"出入之枢机，按《老子》文意，当是修身的某个境界。庄

子所谓之“无有者”，亦应是如此之境界。雌，本义是母鸟，引申为柔弱、虚、静也，指致虚守静之状态。此句意为与“道”沟通之门开开合合，但无论展现什么信息，修身者都应柔弱虚静以对，不做任何留藏，稍有动心则气随心散，以致天门不显。憨山注：“然圣人用心如镜，不将不迎，来无所粘，去无踪迹。所谓应而不藏。此所谓天门开阖而无雌也。”王弼注：“言天门开阖，能为雌乎？则物自宾而处自安矣。”《心经》说：“是故空中无色，无受想行识，无眼耳鼻舌身意，无色声香味触法，无眼界，乃至无意识界。”

［9］明白四达，能无知乎：《金刚经》世尊云：“不应住声、香、味、触、法生心，应无所住而生其心。”无所住者，无知也。由无知而明，是谓明白四达。《礼记·中庸》说“诚则明，明则诚”“自诚明，谓之性”。本性之明通达天命之性，故能四达通彻，如《圆觉经》所说：“如百千灯，光照一室，其光遍满，无坏无杂。”

《礼记·大学》说“克明俊德，自明也”。无为而诚明，自明者，故无所知。“明白四达”非修身不能得，是自然而然之通明，豁然开朗之境界，非“知”的积累而成。《正蒙》说：“至静无感，性之渊源，有识有知，物交之客感尔。”《周易·系辞》说：“易，无思也，无为也，寂然不动，感而遂通天下之故。”例如看到落水的遇难者，有人不假思索就跳下救人，有人却要浮现很多英雄人物想起很多教导才决定去救人。这是有知与无知之差别，因此是“明白四达，能无知乎”。“如好好色，如恶恶臭”，非知也，性也，是本性之明。憨山注：“然常人有智，则用智于外，炫耀见闻。圣人智包天地，而不自有其知。谓含光内照。”《庄子·人间世》说：“夫徇耳目内通而外于心知，鬼神将来舍，而况人乎！”

按照古人的理解，“知”分为“能知”及“所知”两个层面。能知，指心知，是知的主体。所知，指知的内容，是客体。通过“能知”获得“所知”。这两个层面都是人心意识所起的现象，而明白四达由修身中“感而遂通”而来，不是主动地求其知而是被动地有感而通达，即非因知而得之明。苏辙注：“明白四达，心也；是心无所不知，然而未尝有能知之心也。”故此说“明白四达，能无知乎”，有一丝毫之知就不是真正之“明”。《庄子·知北游》说：“无思无虑始知道，无处无服始安道，无从无道始得道。”《金刚经》也说：“实无有法。得阿耨多罗三藐三菩提。”修身成果即是无有一法可得，故此是无知，即“非以明民”。《宗镜录》说：“常人皆谓般若是智，智则有知也。若有知，则有取着。若有取着，则不契无生。今明般若真智，无相无缘。虽鉴真谛，而不取相。故云无知也。故经云，圣心无知，无所不知矣。”《孟子·告子》说：“恻隐之心，人皆有之；羞恶之心，人皆有之；恭敬之心，人皆有之；是非之心，人皆有之。”恰恰正是这些仁爱的初心，遮蔽了我们至善之心。

［10］孰能浊以静之徐清：浊，本义饱含泥沙杂物的污水，此处指浑浊不清的本性。谁能够沉静使浑浊之性逐渐澄清。这个道理很好理解，比如混杂泥沙的浑水，我们把它静置一段时间泥沙自然沉淀，水就会澄清。《楞严经》说：“阿难，譬如清水，清洁本然。即彼尘土灰沙之伦，本质留碍；二体法尔，性不相循。有世间人，取彼土尘，投于净水。土失留碍，水亡清洁；容貌汩然，名之为浊；汝浊五重，亦复如是。”

憨山注“此三句乃入道工夫”（指［4］［5］［6］三句）又言：“孰能于此浊乱之中，恬退自养，静定持心，久久而徐清之耶。盖心水汨昏，以静定治之，则清。”“载营魄抱一”为调身，收敛心神守中抱一，“能无离乎”是身正的标准。“抟气致柔”为调息，制心一处而不散乱，“能如婴儿乎”是息顺的境界。“涤除玄鉴”为调心，无染无杂一片空净，“能无疵乎”形容清明之纯粹。身正则静，静则息顺，息顺则清明。如此三步是修身的基础调身功夫，心静气清也就做到“浊以静之徐清”。《复性书》说：“水之性情澈，其浑之者沙泥也。方其浑也，性岂遂无有耶？久而不动，沙泥自沉。清明之性，鉴于天地，非自外来也。

故其浑也，性本勿失，及其复也，性亦不生。人之性，亦犹水之性也。”

［11］孰能安以久动之徐生：谁能够这样静安持久，消息盈虚渐渐有感而通。

这一句依然是修身次第，是对［7］［8］［9］句的小结。身心清静只是修身入门基础，最终目标是要通过修身而有所得，即“动之徐生”。《周易·系辞》所谓“寂然不动，感而遂通天下之故”。首先是“爱国治民，能无为乎”，所谓“寂然不动”者取“道法自然”之理，功夫对了自然会有所进境，无需人为干预。“天门开阖”为修身心法，意为入静后“道”的境界时有时无、消息盈虚，故应“为雌”，不论怎样的境界，顺或逆都不要留藏，虚极守静为雌第一。“明白四达”为果，修身有得自然而明，无所不明，“无知”之知为证道准则，有知则非。心法是修身之核心需要常年修持不懈，因此说“安以久”。吴澄注：“浊者，动之时也，继之以静，则徐徐而清矣。安者，静之时也，静继以动，则徐徐而生矣。”先静以止浊，止浊则澄清，澄清后则心有所安。心安而后则可虑可观，如此渐进方可得本性之明。静极有感则有所觉，所觉即所生。《圆觉经》说：“善男子，若诸众生修奢摩他，先取至静，不起思念，静极便觉，如是初静，从于一身至一世界，亦复如是。”

［12］多闻数穷，不如守于中：数，本义按顺序点算，计数之义。这里做法门、命数解，通“道”，如《商君书》说：“故为国之数，务在垦草。”而吴澄注“数，犹速也”，快速义，是谓早服。

多本作“多言数穷”，实则在教方是“多言”，受方则为“多闻”，不害本义。

守于中：中，《说文》“内也”，外闻则穷，守其内则明，“啬”之谓。吴澄注：“不如虚心固守其所，使外物不入，内神不出；则其虚也无涯，而所生之气亦无涯矣。”肖天石《道德经讲义》说：“口不多言，心清形安而神气不散。”盖“眼不多视，其魂在肝；耳不多听，其精在肾；鼻不多闻其魄在肺；口不多言，其神在心；身不多动，其意在脾；五神守中，五气自然朝元。”憨山注：“方且众口之辩说，说而不休，去道转远，故曰多言数穷。不若忘言以体玄，故曰不若守中。盖守中，即进道之功夫也。”《周易·观》象曰“中正以观天下”，战国竹简说“心是谓中”。《尚书·大禹谟》说：“人心惟危，道心惟微；惟精惟一，允执厥中。”

本节对“守中”做了概念介绍，在下文会进一步地阐述。这里我们先看一下儒家对“中”的描述，可以互相借鉴。《礼记·中庸》说：“喜怒哀乐之未发，谓之中。”《礼记·礼运》解释说：“何谓人情？喜、怒、哀、惧、爱、恶、欲，七者弗学而能。”《说文》进一步说：“情，人之阴气有欲者也。”韩愈也说：“性也者，与生俱生也；情也者，接于物而生也。”可见《礼记·中庸》所言之喜怒哀乐是指人接于物而生之情或欲。守中首先是不攀缘于外，使喜怒哀乐无所发。《毛诗正义·序》说：“六情静于中，百物荡于外。”《礼记·礼运》说：“故圣人之所以治人七情，修十义，讲信修睦，尚辞让，去争夺，舍礼何以治之？”“喜怒哀乐之未发”即所谓“治人七情”。《说文》“性，人之阳气性善者也”，由此“守中”即是节制本性中应物而生之情欲，即所谓克己复礼，从而恢复阳气至善之本性。故此《老子》说：“是以圣人之治，虚其心，实其腹；弱其志，强其骨。常使民无知无欲，使夫智者不敢为也。为无为，则无不治。”《庄子·齐物论》说：“喜怒哀乐，虑叹变慹，姚佚启态；乐出虚，蒸成菌。日夜相代乎前，而莫知其所萌。已乎，已乎！旦暮得此，其所由以生乎！”

《管子·内业》说：“抟气如神，万物备存。能抟乎？能一乎？能无卜筮而知吉凶乎？能止乎？能已乎？能勿求诸人而得之已乎？思之，思之，又重思之。思之而不通，鬼神将通之。非鬼神之力也，精气之极也。”

【白话大意】天地之间难道不像巨大的风箱吗？看似空虚却不会穷尽。越是鼓动风量越大，看似细微连绵若存若无，却永不会竭尽。承载魂魄合而为一，可否不离失这个状态？凝聚真气达到柔合的境界，能像婴儿一样吗？洗涤杂念明净心灵，能够没有瑕疵吗？爱国治民，能够无为而为吗？天门开开合合，能不能不为所动呢？明白四达，能不能无知自明？ 谁能处静逐渐让自己清澈以对治混浊？谁可以静安持久，消息盈虚有感而通？听得多反倒无所适从，不如持守自己的本性。

## 第二节：守中澄心

**【原文】天下有始，**无名天下始。**以为天下母**（本源）[1]。**既得其母，以知**（依序可知）**其子**[2]既然知道什么是本源，其他都是末节。**既知其子，复守**（奉行）**其母**（无名），**没身不殆**[3]原始反终，死生无惑。**塞**（阻塞）**其兑，闭**（关闭）**其门，终身不勤**（病）[4]。**开**（开启）**其兑，济**（增益）**其事，终身不救**（得救）[5]。**塞其兑，闭其门；挫**（去除）**其锐**（冲突），**解**（化解）**其纷**（杂乱）[6]无不克也；**和其光，同其尘，是为玄同**[7]玄同而莫知其极。**用其光，复归其明，无遗身殃，是谓袭**（自然而然）**常**[8]得其常故而长久。**是以圣人为腹不为目，故去彼取此**[9]。

**【注解】**

［1］天下有始，以为天下母："无名，天地之始"，无名之始即"道"，是天下万有的本源，是修身之方向。

［2］既知其母，以知其子：其子是指万物万有，"有名，万物之母"，一本而万殊。

憨山注："是知'道'为体，而'物'为用。故'道'为母，'物'为子。人若但知'道'体虚无，而不知'物'从此生，是知母而不知子，则沦于断灭。若但知'物'而不知'道'，是殉物而忘道，则失其性真。”

［3］既知其子，复守其母，没身不殆：守，《说文》“官守也”。本义是官员的职责、职守，做执守、奉行解。“复守其母”即“守于中”，“圣人执一”是谓。

王弼注：“母，本也；子，末也。得本以知末，不舍本而逐末也。”《圆觉经》说：“此虚妄心，若无六尘，则不能有，四大分解，无尘可得，于中缘尘，各归散灭，毕竟无有缘心可见。”六尘者其子也，复守其母则无缘心可攀，又言：“譬如磨镜，垢尽明现。”

憨山注：“既知‘物’从‘道’生，则不事于‘物’，故曰‘既知其子，复守其母’。”可道则非常道，“复守其母”即是守“有物混成”之无名，摈弃名相地纷扰知其所止。《金刚经》说：“不应住色生心，不应住声、香、味、触、法生心，应无所住而生其心。”无名故无所住。

［4］塞其兑，闭其门，终身不勤：兑，《说文》“说也，从口”，《周易·说》说“兑为口”。门，内外相通的枢机。兑与门近义，都是与外界沟通的渠道。

塞、闭近义，关闭阻塞。断绝与心外的交通，不攀缘于外。勤，马叙伦注，勤同瘽，病也，呼应“没身不殆。”

塞其兑，闭其门，守其无名之中。王弼注：“兑，事欲之所由生；门，事欲之所有从也。”所谓“五色令人目盲，五音令人耳聋，五味令人口爽”者皆事欲之门，《尚书·旅獒》说：“不役耳目，百度惟贞。”《庄子·在宥》说：“目无所见，耳无所闻，心无所知，汝神将守形，形乃长生。慎汝内，闭汝外，多知为败。”《楞伽经》所谓“应修内行，莫着外见”。

［5］开其兑，济其事，终身不救：济，渡过，助益。与前句相反打开与外部沟通的门户，虽于事功有所助益，但终身不得救。

苏辙注：“天下皆具此道，然常患忘道而徇物。目悦于色，耳悦于声，开其悦之之心，而以其事济之，是以终身而陷溺不能救。”

《庄子·应帝王》说：“南海之帝为倏，北海之帝为忽，中央之帝为浑沌。倏与忽时相与遇于浑沌之地，浑沌待之甚善。倏与忽谋报浑沌之德，曰：‘人皆有七窍以视听食息，此独无有，尝试凿之。’日凿一窍，七日而浑沌死。”

［6］挫其锐，解其纷：挫其锐，挫，打磨、摧折。锐，锋利，折断它的锐角。

解其纷，解，溶解、化解。纷，杂乱、纷乱，化解它的杂乱。

这一句是说，关闭与外界沟通之门，还要化解内部出现的乱象。锐是指冲突，纷是指混乱，也就是修身中容易出现的各种“不静”之状况，如散乱、妄念或是昏沉等等，要把这些乱象挫掉化解，所谓“涤除玄览”。

倪元坦注：“锐者，气之刚强也，以柔弱挫之。纷者，气之扰动也，以恬淡解之。”

［7］和其光，同其尘，是谓玄同：和，从禾从口，人吃下谷类植物之后，与人融为一体。本义，与……的关系是好的，有融合一体之义。《左传·昭公二十年》说：“和如羹焉，水、火、醋、醢、盐、梅，以烹鱼肉，燀执以薪，宰夫和之以味；济其不及，以泄其过。”同，与之同一，平等不异，与它的尘同一。“和”“同”互文。

苏辙注：“挫锐、解纷、和光、同尘。以治其内者，默然不同，而与道同也。”关闭与外境的交通，再化解内部之杂乱，自然与其融为一体。其中“光”者天之微，“尘”者地之微。和光同尘，与天地和合，融入所持守之境界，因此是玄妙的同一。王纯甫注：“玄同者，与物大同而又无迹可见也。”

［8］用其光，复其明，无遗身殃，是谓袭常：《礼记·中庸》说“自诚明”，《华严经》说：“迷之则全智慧德相，变成妄想执

着；悟之则全妄想执着，复成智慧德相。喻如水结成冰，冰融成水。相虽有殊，体本无二。”悟之则明，如冰之涣，明白四达则得其常。《管子·内业》说：“人能正静，皮肤裕宽，耳目聪明，筋信而骨强。乃能戴大圜而履大方，鉴于大清，视于大明。敬慎无忒，日新其德，遍知天下，穷于四极。敬发其充是谓内得。”

遗，招致。殃，灾祸，不给自己带来灾祸。所谓袭常，承袭本性先天之常，故曰“无知”，因复其明故得道之常。《庄子·在宥》说：“入无穷之门，以游无极之野。吾与日月参光，吾与天地为常。”

［9］是以圣人为腹不为目，故去彼取此：范应元注：“为腹者，守道也；为目者，逐物也。”

《礼记·大学》说：“知止而后有定，定而后能静，静而后能安，安而后能虑，虑而后能得。”所谓知止者，执一也，即“复守其母”，道定于一。静者，守于中也，“塞其兑，闭其门”，外物不扰，故静。安者，静笃也，“挫其锐，解其纷”，于内不乱，故安。虑者，观也，“用其光，复其明”，以袭其常。常者，得也，故可明白四达。

**【白话大意】**天下始于无名，这是天下万有的本源。知道天下的本源也就知道万物均是它所化生。知道这个道理就应持守无名之本源，如此终身没有危险。闭塞与外界沟通的门与户，终生没有祸患；打开与外界的门户，助益外界事功，则始终无法得救。关闭外界的门户，折断内部的冲突，化解心中的纷乱。和光同尘，达到玄妙的同一。利用它的光，恢复它的明达，就是承袭先天之常。因此圣人为道而不徇于外物。

## 第三节：大象无形

**【原文】益生曰祥**（凶兆），**心使气曰强**（强梁）[1]。**物壮则老，谓之不**（服于）**道，不道早已**（亡）[2]。**谷**（中虚者谷也）**神不死，**持守虚静则不会早已。**是谓玄牝**[3]牝生万法。**玄牝之门，是谓天地根**[4]。**视之不见，名曰夷**（平）无色；**听之不闻，名曰希**（少）无声；**搏之不得，名曰微**（小）无形[5]。**此三者不可致诘**（形容），**故混而为一**[6]。**绳绳**（谨慎）**兮不可名，吾强为之名**（形容）**曰大**[7]。**大曰**（于是）**逝**（行远），**逝曰远**（广阔），**远曰反**（近在眼前），**复归于无物**（似若无）[8]。**其上不皦**（明亮），**其下不昧**（暗淡）[9]。**是谓无状之状，无物之象，是谓惚恍**[10]。无状无物之象，谓之混成。

**【注解】**

[1] 益生曰祥，心使气曰强：益生，人为增加生的内容，即所谓"生生之厚"。祥，本义指有关吉凶的征兆，这里指凶兆。心使气，动心冒进气为之乱。强，用强，逞强，《孟子·尽心》说"养心莫善于寡欲"。憨山注："心不平，则妄动而使气，气散则精竭，精竭则形枯。故曰心使气曰强。"《庄子·德充符》载："惠子曰：'不益生，何以有其身？'庄子曰：'道与之貌，天与之形，无以好恶内伤其身。今子外乎子之神，劳乎子之精，倚树而吟，据槁梧而瞑。天选子之形，子以坚白鸣！'"

所谓"反者道之动，弱者道之用"，益生则顺于物，心使气则强梁冒进。《大乘无量寿经》说："愚痴之人……但以世智聪辩，妄生分别增益邪心。"

[2] 物壮则老，谓之不道，不道早已：物本不老，万物含德而永葆赤子，因为益生、心使气则壮，故老。壮，从爿从士，本义表示大而有力，因此壮本身就有用强义。

憨山注："过强曰壮，故曰物壮则老。草木之物过壮，则将见其枯槁而老。"《庄子·在宥》说："天地有官，阴阳有藏，慎守汝身，物将自壮。我守其一以处其和。"

[3] 谷神不死，是谓玄牝：谷神者，空旷的山谷能够引起回声，因此像是有神灵存在，故称谷神。《正蒙》说"谷神能

象其声而应之”。司马光注：“中虚故曰谷，不测故曰神，天地有穷而道无穷，故曰不死。”取其虚、广之意，隐喻为修身之境界。谷应群响而自身常寂，寂而常虚，此谓“谷神”，故应为虚无宁静之状。谷神之不死与前句“不道早已”有呼应，前句益生、强而壮故“早已”，此句言谷神可以不死。刘一明说“谷神乃阴阳二气混合之神”。承前节意，对外“塞其兑，闭其门”，对内和光同尘，以致玄同。谷神不死，保持谷神这个状态，谓之为“玄牝”。

苏辙注：“谓之玄牝，言其功也。牝生万物，而谓之玄焉，言见其生而不见其所以生也。”

［4］玄牝之门，是谓天地根：进入谷神的状态，即迈入更高境界之枢机，故曰“门”。因其能生故“玄牝”之用正如“天地根”，而“天地根”则是参透天地大道之本。这一段言修身功夫达到相当程度之后的境界，《庄子·知北游》说：“六合为巨，未离其内；秋豪为小，待之成体。天下莫不沈浮，终身不故；阴阳四时运行，各得其序。惛然若亡而存，油然不形而神，万物畜而不知。此之谓本根，可以观于天矣。”

［5］视之不见名曰夷，听之不闻名曰希，搏之不得名曰微：夷、希、微，这三个字均含“无”义。搏，捕捉之义。

这是对天地根的描述，视之为色，听之为声，博之为形，无色无声无形是无法通过感官去感知的，故曰“玄”。《礼记·中庸》曰：“鬼神之为德，其盛矣乎！视之而弗见，听之而弗闻，体物而不可遗。”

［6］此三者，不可致诘，故混而为一：致通至，尽之义。诘，追问。不可致诘，无法追究到底。憨山注：“致诘，犹言思议。由其道体混融而不可分，故为一。”

［7］绳绳兮不可名，强为之名曰大：绳绳，《尔雅》“戒也”，小心谨慎义。因其不可直观感受，故此仔细斟酌，故曰“强为之名”。首段“字之曰道”，是对“有物混成”的正式命名。这

里“大”则是对“天地根”的形象描述，因其无声无形不可感知捕捉，但又真实存在似“谷神”般空广，故曰“大”。《庄子·天地》说“不同同之之谓大”。

［8］大曰逝，逝曰远，远曰反，复归于无物：逝，很快消失为逝，运行不息之义。远，辽阔无边。反，通返，由远而近为反。这里“大、逝、远、反”是同时存在，没有先后顺序可循，也就是无所不在，故曰“周行而不殆”。远在天边又近在眼前，周遍充满故不能以物来框议之。

憨山注：“老子谓我说此大字，不是大小之大。乃是绝无边表之大。往而穷之，无有尽处。故云大曰逝。向下又释逝字。逝者远而无所至极也。故云逝曰远。远则不可闻见，无声无色，非耳目之所到。故云远曰反，反，谓反一绝迹。”

［9］其上不皦，其下不昧：皦，本为形容玉石的白洁，义为明亮。

昧，本为日出时之亮色，将亮未亮为昧，义为昏暗。

既不明亮也不昏暗，也就是与背景同亮，引申还是无。“同其光，和其尘”也。

［10］是谓无状之状，无物之象，是谓惚恍：恍惚，精神游离在外，难以捉摸的状态，混沌不分浑浑噩噩。

憨山注：“杳冥之内，而至精存焉，故曰无状之状。恍惚之中，而似有物焉，故曰无象之象，是谓惚恍。”

这一节主讲修身过程中的现象，奉行筑基、守中之后，“可以有国”出现应有之境界。谷神，处下、汇集之意，玄牝，柔弱、虚静之谓。“天地根”即由人道而天道之枢机。视之不见、听之不闻、搏之不得，没有具象的境界。运行不息、广大无边又近在眼前，是谓惚恍，故曰大象。

这一段内容只有学人亲身体证才可真切地领悟其意，所谓“不可致诘”。《庄子·天道》说：“夫虚静恬淡寂漠无为者，天地之平而道德之至，故帝王圣人休焉。休则虚，虚则实，实则伦矣。虚则静，静则动，动则得矣。静则无为，无为也则任事者责矣。无为则俞俞，俞俞者忧患不能处，年寿长矣。夫虚静恬淡，寂漠无为者，万物之本也。”

【白话大意】人为贪生是凶的征兆，欲望支配精气就是逞强。事物壮大之时就会衰老，这是不守道，不守道就会早亡。谷神而不死，玄牝之德能生万法，这是通向天地之根的途径。有物看不见叫夷，有音听不到叫做希，有形抓不住叫做微。这三种情况无法进一步形容，只好混为一体。小心谨慎地形容它，只好勉强称作大。广大所以周遍无穷，周遍无穷又深远无极，深远无极实则近在眼前，依然是没有具象的存在。它上部不会特别明亮，下部不会特别暗淡，是一种没有形状的形状，是没有实物的形象，因此称为惚恍。

## 第四节：观复知常

【原文】**致虚**（制心一处）**极**，了无所得为虚。**守静**（不攀缘而动）**笃**[1]如如不动为静。**万物并**（一起）**作**（兴作），**吾以观其**（万物）**复**（反也，返本，复守其母）[2]。**天道运运，各复归其根**[3]。**归根曰静，静曰复命**（天性之命）；**复命曰常**（袭常），**知常曰明**（本明）[4]。**不知常，妄作凶**[5]。**知常容**（客），**容**（客）**乃公，公乃王，王乃天，天乃道，道乃久，没身不殆**[6]。

【注解】

［1］致虚极，守静笃："虚"与"静"是"为道"之标配不得不查，《庄子·天道》说："夫虚静恬淡寂寞无为者，万物之本也。"

虚，《说文》"大丘也，昆仑丘谓之昆仑虚"，大而空旷之义。《尔雅》"虚，空也"。承上文"无状之状，无物之象，是谓惚恍"，这个状态即是"虚"。《庄子·人间世》说："若一志，无听之以耳而听之以心，无听之以心而听之以气！听止于耳，心止于符。气也者，虚而待物者也。唯道集虚。虚者，心斋也。”朱谦之注：“‘致虚极’即秉要执本，清虚自守之说。”极，最高的程度。致虚极，制心一处，而混于一。

静，从青从争，本义彩色分布适当，古同净。青，初生物之颜色；争，上下两手双向持引、坚持。静，不受利欲引诱及外缘纷扰而得到的空明宁静，这样的心态曰静。笃，本义是忠实，一心一意。静笃，不受内外滋扰一心一意持守本心。《庄子·天道》说：“圣人之静也，非曰静也，善故静也，万物无足以铙心者，故静也。”

《性命圭旨》说：“心中无物为虚，念头不起为静。”视之不见，听之不闻，搏之不得，这样之存在就是虚的状态，为道者处于这样无所得的状态就是“虚极”。保持这样的状态而不被内外因素所扰动即为“静笃”。《庄子·应帝王》说：“乘夫莽眇之鸟，以出六极之外，而游无何有之乡，以处圹埌之野。”苏辙注：“致虚存虚犹未离有，守静存静犹限于动。”《庄子·人间世》说：“瞻彼阕者，虚室生白，吉祥止止。夫且不止，是之谓坐驰。”

［2］万物并作，吾以观其复：复，本义太阳重生，引申义为还原，使……如前。在极度之虚静中，虽然万物（或杂念，理通）在眼前兴起运行，但应借此来体察万物本来之归宿。

苏辙注：“譬如华叶之生于根而归于根，涛澜之生于水而归于水。”“万物并作”皆因名而有，是谓“有名，欲以观其徼”。“观其复”意即“复守其母”所谓“与物反矣”，是谓“常无，欲以观其妙”。《礼记·乐记》说：“人生而静，天之性也。感于物而动，性之欲也。物至知知，然后好恶形焉。好恶无节于内，知诱于外，不能反躬，天理灭矣。”观其复者，反躬天性之静也。

《皇极经世·观物篇》说：“以物观物，性也，公而明。以我观物，情也，情偏而暗。”《渔樵问对》中又说：“圣人之所以能一万物之情者，谓其圣人之能反观也。所以谓之反观者，不以我观物也。不以我观物者，以物观物之谓也。既能以物观物，又安有我于其间哉？是知我亦人也，人亦我也，我与人皆物也。此所以能用天下之目为己之目，其目无所不观矣；用天下耳为己之耳，其耳无所不听矣；用天下之口为己之口，其口无所不言矣；用天下之心为己之心，其心无所不谋矣。”这个“一物之情”就是对“无名，天地之始”的引申，天地之始无名而有物，万物皆一体，无人我更无物我，皆一。而所谓“以物观物”则是处在“虚极”“静笃”的状态中，绝断人情之滋扰，“以出六极之外，而游无何有之乡”，在这样的状态中得以实现。

［3］天道运运，各复归其根：运运，运转不息。根，根本、归宿，所谓“无名，天地之始”。由“物”而“天道”进一步推演，天地之万有虽运转不息，但莫不归返“一”之根本。

《庄子·齐物论》说：“夫吹万不同，而使其自己也，咸其自取，怒者其谁邪！”憨山注：“意谓目前万物虽是暂有，毕竟归无，故云各归其根。根，谓根本元无也。”《周易·系辞》说：“原始反终，故知死生之说。”

《庄子·在宥》说：“噫！心养。汝徒处无为，而物自化。堕尔形体，吐尔聪明，伦与物忘；大同乎涬溟，解心释神，莫然无魂。万物云云，各复其根，各复其根而不知；浑浑沌沌，终身不离；若彼知之，乃是离之。无问其名，无窥其情，物固自生。”

［4］归根曰静，静曰复命，复命曰常，知常曰明：《礼记·祭义》说“大凡物生于天地之间皆曰‘命’”。复命，返其天命之性，《礼记·中庸》说：“天命之谓性，率性之谓道。”复命则尽性，常即所谓“常道”。

憨山注：“物既本无，则心亦不有。是则物我两忘，寂然不动。故曰归根曰静，静曰复命。命，乃当人之自性，赖而有生者。”《心经》说：“观自在菩萨，行深般若波罗蜜多时，照见五缊皆空，度一切苦厄。”因其空故常，空中无色，得常则自明。憨山注：“人能返观内照，知此真常妙性，才谓之明。”吴澄注：

“凡植木春夏则生气自根而上达于枝叶，是曰动；秋冬则生气自下返还而下藏于根，是曰静。天以此气生而为物者曰命，复于其初生之处，故曰复命。”

《圆觉经》说：“四大各离，今者妄身，当在何处？即知此身，毕竟无体。和合为相，实同幻化，四缘假合，妄有六根。六根四大，中外合成。妄有缘气，于中积聚。似有缘相，假名为心。”

［5］不知常，妄作凶：妄，胡乱之义，《通书》“不善之动，妄也”。不知天命之常而攀缘妄为，就会带来凶险。《周易·序卦》说“复则不妄，故受之以无妄”。

《礼记·乐记》说：“人生而静，天之性也；感于物而动，性之欲也。”复其天性之静，曰常；相反随欲而动，厚生轻死，故凶。

［6］知常容，容乃公，公乃王，王乃天，天乃道，道乃久，没身不殆：容，盛东西为容，有容乃大，即有收获之意。憨山注：“此真常之道，则天地同根，万物一体，此心自然包含天地万物。故曰知常容。”但联系上下文，此意似有不妥。所谓无为、无知，何来有容？本书以为“容”有两解，其一“容”原文很可能是“客”，客卿之意。也就是春秋时盛行的门客，初入门者为客。这一段“容”“公”“王”“天”“道”，似非形容词而是以社会地位来暗喻为道次第，客、公、王均为“有国”之位也。《论语·乡党》有言“寝不尸，居不容”，然孔安国及唐代石经等均做“居不客”。谓其睡着不若尸体，在家不若客人。《老子》书中亦有“其若客”或“其若容”之辨，足见此两字存疑。《史记·魏公子列传》说：“诸侯以公子贤，多客。”其二，“容”貌也，谓其进入某个状态。

公，诸侯为公。王，管理层、统治层。天，天子，最高管理者。此句借社会地位之尊卑来指代为道境界的先后次第。归根是最终不变之归宿，知道这个道理故此入门为客（收获），随着为道程度之深入，就会逐步进阶到诸侯、王族再到天子，最终达到“道”之境界。因此可以长久，终身都不再有危害。《礼记·乐记》说：“礼乐不可斯须去身。致乐以治心，则易直子谅之心油然生矣。易直子谅之心生则乐，乐则安，安则久，久则天，天则神。”

《庄子·在宥》说：“吾语汝至道。至道之精，窈窈冥冥；至道之极，昏昏默默。无视无听，抱神以静，形将自正。必静必清，无劳汝形，无摇汝精，乃可以长生。目无所见，耳无所闻，心无所知，汝神将守形，形乃长生。慎汝内，闭汝外，多知为败。我为汝遂于大明之上矣，至彼至阳之原也；为汝入于窈冥之门矣，至彼至阴之原也。天地有官，阴阳有藏。慎守汝身，物将自壮。我守其一以处其和。故我修身千二百岁矣，吾形未常衰。”

**【白话大意】**使心灵达到空虚明灵的极致，并持守宁静一心一意不受滋扰。万物都在蓬勃生发运作，我由此观察万物本来的样子。天道运转不息，但万物都要归返各自的根本。归本则静，静是万物完成使命后的归宿，如此可得其常。得常自然而明白四达。不知其常就会胡乱妄为而有凶险。知其常则入门为客（收获），会渐进为诸侯，进而成为王族，然后成为天子。再进步则会达道，达道者可以长久，至死都不会有危险。

# 袭明第六

## 第一节：无身自和

**【原文】宠辱若**（至）**惊，贵**（严重）**大患若身**[1]**。何谓宠辱若惊？宠为下，得之若惊，失之若惊，是谓宠辱若惊**[2]**。何谓贵大患若身？吾所以有大患者，为吾有身，及吾无身**（无知其身），为而不恃。**吾有何患**[3]**？夫唯无以生为**（不以益生而为）者，是贤（优）于贵生（为身而贵生）[4]。盖闻善摄生（养生）者[5]，路行不遇（遭受）兕（犀牛）虎（所害），入军不被甲兵（所伤）。兕无所投（刺）其角，虎无所措（安）其爪，兵无所容（击）其刃[6]。夫何故？以其无死地（地者，物也）[7]。无身则无可死之物。

【注解】

［1］宠辱若惊，贵大患若身：惊，本义从敬从马，马骇也。马受到惊吓就会狂奔，因此骑者就有了身体受伤的隐患，故曰“贵大患若身”。

［2］何谓宠辱若惊？宠为下，得之若惊，失之若惊，是谓宠辱若惊：宠辱若惊，宠辱互生，有宠必有辱，有高必有下，有贵必生贱，故若惊。得之若惊，失之若惊，患得患失诚惶诚恐的样子。《论语 · 阳货》：“鄙夫可与事君也与哉？其未得之也，患得之；既得之，患失之。苟患失之，无所不至矣。”

吴澄注：“宠，犹爱也。名位之尊，人以为荣，反观之则辱也。故知道者不爱，而爱之者于此而惊焉。谓不能意之而以之动心也。”

［3］何谓贵大患若身？ 吾所以有大患者，为吾有身，及吾无身，吾有何患：贵大患若身，这里“若”非作“如同”解而是有“到”“及”之义。此三句历来众家多做似懂非懂之解读，盖因此句原在第十三章独立成句，没有上下文的参考。实则“宠”是荣观、顺境之义，如《尚书 · 周官》“居宠思危”。同理辱是瑕疵、逆境之义，如“大白若辱”。这一节承接前文在虚极静笃中，修身达到某种境界。宠者言使人身心愉悦的体悟，所谓“禅喜”，辱者相反。但无论宠与辱都是有所知，会使人脱离虚静的状态，故曰“宠为下”。得之喜而惊，失之伤而惊，所谓“天门开阖，能为雌乎”。

同时，有宠则难免于贪，《成唯识论》说：“云何为贪？于有、有具染著为性。能障无贪、生苦为业。”而有辱则嗔，《成唯识论》说：“嗔者，于苦、苦具，憎恚为性，能障无嗔，不安稳性，恶行所依为业。”前文“归根曰静”，在此状态下，忽然之宠辱感触升起，必有与之相应的贪嗔痴慢疑等心理波动。憨山注“惊，心不安貌”，故曰“贵大患若身”。此句大义是，顺逆之境都会使人心惊散乱，必将有严重的大患及身。贵，重也。故此老子说“及吾无身，吾有何患”。无身者，不以身而为也即不自生。修身为道是对心性之解脱，而无关身之荣辱。《心经》说：“菩提萨埵，依般若波罗蜜多故，心无挂碍。无挂碍故，无有恐怖，远离颠倒梦想，究竟涅槃。”

无身则荣辱之惊无所加，虚极静笃则不移。《涅槃经》说：“是身无常，念念不住，犹如电光、暴水、幻炎，亦如画水，随画随和。”身者道之器也，固有聚散之无常，因无常故念念不止于得失利害。《宗镜录》说：“縻业系之苦，丧解脱之门。于无身中受身，向无趣中立趣。”《庄子·大宗师》说：“堕肢体，黜聪明，离形去知，同于大通，此谓坐忘。”坐忘者，去其知而坐忘其身也。即以“无身”来对治“宠辱若惊”。憨山注：“然身，乃众患之本。既有此身，则饥寒病苦，死生大患，众苦皆归，必不可免。”苏辙注：“而世之士难于履大患，不难于有其身。故圣人因其难于履患，而教之以难于有身，知有身之为难，而大患去矣。”《庄子·德充符》仲尼曰：“死生亦大矣，而不得与之变；虽天地覆坠，亦将不与之遗；审乎无假而不与物迁，命物之化而守其宗也。”《金刚经》说“不取于相，如如不动”，相者荣辱也，如如不动者是谓无身，《楞伽经》说“能舍一切我见执着”。

这一章“袭明”主要内容是老子针对“袭常”修身中容易出现的心理问题进行揭示与对治。“宠辱”是一例，第二节则是“化而欲作”。不以身而为，宠辱释然，故无患。

《庄子·知北游》载：“舜问乎丞曰：‘道可得而有乎？’曰：‘汝身非汝有也，汝何得有夫道？’舜曰：‘吾身非吾有也，孰有之哉？’曰：‘是天地之委形也；生非汝有，是天地之委和也；性命非汝有，是天地之委顺也；孙子非汝有，是天地之委蜕也。故行不知所往，处不知所持，食不知所味。天地之强阳气也，又胡可得而有邪！’”《论语·子罕》子绝四，“毋意、毋必、毋固、毋我”。

［4］夫唯无以生为者，是贤于贵生：无以生为者，不以生而为，无身是谓。贵生，以生为贵，过分看重身体的感受。《庄子·大宗师》说：“夫大块载我以形，劳我以生，佚我以老，息我以死。故善吾生者，乃所以善吾死也。”

《宗镜录》说：“以法身至妙，不可以形质求，故云无身。”憨山注：“盖闻善养生者，不养其生，而养其生之主。”

［5］摄生：摄，调摄、养护。摄生，即养生，亦既“根深固柢，长生久视之道”。

《庄子·养生主》说：“缘督以为经，可以保身，可以全生，可以养亲，可以尽年。”

［6］路行不遇兕虎，入军不被甲兵。兕无所投其角，虎无所措其爪，兵无所容其刃：无身者，外物所不能伤也。憨山注：“然有其生者，形也。主其生者，性也。性为生主。性得所养，而复其真，则形骸自忘。形忘则我自空，我空则无物与敌。”《庄子·齐物论》说：“至人神矣！大泽焚而不能热，河汉沍而不能寒，疾雷破山飘风振海而不能惊。若然者，乘云气，骑日月，而游乎四海之外。死生无变于己，而况利害之端乎！”

［7］夫何故？以其无死地：地者，《说文》：“元气初分，重浊阴为地，万物所陈列也。”无……地者，无其物也；无死地即无可死之物。《圆觉经》说：“一切众生于无生处，妄见生灭。”《正蒙》说：“徇物丧心，人化物而灭天理者乎！存神过化，忘物累而顺性命者乎！”忘其身者，存其神而忘物之化也。超然于器世界之外，故无可死之物。苏辙注：“不生不死，则易所谓‘寂然不动’者也。”

《庄子·田子方》说：“草食之兽不疾易薮，水生之虫不疾易水，行小变而不失其大常也，喜怒哀乐不入于胸次。夫天下也者，万物之所一也。得其所一而同焉，则四支百体将为尘垢，而死生终始将为昼夜而莫之能滑，而况得丧祸福之所介乎！弃隶者若弃泥涂，知身贵于隶也，贵在于我而不失于变。且万化而未始有极也，夫孰足以患心！已为道者解乎此。”

【白话大意】顺境逆境都会使人惊慌失措，必将有大患及身。如何是宠辱若惊？感受到顺境是危险的，得到了会惊恐，失去了也会惊恐，因此是宠辱若惊。怎么叫贵大患若身呢？我之所以有大患，是因为我有身体；如果我没有身体，我还有什么祸患呢？因此不为身体妄为的人要优于过分以生为贵的。曾经听说善于养护生命的人，走在路上不会遭受犀牛和猛虎的攻击，处于战场不会被兵器所伤。因为犀牛的角无处可刺，老虎的爪无处可放，敌兵的利器无处可击。这是什么原因？因为他没有能至其死亡之物。

【原文】**天下之至柔**（生之柔弱），**驰骋**（穿梭）**于天下之至坚，无有**（无身）**入于无间**（空隙）[1]。**吾是以知无为之有益**，无身可为。**生而不有**（无身），**为而不恃**（无知），**长而不宰**（无为），**是谓玄德**[2]。**含**（怀而不露）**德之厚，比于赤子**[3]。**毒虫不螫**（刺），**猛兽不据**（侵犯），**攫鸟**（猛禽）**不搏**（拍打）[4]。**骨弱筋柔而握固**（抓紧），**未知牝牡之合而朘怒**（勃举），**精之至也**[5]。**终日号**（哭闹）**而不嗄**（沙哑），**和之至也**[6]。**知和曰常，知常曰明**[7]。**是谓袭**（承袭先天）**明**[8]（自然而明）。

【注解】

[1] 天下之至柔，驰骋天下之至坚，无有入于无间：至，极致。驰骋，穿梭无碍。无间，没有空隙。

承接上句，至柔指人身，至坚指甲兵兽角这些可以伤人之物。因其无死地，故能以其无所有而入于无间。王纯甫注：“天地之气，本无形也，而能贯乎金石；日月之光，本无质也，而能透乎蔀屋。无有入于无间者，此类是也。”

《庄子·养生主》说“彼节者有间，而刀刃者无厚；以无厚入有间，恢恢乎其于游刃必有余地矣”，故曰“臣以神遇而不以目视，官知止而神欲行”者也。

［2］吾是以知无为之有益，生而不有，为而不恃，长而不宰，是谓玄德：无为，无以身为者，不以益生而为。这一句与前文“万物作而弗始，为而弗恃；功成而弗居，夫唯弗居，是以弗去”相呼应。前文是说天地繁荣万物，不自生故而可以长生。无身即不自生，与天道同故曰“玄德”，玄德为道而为，故无身之累。

苏辙注：“人之所以至于有形者，由其有心也。故有心而后有形。有形而后有敌。”“生而不有”不知其有身，“为而不恃”有而不用，“长而不宰”无为而为。《楞严经》说：“汝现前眼耳鼻舌，及与身心，六为贼媒。自劫家宝，由此无始众生世界，生缠缚故，于器世间不能超越。”

［3］含德之厚，比于赤子：赤子，新生的婴儿。《孟子·离娄》说“大人者，不失其赤子之心者也”。《庄子·庚桑楚》说：“‘能儿子乎？’儿子动不知所为，行不知所之，身若槁木之枝而心若死灰。若是者，祸亦不至，福亦不来。祸福无有，恶有人灾也！”

［4］毒虫不螫，猛兽不据，攫鸟不搏：螫，毒虫用尾端刺人。据，兽类用足爪抓物。攫，本义古猿，这里代指猛兽。搏，鹰隼用爪和翅击物。与前文“盖闻善摄生者”句相应意义相同，万物皆因贵其德而不伤。

憨山注：“以其赤子不知不识，神全而机忘也。所谓忘于物者，物亦忘之。”

［5］骨弱筋柔而握固，未知牝牡之合而朘怒，精之至也：牝牡之合，雌雄交合。朘，婴儿之男根。精，指其生命之精气。

苏辙注："无执而自握，无欲而自作，是以知其精有余而非心也。"

［6］终日号而不嗄，和之至也：嗄，嘶哑。和，指阴阳调和。

苏辙注："终日号而不哑者，以知其心本不动，而气和也。"所谓其心不动者，如《礼记·中庸》所说："喜怒哀乐未发谓之中，发而皆中节谓之和。"

［7］知和曰常，知常曰明："精之至也""和之至也"均是自然而至非刻意所求。如婴儿天生自得，是每个人本自具足的。

《列子·天瑞》说："其在婴孩，气专志一，和之至也；物不伤焉，德莫加焉。"苏辙注："夫赤子所以至此者，唯无心也。"夫唯无心是以无身，"生而不有，为而不恃，长而不宰"，以此之类无为之益者，故无死地。《礼记·中庸》说："中也者，天下之大本也；和也者，天下之达道也。致中和，天地位焉，万物育焉。"苏辙注："知和曰常。得本以应万物者也，其实一道也，故皆谓之常。"

［8］是谓袭明：袭，承袭；袭明，承袭与生俱来之明。《庄子·齐物论》说："为是不用而寓诸庸，此之谓以明。"

憨山注："不过承其本明，因之以通其蔽耳。故曰袭明。袭，承也，犹因也。"《圆觉经》说："善男子，知幻即离，不作方便。离幻即觉，亦无渐次。"

此节与《列子·黄帝》所言意近："列子问关尹曰：'至人潜行不空，蹈火不热，行乎万物之上而不栗。请问何以至于此？'关尹曰：'是纯气之守也，非智巧果敢之列。姬！余语汝。凡有貌像声色者，皆物也。物与物何以相远也？夫奚足以至乎先？是色而已。则物之造乎不形，而止乎无所化。夫得是而穷之者，焉得为正焉？彼将处乎不深之度，而藏乎无端之纪，游乎万物之所终始。壹其性，养其气，含其德，以通乎物之所造。夫若是者，其天守全，其神无郤，物奚自入焉？夫醉者之坠于车也，虽疾不死。骨节与人同，而犯害与人异，其神全也。乘亦弗知也，坠亦弗知也。死生惊惧，不入乎其胸，是故遻物而不慑。彼得全于酒而犹若是，而况得全于天乎？圣人藏于天，故物莫之能伤也。’”

【白话大意】天下最柔弱的能够穿梭在天下最坚强之内，无有可以进入没有空隙的空间，我因此知道无为之益。生育却不以为有，有所作为却不恃功，养育生长却不主宰分配，这就是玄德。含藏玄德的人，如同刚降生的婴儿。毒虫不去叮咬，猛兽不会用足爪抓伤，凶禽不会搏击。筋骨柔弱却能牢固地抓握，不知男女交合而可以自然勃举，这是精气充足的缘故。整天哭号却不会沙哑，这是阴阳和谐所致。阴阳和合故得其常，由常自然而明，这是承袭本具之先天之明。

## 第二节：无欲自正

【原文】**道常无为而**（因而）**无不为**[1]**。侯王若能守之，万物将自化**（自然化育）[2]**。化而欲作**（脱离自化而有所为），**吾将镇**（降服）**之以无名**（无名故无为）**之朴**[3]**。企**（踮脚）**者不立；跨**（阔步）**者不行**[4]**。自见者不明，自是者不彰**（彰显）；**自伐**（夸耀）**者无功，自矜**（自大）**者不长**[5]**。其在道**（为道）**也，曰：余食**（剩菜饭）**赘形**（恶瘤）**。物或恶之，故有道者不处**（为也）[6]**。不自见故明，不自是故彰；不自伐故有功，不自矜故能长。**

【注解】

[1] 道常无为而无不为：无为，道之德。因道之无为故万物并作无所不为。

[2] 侯王若能守之，万物将自化：侯王持守无为之道，即所谓“生而不有，为而不恃，长而不宰”，如此万物将自生自化。

［3］化而欲作，吾将镇之以无名之朴：化，指自化。化而欲作，脱离无为之自化而有所为，犹拔苗助长。《礼记·中庸》曰："天下国家可均也，爵禄可辞也，白刃可蹈也，中庸不可能也。"

《庄子·列御寇》说："贼莫大乎德有心而心有睫，及其有睫也而内视，内视而败矣。凶德有五，中德为首。何谓中德？中德也者，有以自好也而吡其所不为者也。"

镇，对物体施加压力为镇，作降服义。《庄子·刻意》说："纯素之道，惟神是守；守而勿失，与神为一；一之精通，合于天伦。"以无名之朴来降服欲作之心，憨山注："化久而信衰情凿，其流必至于欲心复作。"

［4］企者不立，跨者不行：踮起脚尖想看得更远，却无法站稳。跳跃前行妄图走得快，反倒寸步难行。因此违背"自化"之欲作，是无法成功的。

憨山注："盖跂者只知要强高出人一头，故举踵而立。……跨者只知要抢先出人一步，故阔步而行。……以其皆非自然。"

［5］自见者不明，自是者不彰；自伐者无功，自矜者不长：自见、自是、自伐、自矜互文；不明、不彰、无功、不长互通。不为己而为，则近道矣。《尚书·大禹谟》说："汝惟不矜，天下莫与汝争能；汝惟不伐，天下莫与汝争功。"

《庄子·人间世》说："山木自寇也，膏火自煎也。桂可食，故伐之；漆可用，故割之。人皆知有用之用，而莫知无用之用也。"

［6］其在道也，曰：余食赘形。物或恶之，故有道者不处：赘形，长出了赘瘤。《庄子·骈拇》说："附赘悬疣，出乎形哉！而侈于性。"

［4］［5］［6］句是理论上对"化而欲作"之对治，下文则是具体操作的方法。憨山注："有道者不处。以其不能合乎自然也。"道是无为故此无不为，而欲作违反自化的原则，王弼注

"物尚进则失安"，因此反而会欲速而不达。

**【白话大意】**道本无为而无所不为，侯王若能持守，万物将自行生化繁育。生化过程中如若有欲念妄动，我将用无名之朴来降服。踮起脚尖想看得远反而站立不稳，跨大步行进反而走不快。自逞己见的人不能通达事理，自以为是的人无法彰显价值；自我炫耀的人埋没了功劳，自高自大的人不会长久。站在道的角度来看，这些都是残羹剩饭或是赘瘤，万物都嫌恶它们，因此为道的人不会为之。不依从自己的主见方能明达，不自以为是，才可彰显自己的价值。不主动炫耀自己，才有功劳。不自高自大才能长久。

**【原文】道常无名**[1]**，万物持之以生而不辞**（推脱）**，功成而不有**（据有）**，衣养**（护养）**万物而不为主**（主宰）**。则恒常无欲也，可名于小**（低微）[2]**。知**（知晓）**其雄，守**（持守）**其雌，为天下溪。为天下溪，常德不离，复归于婴儿**[3]（人性之初）**。知其白，守其辱**（黑）**，为天下谷。为天下谷，常德乃足，复归于朴**[4]（天地之初）**。朴虽小，天下莫能臣**（使臣服）[5]**。侯王若能守之，万物将自宾**（归顺）[6]**。**

**【注解】**

［1］道常无名：名之则非常名，故常无名。

［2］则恒常无欲也，可名于小：生而不辞、成而不有、养而不为主，故曰"恒常无欲"，无欲于居功获利也。无名也无欲故此为小，此小者非大小之小，而是说既无名又无欲，好似一无所有，在世人眼里如此之低微。

［3］知其雄，守其雌，为天下溪。为天下溪，常德不离，复归于婴儿：这里"雄""雌"非特指性别，而是以性别代指其所具备的品性。雄与雌对应，雄性的特征进、动、阳、强、尊。雌性的特征，柔、顺、静、阴、卑。

溪，山谷间的河水，"处众人之所恶"者，在此象征谦卑。

憨山注:“故众德交归,如水之就下,故为天下溪也。”复归于婴儿者,精之至也,和之至也。

[4]知其白,守其辱,为天下谷,常德乃足,复归于朴:古辱字,有黑色之意。白与黑亦为代指,白代表明亮的、多彩的。黑代表低暗的、单调的。朴,天地之初始。憨山注:“由其虚,故常德乃足,德自足于中。”

这一段主讲“镇之以无名之朴”的方法。雄、白是尊贵的强健的代表;雌、辱为卑下的柔顺的代表。世人眼中道者无名无状又无欲可欲,是为低微之小。这与学道者冀望“长生”“神通”的目标相去甚远,故此“化而欲作”,去求其高大尚之“雄”与“白”。老子对治的方法是,镇之以无名之朴。知道修身之高贵,但要持守过程中无为之卑微。所谓生而不辞,功成不有,养而不为主。

“知雄守雌”“知白守辱”,即知其子而守其母,持守其无名无欲之小。《周易·谦》象曰“谦谦君子,卑以自牧也”,亦所谓“反者道之动”也。不要妄想平地飞升之远大理想,要甘于守雌居辱,处下无为才是根本。《周易·坤》象曰:“地势坤,君子以厚德载物。”溪、谷均为低下之处,表谦卑、柔顺,乃大地之德。苏辙注:“其守愈下,则其德愈厚;其德愈厚,则其归愈大。”婴儿、朴,均指原始无名之态,原始反终则大道见矣。《周易·谦》彖曰:“天道下济而光明,地道卑而上行。……谦,尊而光,卑而不可逾,君子之终也。”

[5]朴虽小,天下莫能臣也:臣,使动,支配、臣服。朴虽低微,但守之则常德乃足,故莫能臣之。

[6]侯王若能守之,万物将自宾:宾,宾服,从属。侯王持守无名无欲之道,万物自宾、自化。

**【白话大意】**道本无名。化生万物从不推辞,有所成就也不试图占有,养护成长却不去主宰。如此好像没有丝毫向上的欲望,因此是如此的低微。知道雄性之刚强,安守雌性之柔静,成为天下的溪流。成为低下的溪流，常德就会永驻不离，复归于婴儿般原始状态。知道白的圣洁，安守黑的污暗，成为天下山谷，成为低位的山谷，常德自然充足，归复于朴。朴虽然低微，但天下没有什么能臣服它。侯王如果可以持守无名无欲，万物将自动归附。

**【原文】镇之以无名之朴，夫将不欲**（欲作）[1]**。不欲以**（因此）**静，天下将自正**（合乎法度为正）[2]**。故道大**（重要），**天大，地大，王**（侯王）**亦大。国中有四大，而王居其一焉**[3]**。人法**（效法）**地，地法天，天法道，道法自然**[4]**。是以圣人云，我无为而民自化**（进化），**我好静而民自正**（正途、无偏差），**我无事而民自富**（富有成效），**我无欲而民自朴**（有国）[5]。

**【注解】**

［1］夫将不欲：前文阐述“镇之以无名之朴”的方法，这一句总结。《坛经》说：“只教汝去假归实。归实之后，实亦无名。”故修身又曰修真。《大般若经》说：“一切法皆不可取，不可随行，不可执受。”

［2］不欲以静，天下将自正：欲作之心息，外缘不再滋扰，故静。自正，自然而正。憨山注：“机息则心定，而天下自正矣。”

［3］故道大，天大，地大，王亦大。国中有四大，而王居其一焉：《管子·心术》说：“道在天地之间也，其大无外，其小无内。”朴者无名无欲之始，其小无内，故曰“小”。道者天下母也，其大无外，故曰“大”。这是混成之物的一体两面。道生天地，故天大、地大，人者天地之心也，故王亦大。

王，侯王，承前意指代修身有一定进展的人。国，义喻修身境界。在这个境界中，道、天、地都是自然存在，非人力可左右。而侯王是修身之主体，更是修身成功与否的唯一变量，故王居其一亦大。《皇极经世·观物》:“道之道，尽之于天矣；天之道，尽之于地矣；天地之道，尽之于万物矣；天地万物之道，尽之于人矣。”道生天地，天地生万物，而人居万物之中采万物之英华而有。《礼记·礼运》说:“故人者，其天地之德，阴阳之交，鬼神之会，五行之秀气也。”因此说人为万物之一，必然要遵循天地的法则。

［4］人法地，地法天，天法道，道法自然：法，效法，以……为法则。《周易·系辞》说:“乾以易知，坤以简能；易则易知，简则易从。”人法地，地得一以宁。地法天，天得一以清。天法道，无名无欲之自然。《庄子·天道》说:“天不产而万物化，地不长而万物育，帝王无为而天下功。”

自然，自己主宰自己之意。道，先天地而生，独立不改，周行不殆，自本自根自生自化，因此是自己主宰自己。吴澄注“非‘道’之外别有自然也”，故人无为而道自然。《礼记·中庸》说:“诚者自成也，而道自道也。”

［5］我无为而民自化，我好静而民自正，我无事而民自富，我无欲而民自朴：自化，自我化育。无事，指不去干涉。无欲，莫化而欲作也。好静、无事、无欲都是无为之意。这一句是袭明章的小结，在“袭常”的基础上，修身渐进的过程中，“道法自然”是“袭明”的核心原则，所谓“道自道也”。

《庄子·应帝王》:“予方将与造物者为人，厌，则乘夫莽眇之鸟，以出六极之外，而游无何有之乡，以处圹埌之野。汝又何帛以治天下感予之心为？”又复问。无名人曰:“汝游心于淡，合气于漠，顺物自然而无容私焉，而天下治矣。”

**【白话大意】**用无名之朴来压制欲作，欲作之念止息自然恢复静笃，天下重归正途。因此，道大，天大，地大，王也大。境界中有四大，侯王是其中之一。人效法大地，大地效法天道，天道效法大道，道自然而然地进化。故此圣人说:“我无为人民将自我化育，我好静人民将自然归正，我不妄为人民将自然富足，我不贪欲人民就自然反朴归真。”

# 慎终第七

## 第一节：得道多助

【原文】**道者万物之奥**（隐秘之主）[1]，**善人之宝，不善人之所保**（持而不失）[2]。**故善人者，不善人之师；不善人者，善人之资**（资鉴）[3]。**不贵**（尊重）**其师，不爱**（珍惜）**其资，虽智大迷，是谓要妙**（窍门）。

【注解】

［1］道者万物之奥：奥，原指房屋中的西南角，是古时房屋中最尊贵的方位。按照中国建筑古制，所谓坐北朝南。房屋中之西南角是光亮最微弱的角落，含有不易觉察之意。但又是古人认为的神灵之所，因此又十分尊崇。是以奥多指隐秘而尊贵，含义深不容易理解。憨山注：“奥者，室之西南隅。有室必有奥。但人虽居其室，而不知奥之深邃。以譬道在万物，施之日用寻常之间，人日用而不知，故如奥也。”《礼记·礼运》说“故人以为奥也”，郑玄注“奥，主也”。《孟子·尽心》曰：“行之而不著焉，习矣而不察焉，终身由之而不知其道者，众也。”《韩非子·解老》说：“道者，万物之所以然也，万理之所稽也。”

［2］善人之宝，不善人之所保：《周易·系辞》说：“一阴一阳之谓道，继之者善也。”因此善人是达道之人。不善者，也不是为恶的人，而是学而未达之人。不善人之所保，不善者尚未有道，故持守以得。王弼注：“善人之宝，宝以为用也。不善人之所保，保以全也。”

［3］故善人者，不善人之师；不善人者，善人之资：资，

《说文》"货也"，引申为可以获益的资源。《论语·里仁篇》曰："见贤思齐焉，见不贤而内自省也。"《礼记·中庸》说："故君子以人治人，改而止。"《论语·述而》曰："三人行必有我师焉，择其善者而从之，择不善者而改之。"

**【白话大意】**道是万物隐秘之主宰，是善人之宝，即使不善之人也会努力保有。因此善人是不善者的老师，不善者是善人的资鉴。不尊敬自己的老师，不珍惜自己的资鉴，这样的人似智实愚，这是学道的窍门。

**【原文】譬**（譬如）**道之在天下，犹川谷之于江海**[1]**。大道泛**（无所不在）**兮，其可左右**（辅佐）[2]**。故从事于道者，同于道**（与道相通）；天自佑之。（从事于）**德者，同于德；失者，同于失**[3]**。同于道者，道亦乐得**（接纳）**之；同于德者，德亦乐得之；同于失者，失亦乐得之**[4]**。信不足焉，有不信焉**[5]**。是以圣人常善救人，而无弃人，物无弃财**（资鉴）[6]**人之不善**（不善亦有所保），**何弃之有**[7]？

**【注解】**

[1]譬道之在天下，犹川谷之于江海：譬，比如，打比方。道者，万物之奥，万物之所归，犹涓涓细流汇向江海。

[2]大道泛兮，其可左右：大道如江海，泛，本义漂浮，大水漫流之态，形容无所不至。

左右，辅佐、助力。《周易·泰》象曰："辅相天地之宜，以左右民。"孔颖达注："左右，助也，以助养其人也。"大道无所不在如水之漫漫，所有向道之人都会得其佐助。《论语·里仁》说"德不孤，必有邻"。

[3]故从事于道者，同于道；德者，同于德；失者，同于失：从事于道者，谓为道之人，故与道同向。《孟子·公孙丑》说："得道者多助，失道者寡助。"

《周易·序卦》说“与人同者，物必归焉”。同理可知，修德的人也会与德同类。失去道、德的人就与无道缺德同类。《尚书·太甲》说：“与治同道，罔不兴。与乱同事，罔不亡。”《周易·中孚》说：“九二，鸣鹤在阴，其子和之。我有好爵，吾与尔靡之。”象曰：“‘其子和之’，中心愿也。”

［4］同于道者，道亦乐得之；同于德者，德亦乐得之；同于失者，失亦乐得之：《周易·系辞》说：“方以类聚，物以群分。”承上句，与道同向的人，道自然愿意接纳他。与德同的人，德也愿意接纳他。失道缺德的人，失道缺德同样也会接纳他。《周易·乾》文言说：“九五曰‘飞龙在天，利见大人’，何谓也？子曰：‘同声相应，同气相求。’”

［5］信不足焉，有不信焉：信不信由你之意。《周易·系辞》曰：“君子居其室，出其言善，则千里之外应之，况其迩者乎？居其室，出其言不善，则千里之外违之，况其迩者乎？”

［6］是以圣人常善救人，而无弃人，物无弃财：财，资财。贵其师又爱其资，圣人眼里善与不善都是向道之人，故无弃人，更无可弃之资财。有心向道者，天必佑之，圣人佐之。

《论语·雍也》：“夫仁者，己欲立而立人，己欲达而达人。能近取譬，可谓仁之方也已。”

［7］人之不善，何弃之有：没达道之人怎么会被抛弃？《周易·系辞》曰：“佑者，助也。天之所助者，顺也；人之所助者，信也。履信思乎顺，又以尚贤也。是以自天佑之，吉，无不利也。”

**【白话大意】**譬如道在天下，如涓涓细流都要汇向江海。大道无所不在如水之漫灌，所有向道之人都会得其佐助。因此为道的人，自然会与道同类；修德的人也会与德同类；失去道、德的人就与无道缺德同类。与道同向的人，道就愿意接纳他；与德同类的人，德也愿意接纳他；失道缺德的人，失道缺德更愿意接纳他。信不信由你，故此圣人擅于帮助有需要的人，所以没有人会被遗弃，没有资财不被利用。那些没有达道之人怎会被遗弃呢?



## 第二节：善贷始终

【原文】**大**（最）**成若缺，其用不弊**（缺失）。**大盈若冲，其用不穷**（竭尽）[1]。**大直若屈，大巧若拙**（笨拙），**大益若绌**（不足）[2]。**故建言**（常言、谚语）**有之：明**（显赫）**道若**（好似）**昧**（暗淡），显赫之“道”好像暗昧无光，同“大成若缺”之理，下列各项同。**进道若退，夷**（平坦）**道若颣**（崎岖）。**上德若谷**（虚无），**广**（充沛）**德若不足，建**（刚健）**德若偷**（松垮、苟且），**质真若渝**（污浊）。**大白若辱**（黑垢），**大方无隅**（棱角）。**大器晚成，大音希声；大象无形，道隐**（无形）**无名**[3]。**夫唯道，善贷**（付出）**且成**[4]。

【注解】

[1] 大成若缺，其用不弊。大盈若冲，其用不穷：大成，大的成就，圆满之意。弊，破旧，败坏。

最圆满的好似有缺陷，但其用不会缺失。最充盈的好似有缺憾，但其用不会穷尽。《后汉书·黄琼传》说“峣峣者易缺，皦皦者易污”，但瑕不掩瑜，其用又不会穷尽。

[2] 人直若屈，大巧若拙，大溢若绌：最灵巧的看起来却好像很笨拙，最完满的好似有不足。

苏辙注：“直而不屈，其直必折，循理而行，虽曲而直；巧而不拙，其巧必劳，付物自然，虽拙而巧。”为道者无为无欲，摈弃世俗之明与智，虽为大业却甘守其“辱”与“雌”，故似“大巧若拙”。

[3] 大器晚成，大音希声，大象无形，道隐无名：苏辙注：“无所不照，而非察也。若止不行，而天下之速者莫之或先也。或夷或颣，所至则平，而未尝削也。上德不德，如谷之虚也。”又注：“大器晚成，器大不可近用也。大音希声，非耳之所得闻

也。大象无形，非目之所得见也。”

道隐无名，“道”隐微而无可名状。王弼注：“在象则为大象，而大象无形；在音则为大音，而大音希声。物以之成，而不见其成形，故隐而无名也。”

此一段老子连用十二个形容来激励学人积极向道，所谓“大成若缺，其用不弊”，最好的事物看起来好像存在瑕疵，但其用不会有所减损。也就是不要被表面之“若缺”打消进取的信心，《抱朴子·论仙》说：“此所谓以分寸之瑕，弃盈尺之夜光，以蚁鼻之缺，捐无价之淳钧。”这是很简单的道理，天下任何事都不可能一蹴而就，都需要持续的积累。例如练过书法的人应该知道，往往练到一定程度，字写得好似难看退步了，这是学人最苦恼的时期。实则大多情况下并非是水平退步，而是学人水平提高的过程中对自己要求更高所致。所谓“质真若渝，大白若辱”正是这个阶段。宋高峰禅师《插秧偈》说：“六根清净方为道，退步原来是向前。”因此老子说“夫唯道，善贷且成”。

［4］夫唯道，善贷且成:《说文》“贷，施也”，施或予。《尚书·商书》:“非知之艰，行之惟艰。”《论语·学而》说“如切如磋，如琢如磨”。

大道无名无欲，朴之小，无形、希声、无名。而修之又会明道若昧、进道若退、夷道若颣诸如此类，故“知雄守雌”“知白守辱”，勤而行之方可有成。

《孟子·告子》说：“故天将降大任于是人也，必先苦其心志，劳其筋骨，饿其体肤，空乏其身，行拂乱其所为，所以动心忍性，曾益其所不能。人恒过，然后能改；困于心，衡于虑，而后作；征于色，发于声，而后喻。入则无法家拂士，出则无敌国外患者，国恒亡。然后知生于忧患而死于安乐也。”

【白话大意】最圆满的好像有缺陷，但它的作用不会缺损。最充实的好像是虚空，而它的作用不会穷尽。最平直的好似弯曲，最灵巧的仿佛是拙笨的，最完满的好似有不足。所以俗话说：显赫之大道像是昏昧无华，学道有进展却像是倒退，平顺的道路却像很崎岖。上等之德像山谷一样处下，宽广之德总会觉得有所不足。刚健之德却像苟且的样子。纯真的质地像是有瑕疵，最白之色像是有黑色污浊，最方之形却没有棱角。大器都要很晚才可成就，大音像是没有声音，大象看不到形态，道隐隐约约无法名状。那些为道的人啊，必须要勤于付出才会有所成就。

【原文】**善**（完美）**建**（立，规章制度类）**者不拔**（变更），**善抱**（持守）**者不脱**（脱离）[1]**。民之从事，常于几**（接近于）**成而败之**[2]**。飘风**（飑风）**不终朝，骤雨**（暴雨）**不终日。孰为此者？天地。天地尚不能久，而况**（何况）**于人乎**[3]**？合抱之木，生于毫末**（细芽）**。九层之台，起于累**（积累）**土。千里之行，始于足下**[4]**。故慎**（用心重视）**终如始，则无败事**[5]**。天下难事，必作于易**（根基）**；天下大事，必作于细**（细节）**。是以圣人终不为大，**冒进自大**。故能成其大。夫轻诺必寡信，多易**（草率）**必多难。是以圣人犹难**（慎终如始）**之，故终无难矣**[6]**。**

**【注解】**

[1] 善建者不拔，善抱者不脱：完善的制度不会轻易更改，喻其志也。完美的持守不会轻易放弃，喻其行也。

[2] 民之从事，常于几成而败之：几成，接近成功之际。《战国策·秦策》说："《诗》云'行百里者半九十'，此言末路之难也。"

[3] 飘风不终朝，骤雨不终日。孰为此者？天地。天地尚不能久，而况于人乎：吴澄注："飘，狂疾也；骤，急暴也。"天地之极端天气尚不会持久，何况人们做事呢？《礼记·中庸》曰："中庸其至矣乎！民鲜能久矣！"

［4］合抱之木，生于毫末。九层之台，起于累土。千里之行，始于足下：毫末，指细小的萌芽。累土，一筐筐的土。

《荀子·劝学》说：“故不积跬步，无以致千里；不积小流，无以成江海。骐骥一跃，不能十步；驽马十驾，功在不舍。锲而舍之，朽木不折；锲而不舍，金石可镂。”

［5］慎终如始，则无败事：《说文》“慎，谨也”，段玉裁注曰：“‘谨者，慎也’，二篆为转注。未有不诚而能谨者，故其字从真。”《礼记·经解》说：“《易》说：‘君子慎始，差若毫厘，缪以千里。’”始终都如刚开始那样谨慎处事，则无败事。《尚书·太甲》说：“若升高，必自下。若陟遐，必自迩。无轻民事，惟难。无安厥位，惟危。慎终于始。”

［6］是以圣人犹难之，故终无难矣：《尚书·旅獒》说“不矜细行，终累大德”。

**【白话大意】**完善的制度不会轻易更改，完美的持守不会轻易放弃。而小民做事常在接近成功之际失败。飓风不会超过一个早上，暴雨不会超过一整天。天地都不能持久，何况人呢？参天大树是由小树苗长起来的，九层高台是一筐筐土累积而成，远行千里也是一步步走出来的。因此始终都用心对待，如同刚开始那样审慎持守，就不会有失败。天下难事，必定从根基起始；天下大事，必定从细节处入手。因此圣人始终不盲目自大，因此能够成全其大。轻易许诺必定很少守信，草率行事必定会有更多的难关。圣人谨慎理事努力对待，因此最终没有难事。

## 闻道第八

### 第一节：闻道勤行

**【原文】**美言可以市尊（敬仰），美行可以加人（人气）[1]。

**乐**（音乐）**与饵**（美食），**过客止**（止步留恋）[2]。**服文采**（华丽），**带利剑；厌**（吃腻）**饮食，财货有余。是谓盗夸**（夸耀），**非道也哉**[3]。**故道之出口，淡乎其无味，视之不足见；听之不足闻，用之不可既**（小食）[4]。**是以圣人去甚**（安乐），**去奢**（奢侈），**去泰**（过分）[5]。

**【注解】**

［1］美言可以市尊，美行可以加人：市，交易、换取。市尊，获得尊重。美言可以换取尊重，美行可以增加人气。

［2］乐与饵，过客止：音乐与美食可以让过客止步留恋。

《庄子·天地》说："大声不入于里耳，折杨皇荂，则嗑然而笑。"

［3］服文彩，带利剑，厌饮食，财货有余。是为盗夸，非道也哉：文彩，指衣饰华美。厌通餍，因为吃饱而不再吃。盗夸，也就是强盗吹牛的言辞。

［4］故道之出口，淡乎其无味，视之不足见；听之不足闻，用之不可既：既，有两解。其一食毕为既，做穷尽意，使用它好像不会穷尽。其二，小食也，用之也不能当饭吃。按上下文意似做小食为顺，为道无法果腹。

《庄子·骈拇》说："夫不自见而见彼，不自得而得彼者，是得人之得而不自得其得者也，适人之适而不自适其适者也。"

［5］是以圣人去甚、去奢、去泰：《说文》"甚，尤安乐也"，《周易·泰》说"泰，大也"。

**【白话大意】**美言可以博取尊重，美行可以增加人气。就算是音乐和美食都会吸引路人留恋忘返。穿华丽的衣服，佩戴锋利的宝剑，佳肴美味吃到饱，富贵财物随意取用，这是盗贼在吹牛，不是在为道。可见道说出来淡然无味，看也看不到，听也听不见，用它又无法果腹。所以圣人不追求享乐、奢华与极致。

【原文】上士闻道，勤（勤勉）而行之。中士闻道，若存若亡（将信将疑）[1]。下士闻道，大笑之，不笑不足以为道[2]。使（假若）我介（微）然有知，行于大道，唯施（走歪）是畏[3]。大道甚夷，而民好径（小道）[4]。众人熙熙（兴高采烈），如享（享受）太牢（盛宴），如登春台（心旷神怡）[5]。我独泊（淡薄）兮其未兆（迹象），如婴儿之未孩，傫傫（素朴）兮若无所归[6]。众人皆有余（富足），而我独若遗（匮乏），我愚（质朴）人之心也哉，沌沌（无知）兮[7]。俗人昭昭（精明），我独昏昏（昏庸）；俗人察察（严苛），我独闷闷（淳朴）[8]。众人皆有以（忙碌充实有所为），而我独顽（顽劣）且鄙（低贱）[9]。我独异于人，而贵食母（复守其母）[10]。

【注解】

［1］上士闻道，勤而行之。中士闻道，若存若亡：上士，上等资质的人，六祖初闻佛经即悟大道，是为上士。

《论语·雍也》：“中人以上，可以语上也；中人以下，不可以语上也。”

［2］下士闻道，大笑之，不笑不足以为道：下士，嘲笑大道，唯有他们的嘲笑方显大道之可贵。

《庄子·齐物论》说：“夫随其成心而师之，谁独且无师乎？”

［3］使我介然有知，行于大道，唯施是畏：介有两解。其一通“芥”，细微，即假使我只有微弱的良知也要行于道。其二本义，人各守其所分，辨别之端曰介。即分辨之后有知，行于大道。

施，通迤，邪、斜行之义。行大道只害怕走到歪路。

［4］大道甚夷，而民好径：大道平坦但无名无欲，所以世人好走便捷的小径。

《论语·雍也》说“行不由径”。

［5］众人熙熙，如享太牢，如春登台：熙熙，兴高采烈的样子,《史记·货殖列传》说:“天下熙熙，皆为利来；天下攘攘，皆为利往。”太牢，祭祀用地，有牛羊猪，祭祀后分食之。众人有吃有喝兴高采烈，登高远眺心旷神怡。

《史记·殷本纪》载:“以酒为池，县肉为林，使男女裸相逐其间，为长夜之饮。”

［6］我独泊兮其未兆，如婴儿之未孩，傫傫兮若无所归：泊，原意为停船靠岸，意为归隐、安静。兆，征兆，迹象，未兆即看不到开心的迹象。孩，通咳，指小孩笑。未孩，是指未笑之前的无知无欲。傫傫，范应元注“外无文饰”，是指婴儿纯真朴素，无知无虑。若无所归，行不知所至的样子。与众人熙熙鲜明对比的我，淡泊、无知、无归，遗世独立而似不知所以。

苏辙注:“人各溺于所好，其美如享太牢，其乐如登春台，嚣然从之而不知其非。唯圣人深究其妄，遇之泊然不动，如婴儿之未能孩也。”

［7］众人皆有余，而我独若遗，我愚人之心也哉，沌沌兮：遗，不足，匮乏。沌沌，混沌无知的样子。众人自以为有余，而我却看到有所不足。

［8］俗人昭昭，我独昏昏；俗人察察，我独闷闷：昭昭，清楚，精明。昏昏，暗昧糊涂。察察，严厉苛刻的样子。闷闷，淳朴。

［9］众人皆有以，而我独顽且鄙：顽，宁顽不化，指愚蠢。鄙，鄙陋，原意是边远小镇。俗人都很精明，明察秋毫，我却迷迷糊糊，粗鄙无趣。《论语·宪问》:“不怨天，不尤人，下学而上达。知我者其天乎！”

《黄帝内经·上古天真论》说:“圣人者，处天地之和，从八风之理，适嗜欲于世俗之间，无恚嗔之心，行不欲离于世被服章，举不欲观于俗，外不劳形于事，内无思想之患，以恬愉为务，以自得为功，形体不敝，精神不散，亦可以百数。”

[10] 我独异于人，而贵食母：食，从人，从良，“良”意为“拖尾到底”，引申为“从生到死”，“人”与“良”联合起来表示维持人一生的东西。母，本源之义。贵食母是说我始终以持守本源为一生所贵，也就是守道，同前文“复守其母”。王弼注：“食母，生之本也。人者皆弃生民之本，贵末饰之华。”所谓“有余以奉于天”。

《庄子·列御寇》说：“小夫之知，不离苞苴竿牍，敝精神乎蹇浅，而欲兼济道物，太一形虚。若是者，迷惑于宇宙，形累不知太初。彼至人者，归精神乎无始而甘冥乎无何有之乡。水流乎无形，发泄乎太清。悲哉乎！汝为知在毫毛，而不知大宁！”

《庄子·齐物论》：“南郭子綦隐机而坐，仰天而嘘，荅焉似丧其耦。颜成子游立侍乎前，曰：‘何居乎？形固可使如槁木，而心固可使如死灰乎？今之隐机者，非昔之隐机者也？’子綦曰：‘偃，不亦善乎，而问之也！今者吾丧我，汝知之乎？’”

**【白话大意】** 上等资质的人闻道，积极去修持。中士闻道，将信将疑。下士闻道，大笑不止，不被下士嘲笑就不足以为道。假如我有辨识的能力，我就践行大道，唯怕走入歧途。大道很平坦，然而人们却喜欢走小路。众人都兴高采烈，像享受丰盛的宴席，又像春天登台远眺。我独自淡泊，没有可炫耀的，像是没长大的婴儿无知无虑的，行不知所至。众人都那么富有，唯独我好似还有不足，我这愚人的心呀混混沌沌。普通人精明伶俐，而我暗昧糊涂；普通人严厉苛刻，我却朴素醇厚。大家都好像有所作为，而我却顽劣且鄙陋。我唯独与众人不同，始终以持守本源为一生所贵。

## 第二节：敝不新成

**【原文】为学日益**（多而明），**为道日损**（愚而损），**损之又损，以至于无为**（执一）[1]。**为者败之，执者失之。为无为，事无事，味无味**[2]，**保**（持守）**此道者不欲盈**（增益）[3]。**持**

**而盈之，不如其已**（停下）。**揣**（捶打）**而锐**（锋利）**之，不可长保**[4]。**金玉满堂，莫之能守**（守护）。**富贵而骄，自遗其咎**（灾祸）[5]。**功成身退，天之道也**[6]。**祸莫大于不知足，咎莫大于欲得**（贪得无厌）。**故知足之足，常足矣**[7]。**夫唯不盈，故能蔽**（故、原始）**不新成**（朴）[8]。**是以圣人无为故无败，无执故无失。**

**【注解】**

［1］为学日益，为道日损，损之又损，以至于无为：为学，做学问向身外求知，所谓强学博览，因此每天都有收获。

为道，修身证道，道常无名，故无知可知因此日损。《庄子·养生主》说："吾生也有涯，而知也无涯。以有涯随无涯，殆已！"河上公注："学，为政教礼乐之学也。日益者，情欲文饰日以益多。道，为自然之道也。日损者，情欲文饰日以消损。损之者，损情欲也。又损之者，所以渐去之也。"

《正蒙》说："博文以集义，集义以正经，正经然后一以贯天下之道。"圣人执一以至于无为。《礼记·中庸》说："诚者不勉而中，不思而得，从容中道，圣人也。"故道者，非学而思可成，而是执之而得。

［2］为无为，事无事，味无味：行无为之为，从事无事之事，品味无味之味，前文之结语。

憨山注："凡有为，谓智巧。有事，谓功业。有味，谓功名利欲。此三者，皆世人之所尚。然道本至虚而无为，至静而无事，至淡而无味。"是以圣人居无为之事，行不言之教。

［3］保此道者，不欲盈：保此道，即长生久视之道。

《尚书·大禹谟》说"满招损，谦受益，是乃天道"。

［4］持而盈之，不如其已。揣而锐之，不可长保：盈之则溢故不可不已，锐之必折故不可常。

《孝经·诸侯章》说："高而不危，所以常守贵也；满而不溢，所以长守富也。”

［5］金玉满堂，莫之能守。富贵而骄，自遗其咎：遗，通贻，赠送之义。金玉满堂必累其身，富贵而骄终将得祸。

《史记·老子韩非列传》中老子说：“吾闻之，良贾深藏若虚，君子盛德，容貌若愚。去子之骄气与多欲，态色与淫志，是皆无益于子身。”

［6］功成身退，天之道：所谓身退者即“万物作而弗始，为而弗恃，功成而弗居。夫唯弗居，是以弗去”。

《庄子·外物》说：“《诗》固有之曰：‘青青之麦，生于陵陂。生不布施，死何含珠为！’接其鬓，压其顪，儒以金椎控其颐，徐别其颊，无伤口中珠！”

［7］祸莫大于不知足，咎莫大于欲得，故知足之足，常足矣：贪得无厌是最要命的错误，故此应该知足、知退。

《庄子·让王》说“知足者，不以利自累也”。《礼记·中庸》也说：“君子素其位而行，不愿乎其外。素富贵，行乎富贵；素贫贱，行乎贫贱；素夷狄，行乎夷狄；素患难，行乎患难。君子无入而不自得焉。”

［8］夫唯不盈，故能蔽不新成：蔽，通敝，旧的东西，引申为原始，朴也。“为无为，事无事，味无味”，并不是要追求一个新的，求其新则盈，故曰“复归于朴”。

《坛经》说：“不思善，不思恶，正与么时，哪个是明上座本来面目？”《御注道德真经》说：“所以敝不新成者，不盈不坏是也。不新成者，既不坏，安有新成就者。”《庄子·刻意》说：“故素也者，谓其无所与杂也；纯也者，谓其不亏其神也。能体纯素，谓之真人。”

《淮南子·道应训》载：“子贡在侧曰：‘请问持盈。’曰：‘益而损之。’曰：‘何谓益而损之？’曰：‘夫物盛而衰，乐极则悲，日中而移，月盈而亏。是故聪明睿智，守之以愚；多闻博辩，守之以陋；武力毅勇，守之以畏；富贵广大，守之以俭；德施天下，守之以让。此五者，先王所以守天下而弗失也；反此五者，未尝不危也。’故老子曰：‘服此道者不欲盈。夫唯不盈，故能弊而不新成。’”

**【白话大意】**学习知识每天都有收益，为道却每日都有所失去，失去又失去，以至于无所为。强行而为必定失败，执着于有终将失去。行无为之为，做无事之事，品尝无味之味。保持这个方法不要妄求盈满。希望器物装载更满更多，不如停止放下。锤炼想要更加锐利，不可能长期保持。金和玉堆满屋子，没有谁能守住。富贵使人变得骄横，必将为自己留下灾祸。事功有成自己就退出，这是上天的规则。不知足是最大的祸患，想得到更多是最大的灾殃。因此知足的满足才是永恒的满足。正因为不强求盈满，才可以复归其原始之朴。由上，圣人循道而为故此不会失败，不执意强求也就无所谓失去。

## 第三节：修身为本

**【原文】重为轻根**（根基），**静为躁**（妄动）**君**（主宰）[1]。**是以圣人终日行不离辎重**（重其身），**虽有荣**（荣华）**观，燕**（悠闲）**处超然**（不以物喜）[2]。**奈何万乘之主，而以**（由于）**身**（轻）（而）**轻天下**其身轻故不足以重天下。**轻则失根，躁则失君**[3]。**故贵**（看重）**为身**（修身）**于**（重于）**为天下，若可寄**（寄托）**天下**[4]；**爱**（爱惜）**以身**（尊生）**于为天下，若可托**（托付）**天下**[5]。**名与身孰亲？身与货孰多**（重要）？**得与亡孰病**（伤害）？[6]**甚爱必大费，多藏必厚亡**[7]。**故知足不辱，知止不殆，可以长久**[8]。**故立天子，置三公，虽有拱璧以先驷马**（祭天之礼），**不如坐进此道**（长生久视之道）[9]。**古之所以贵**（归仰）**此道者何？不曰：求以得，**（无为而得）**有罪以免邪？故为天下贵**（众望所归）[10]。

【注解】

［1］重为轻根，静为躁君：躁，躁狂妄动。君，君主，主宰之义。根基沉重则稳固，心神宁静则不会妄动。《韩非子·喻老》说："制在己曰重，不离位曰静。"

［2］是以圣人终日行不离辎重，虽有荣观，燕处超然：辎，大车也。辎重，军队运载器械粮食的车。此句解说"重为轻根"因为有辎重所以终日行而无后顾之忧。联系上下文，辎重应指"贵为身"，以其身为重。

憨山注："辎重，兵车所载粮食者也。兵行而粮食在后，乃大军之司命。"《庄子·逍遥游》说："适莽苍者，三餐而反，腹犹果然；适百里者，宿舂粮；适千里者，三月聚粮。"《法言·修身》说："言重则有法，行重则有德，貌重则有威，好重则有观。"

荣观，有两解。其一是奢华的生活，另一解为给人光荣的观感，指获得荣誉。燕处，像燕子那样居行，指闲居。超然，超脱物外。此句注解"静为躁君"无论是获得荣誉还是处于华丽场所，都不要心随物转，坦然处之。所谓"不以物喜，不以己悲"，失去沉静则会妄为。

［3］奈何万乘之主，而以身轻天下，轻则失根，躁则失君：奈何，无可奈何之义。万乘之主，指国君。以身轻天下，轻视自身的修为，以致轻率对待天下。轻己身使其失去根基，对国事轻率也就丧失主宰之位。

苏辙注："人主以身任天下，而轻其身则不足以任天下矣。"《庄子·德充符》说："今吾闻至人之言，恐吾无其实，轻用吾身而亡吾国。"

［4］故贵为身于为天下，若可寄天下：为身，修身之义。视修身贵于为天下者，天下可寄也。

《礼记·大学》说："自天子以至于庶人，壹是皆以修身为本。其本乱，而末治者否矣。其所厚者薄，而其所薄者厚，未之有也。”《庄子·在宥》也说：“故君子不得已而临莅天下，莫若无为。无为也而后安其性命之情。故贵以身于为天下，则可以托天下；爱以身于为天下，则可以寄天下。故君子苟能无解其五藏，无擢其聪明；尸居而龙见，渊默而雷声，神动而天随，从容无为而万物炊累焉。吾又何暇治天下哉！”

《吕氏春秋·季春纪·先己》说：“汤问于伊尹曰：‘欲取天下若何？’伊尹对曰：‘欲取天下，天下不可取。可取，身将先取。凡事之本，必先治身。啬其大宝，用其新，弃其陈，腠理逐通。精气日新，邪气尽去，及其天年，此之谓真人。’”

［5］爱以身于为天下，若可托天下：爱惜生命甚于为天下者，天下可托也。

《庄子·让王》载：“大王亶父居邠，狄人攻之；事之以皮帛而不受，事之以犬马而不受，事之以珠玉而不受，狄人之所求者土地也。大王亶父曰：‘与人之兄居而杀其弟，与人之父居而杀其子，吾不忍也。子皆勉居矣！为吾臣与为狄人臣奚以异！且吾闻之，不以所用养害所养。’因杖策而去之。民相连而从之，遂成国于岐山之下。夫大王亶父，可望能尊生矣。能尊生者，虽贵富不以养伤身，虽贫贱不以利累形。今世之人居高官尊爵者，皆重失之，见利轻亡其身，岂不惑者！故曰：‘故天下大器也，而不以易生，此有道者之所以异乎俗者也。’”

［6］名与身孰亲？身与货孰多？得与亡孰病：名，声名、荣誉，指取天下。身，指修身。多，多则重，重要。取天下好还是修身好？修身重要还是获取财富重要？这可能是恒古之疑。

《论语·宪问》：“古之学者为己，今之学者为人。”《庄子·逍遥游》载许由曰：“子治天下，天下既已治也。而我犹代子，吾将为名乎？名者，实之宾也。吾将为宾乎？鹪鹩巢于深林，不过一枝；偃鼠饮河，不过满腹。归休乎君，予无所用天下为！庖人虽不治庖，尸祝不越樽俎而代之矣。”

［7］甚爱必大费，多藏必厚亡：憨山注：“如以隋侯之珠弹

千仞之雀，雀未得而珠已失。此爱之甚，而不知所费者大矣。如敛天下之财，以纵鹿台之欲，天下叛而台已空。此藏之多，而不知所亡者厚矣。”

［8］故知足不辱，知止不殆，可以长久：辱，受辱，《论语·颜渊》“忠告而善道之，不可则止，毋自辱焉”，可见所有的辱都是因为自己贪心而有。《礼记·大学》说：“君子有大道，必忠信以得之，骄泰以失之。”

知止不殆，回应首章圣人执一。至此长生久视之道已讲完，结之以“可以长久”。

［9］故立天子，置三公，虽有拱璧以先驷马，不如坐进此道：拱璧以先驷马，璧，贵重的美玉，圆形，中间有圆孔。拱璧者，大璧也，需双手合拢才可拿稳。驷马，四匹马拉的车，只有天子、重臣才能乘坐。拱璧以先驷马，是古代祭天献奉的仪式。

《吕氏春秋·孟春纪》说：“立春之日，天子亲率三公、九卿、诸侯、大夫，以迎春于东郊。”天子站立于中，布置三公在四周，进行隆重的祭天仪式，不过是祈福国泰民安万岁久长。《尚书·周官》说：“立太师、太傅、太保。兹惟三公，论道竟邦，燮理阴阳。”但老子说：“故贵为身于为天下，若可寄天下；爱以身于为天下，若可托天下。”因此说不如修身进德以重其身。《礼记·中庸》说：“为政在人，取人在身；修身以道，修道以仁。”故此说不如坐进此道，即“深根固柢，长生久视之道”。《庄子·让王》说：“道之真以治身，其绪余以为国家，其土苴以治天下。由此观之，帝王之功，圣人之余事也，非所以完身养生也。今世俗之君子，多危身弃生以殉物，岂不悲哉！凡圣人之动作也，必察其所以之与其所以为。今且有人于此，以随侯之珠弹千仞之雀，世必笑之。是何也？则其所用者重而所要者轻也。夫生者，岂特随侯之重哉！”《吕氏春秋·季春纪·先己》也说：“昔者先圣王，成其身而天下成，治其身而天下治。故善响者不于响于声，善影者不于影于形，为天下者不于天下于身。”

［10］古之所以贵此道者何？不曰：求以得，有罪以免邪？故为天下贵：不曰，不会说之义。邪，同耶，表疑问语气词。贵，《释名》“归也，物所归仰也”。

《正蒙》说：“圣不可知者，乃天德良能；立心求之，则不可得而知之。”

历来对这一句解释多存歧义，多将“不曰”理解为“岂不是说”，有求必应有违老子之意。不求其盈、不求其新，因此也不会“求就可得到”，不是求来的。然后又反问“难道有罪也可以赦免吗”，是说如果可以求到，那有罪过也可以赦免，讽刺世人多以利为重而不知踏实践行圣人之教导。世人不知“道”之奥，而只看重益生逐利，缘木求鱼，舍本逐末之至也极。

《庄子·天运》载：“老子曰：‘子恶乎求之哉？’曰：‘吾求之于度数，五年而未得也。’老子曰：‘子又恶乎求之哉？’曰：‘吾求之于阴阳，十有二年而未得。’老子曰：‘然。使道而可献，则人莫不献之于其君；使道而可进，则人莫不进之于其亲；使道而可以告人，则人莫不告其兄弟；使道而可以与人，则人莫不与其子孙。然而不可者，无佗也，中无主而不止，外无正而不行。由中出者，不受于外，圣人不出；由外入者，无主于中，圣人不隐。名，公器也，不可多取。仁义，先王之蘧庐也，止可以一宿而不可久处，觏而多责。’”

**【白话大意】**重是轻的根基，沉静是躁动的主宰。因此圣人远行离不开辎重之储备。即使有华丽的生活，也能轻松超然于外，怎奈万乘之君轻视自身的修为，以致轻率对待天下。轻己身使其失去根基，对国事轻率也就丧失主宰之位。因此视修身重于天下者，天下可寄也。爱惜生命甚于天下者，天下可托也。虚名与身体哪个更应亲近？身体与财富哪个更重要？多得与死亡哪个更有害？过分喜欢必将导致大量的耗费，丰厚贮藏将会招致惨重的损失。因此知足才会不受辱，知止可以免受危害，如此才是长久之道。所以说与其立天子、置三公，用拱璧与驷马搞浩大的祭祀活动，不如修身进道。古时为什么会归仰此道呢，是因为不会说“求就可以获得”，有罪难道也可以赦免吗？因此为天下众望所归。

## 玄通第九

**【原文】古之善为道者，微妙玄通，深**（深奥、隐微）**不可识**（描述）[1]**。善行无辙**（车辙）**迹，善言无瑕谪**（纰漏），**善数不用筹策**（计算工具）。**善闭无关楗**（门栓）**而不可开，善结无绳约**（绳扣）**而不可解**[2]**。夫唯不可识，故强为之容**（描述）[3]**：豫**（警戒）**兮若冬涉川，犹**（迟疑）**兮若畏四邻，俨**（端庄）**兮其若客**[4]**。涣**（消融、疏通）**兮其若凌释**（冰融化），**敦**（笃厚）**兮其若朴**[5]**。旷**（空豁宽广）**兮其若谷，浑**（水流势盛）**兮其若浊**[6]**。澹**（水波纡缓）**兮其若海，飂**（清风徐徐）**兮若无止**[7]**。信不足焉，有不信焉。悠**（悠闲、谦逊）**兮其贵言**（希言），**功成事遂**（完成），**百姓皆谓：我自然**（而然）[8]**。是以圣人为而不恃，功成而不处，其不欲见**（显露）**贤**[9]。

**【注解】**

［1］古之善为道者，微妙玄通，深不可识：微妙玄通，细致、深邃而通达。识，识别、描述。

苏辙注：“粗尽则微，微极而妙；妙极而玄，玄而无所不通。”

［2］善行无辙迹，善言无瑕谪，善数不用筹策。善闭无关楗而不可开，善结无绳约而不可解：辙迹，车轮痕迹。瑕谪，美玉上的瑕疵，指说话中的纰漏。筹策，计算用的工具，类似算盘珠。关楗，锁门用的栓梢。绳约，用绳子捆绑，指绳扣。

苏辙注："乘理而行，故无迹。时然而后言，故言满天下无口过。万物之数，毕陈于前，不计而知，安用筹算？全德之人，其于万物如母之与子，虽纵之而不去。故无关而能闭，无绳而能约。"

《庄子·骈拇》说："常然者，曲者不以钩，直者不以绳，圆者不以规，方者不以矩，附离不以胶漆，约束不以纆索。故天下诱然皆生而不知其所以生；同焉皆得而不知其所以得。故古今不二，不可亏也。"

［3］故强为之容：容，形容、描述。《礼记·中庸》说"君子之道费而隐"。

［4］豫兮若冬涉川，犹兮若畏四邻，俨兮其若客：豫，戒而后动为豫。其欲行，如履薄冰之相。犹，疑而不行为犹。如同强敌环视，每一步都要很小心。俨，庄重严肃的样子。俨若客，如到主人家做客不敢放肆。

此三句描述为道者谨慎自律，《礼记·中庸》说："是故君子戒慎乎其所不睹，恐惧乎其所不闻。莫见乎隐，莫显乎微，故君子慎其独也。"

［5］涣兮若其若凌释，敦兮其若朴：涣，流散消融。敦，笃厚、淳朴。这两句形容其质朴无华。

［6］旷兮其若谷，浑兮其若浊：旷，空豁宽广。浑，洪流盛大。此两句形容其平易近人。

［7］澹兮其若海，飂兮若无止：澹，水波纡缓的样子。飂，风吹过的样子，飘。此两句形容其飘逸洒脱。

［8］信不足焉，有不信焉。悠兮其贵言，功成事遂，百姓皆谓我自然：悠兮，悠闲的样子，有谦逊意。遂，完成。自然者，与平时无异。

《庄子·大宗师》说："古之真人，不知说生，不知恶死；其出不欣，其入不距；悠然而往，悠然而来而已矣。不忘其所始，不求其所终；受而喜之，忘而复之，是之谓不以心捐道，不以人助天。是之谓真人。”

［9］是以圣人为而不恃，功成而不处，其不欲见贤：见，显现。《庄子·齐物论》说：“圣人不从事于务，不就利，不违害，不喜求，不缘道；无谓有谓，有谓无谓，而游乎尘垢之外。”

【白话大意】古时善于为道之人，精微深奥而通达，轻易不为人所识。他们出行不留痕迹，他们说话不会有纰漏，他们计数不需算筹，他们锁门不用栓梢也无法打开，他们打结没有绳扣也不会被解开。因为无迹可寻，故不为人所识，所以只能勉强进行描述。迟疑谨慎像是冬天走在冰川，警惕戒备像畏惧四周的强邻，庄严谨慎像在主人家做客。舒缓消融像是冰凌将要融化，朴实敦厚像是未经雕琢的素材。空豁无底像深深的山谷，浑朴得就像江河一样混浊。水波纡缓像海洋一样流淌，徐徐飘过像清风一样没有止境。信不信都由你，他们悠然自处，很少言语。直到为道功成，百姓都说我依然是原来的样子。 由此可知，圣人有所为也不会自恃其能，功成而不自居，他们不愿显露自己的贤能。

【原文】知者不言，言者不知。吾言甚易知，甚易行。天下莫（无人）能知，莫能行[1]。言有宗（出处），事有君（根据）[2]。夫唯无知，是以不我知[3]。知我者希，则（学习）我者贵（难得）。不言之教，无为之益，天下希及（达到）之[4]。

【注解】

［1］吾言甚易知，甚易行。天下莫能知，莫能行：有真知的不会轻易述说，有些说出来的却不是真知。我与此相反，我所说的很容易就可以明了，也很容易践行。但《妙法莲华经》说：“止止不须说，我妙法难思；诸增上慢者，闻必不敬信。”故莫能知，莫能行也。

《庄子·天道》说："世之所贵道者书也，书不过语，语有贵也。语之所贵者意也，意有所随。意之所随者，不可言传也，而世因贵言传书。世虽贵之，我犹不足贵也，为其贵非其贵也。故视而可见者，形与色也；听而可闻者，名与声也。悲夫，世人以形色名声为足以得彼之情！夫形色名声果不足以得彼之情，则知者不言，言者不知，而世岂识之哉！"

［2］言有宗，事有君：宗，源头。君，依据。圣人之言有源头有出处，更有事实根据，无妄语也。

［3］夫唯无知，是以不我知：不我知，不知我之意。道本无名故无可知之，世人无法理会我所说。

《论语·子罕》："吾有知乎哉？无知也。有鄙夫问于我，空空如也。我叩其两端而竭焉。"憨山注："然人之所以不能知者，因从来人人都在知见上用心。除却知字，便无下落。以我无知无识一着，极难凑泊，所以人不知我耳。故曰夫惟无知，是以不我知。"《宗镜录》说："斯乃内证之法，岂在文诠，知解莫穷，见闻不及。"

［4］知我者希，则我者贵。不言之教，无为之益，天下希及之：则，法则，以我为则。及，到达。则我者，执古之道以御今之有也。

《吕氏春秋·仲夏纪·侈乐》说："人莫不以其知知，而不知其所以知。知其所以知之谓知道，不知其所以知之谓弃宝。"这一篇内圣之道至此而结，守中内证之明，非是文字可以诠释，所谓道可道，非常道。《礼记·学记》说："虽有嘉肴，弗食，不知其旨也；虽有至道，弗学，不知其善也。"今人大多按西学之逻辑将老子归入哲学家的范畴，定义为思想家。将这部《老子》当成先秦时期的一种思想流派加以批判性的解读与扬弃，所谓"夫唯无知，是以不我知"。如此道是道，老子是老子，我还是我，故此天下希及之。《庄子·天道》说："斫轮，徐则甘而不固，疾则苦而不入。不徐不疾，得之于手而应于心，口不能言，有数存乎其间。臣不能以喻臣之子，臣之子亦不能受之于臣，是以行年七十而老斫轮。古之人与其不可传也死矣，然则君之所读者，古人之糟粕已夫！”

《庄子·大宗师》载：“南伯子葵曰：‘子独恶乎闻之?’曰：‘闻诸副墨之子，副墨之子闻诸洛诵之孙，洛诵之孙闻之瞻明，瞻明闻之聂许，聂许闻之需役，需役闻之于讴，于讴闻之玄冥，玄冥闻之参寥，参寥闻之疑始。’”

**【白话大意】**知道的人不会说，说的人不是真正知道。而我所说的很容易理解，也很容易执行。但没有谁能真正理解，也就没有人能践行。我的话都有出处，说的事都有依据。因为道常无名故无从知之，因此都说我不知道。理解我的人太少了，按我所说去做太珍贵了。无言之教授，无为之益处，天下很少有人做到啊！

# 下篇·德篇——外王之德

## 天下第十

### 第一节：玄德修身

【原文】道生（化生）一，道立于一。一生二，阴阳相对之类。二生三（人），三生万物（名有）。万物负（背负）阴而抱（怀抱）阳，冲气（激荡交融）以为和（调和、混合）[1]。道生之，德畜（蓄养）之，物形（赋形）之，器成（应用）之[2]。是以万物莫不尊道（以道为尊）而贵德。道之（所以）尊，德之贵，夫莫之命而常自然[3]。道生之，德畜之，长之、育之，亭（成就）之、毒（成熟）之，养之、覆（保护）之。天地相合，以降甘露，民莫之令而自均（雨露均沾）[4]。生之畜之，生而不有，长而不宰，是谓玄德[5]。修之于身，其德乃真（精而信）；修之于家，其德乃余；修之于乡，其德乃长（盛大）；修之于邦，其德乃丰（丰足）；修之于天下，其德乃普（普惠天下）[6]。故以身观身，以家观家，以乡观乡，以邦观邦，以天下观天下。吾何以知天下然哉？以此[7]。

【注解】

［1］道生一，一生二，二生三，三生万物。万物负阴而抱阳，冲气以为和：古人对“道”之生多用化生。所谓化生，《大乘义章》说：“言化生者，如诸天等，无所依托，无而忽起，名

曰化生。”《周易·咸》彖辞也说：“天地感而万物化生，圣人感人心而天下和平。观其所感，而天地万物之情可见矣。”所谓“感而遂通”，有所感而凭空忽起之生，此为“化生”。因其无所托，凭空而起，故所生之“有”皆不可常。因此道非常道，名亦非常，此其一。其二“道”是万有之宗，一二三及万物莫不载道而备德。《皇极经世·观物》说：“天由道而生，地由道而成，物由道而形。天地人物则异也，其于道一也。”所谓“朴散则为器”，散而万殊方有万物万有。然虽有万物之别，“道”始终为一，独立而不改。《正蒙》说：“造化所成，无一物相肖者，以是知万物虽多，其实一物；无无阴阳者，以是知天地变化，二端而已。”

历来对这一句的解读众说纷纭，各有侧重与依据。孰是孰非非有道者无法评判，笔者只基于《老子》文意谈谈自己粗浅的理解，聊供参照。首先，普遍认为这是对天地（万物）生成之论述，私以为此说不妥。本书以为现代所谓之生成论局限于物理、化学等物质性的变化，并不能诠释传统文化所谓“化生”的原理。《庄子·齐物论》说“六合之外，圣人存而不论”，老子也说“有物混成”者“先天地生”，所谓“无名，天地之始”者。由“无名”而“有名，万物之母”才产生了万物。粗看其所论近乎于认识论，但又并非物质性的被动认知。其中又含有人主观动能之用，《正蒙》“气本之虚则湛一无形，感而生则聚而有象”。具体为：初始，“道”无形故无物；其次，有感而生则有一；再其次，所生者聚而为象，有象则有物之形存焉。《正蒙》又说“心所以万殊者，感外物为不一也”，所谓“天地感而万物化生”。因此传统文化中的身在世界，它首先是“感”的心识所现，同时又是阴阳冲气的结果。故此是“心”“物”互动的一元世界，所谓“阴阳和合”。万物之生成与认知是同时完成的，即认知的过程亦是生成的完成。《正蒙》：“浮而上者阳之清，降而下者阴之浊。其感聚，为风雨，为雪霜，万品之流形，山川之融结，糟粕煨烬，无非教也。”

《淮南子·天文训》说："道始于一，一而不生，故分而为阴阳，阴阳合和而万物生。故曰：一生二，二生三，三生万物。"道立于一，所谓"一"是说唯有"道"之一物，大千万化莫不是"道"的呈现，舍"道"则真空无有，故曰"一"，言万有一体也。由道而一是有感认知的结果。

苏辙注："夫道非一非二，及其与物为偶，道一而物不一，故以一名道。"这样的理解是有误导的，所谓"及其与物为偶，道一而物不一"，似有将"道"与"物"并列之嫌，如同"道"之外尚有"物"在。"道"因其纯粹无偶，故为一，而非与"物"相较才为一。

一生二，《周易·系辞》说"一阴一阳谓之道"，既有一自然就有阴阳之不同。阴阳者深浅、上下、刚柔、动静等相对之态，此为二。二生三，三者乃阴阳和合之冲气所起之作用，由此而生成万物，故曰"万物负阴而抱阳，冲气以为和"。《列子·天瑞》说："一者，形变之始也。清轻者上为天，浊重者下为地，冲和气者为人；故天地含精，万物化生。"如若"冲气和者为人"是真，似二所生之三当为人。《文心雕龙·原道》也说："故两仪既生矣，惟人参之，性灵所钟，是谓三才。为五行之秀，实天地之心。""道"为大物，其未尝止歇而运化不止者，阴阳也。人参悟阴阳之变而知其德，辩其形，器用而成物。所谓"有名，万物之母"，使混成之物散殊为万物万有，故曰"实天地之心"。《素问·天元纪大论》如是描述这一散殊之机理："在天化气，在地成形，形气相感而化生万物矣。"也是说人感于天地阴阳二气而化生万物，《周易·系辞》："天地氤氲，万物化醇；男女构精，万物化生。"也许正是人的作用，如《正蒙》所说"感而生则聚而有象"，将混成一体之道分割成眼下之万物万有。《宗镜录》说："最初不觉，忽起动心。成业识之由，为觉明之咎。"觉明者，智也。因此圣人示以"道常无名""与物反矣"，使人脱离万物之束缚，返回有物混成之道，故曰"复归于朴"。《礼记·中庸》说："诚者物之始也，不诚无物。"《孟子·尽心》说："反身而诚，乐莫大焉。"诚于外，则物；诚于中，则明。所谓"虚空粉碎，大地平沉"。这些是隐含在各类文献中传统文化的学理线索，是一套可以自洽的完整体系。它基本解释了我们身在世界之由来，以及人生于天地间的意义与归宿。但其并不是纯粹物质性的，是需要身体力行去实证的心性体悟。所谓"执古之道以御今之有"，故此单纯理论或学识的积淀无法通透了悟，故而晦涩难明。"斯乃内证之法，岂在文荃"，《楞严经》说："聚缘内摇，趣外奔逸，昏扰扰相，以为心性。一迷为心，决定惑为色身之内。不知色身、外洎山河、虚空大地，咸是妙明真心中物！"

佚书《三五历纪》说："天地浑沌如鸡子，盘古生其中。万八千岁，天地开辟，阳清为天，阴浊为地。盘古在其中，一日九变，神于天，圣于地。"可道则非常道，因此圣人多用比拟手法来为描述它。例如因其大而无外又无名无别，故描述为"一"，《说文》"道立于一"。又因其惟恍惟惚却又周行不殆、幻化无端，故描述为"气"，《周易·系辞》"天地氤氲，万物化醇"。所谓"冲气以为和"，《说文》"冲，涌摇也"。阴代表背，阳代表腹，阴阳二气相交是为冲气，冲气则阴阳和合。《周易·系辞》说："是故刚柔相摩，八卦相荡，鼓之以雷霆，润之以风雨。日月运行，一寒一暑。乾道成男，坤道成女。"和者，不同之物交融成为一体也，三者融和万物，故曰三生万物。《庄子·田子方》说："至阴肃肃，至阳赫赫；肃肃出乎天，赫赫发乎地；两者交通成和而万物生焉。"朴散则为器，由此世间众器均是阴阳和合而成。正因为"冲气"之不断变幻运化，故"器"躲不开成、住、坏、空之循环。

《正蒙》说："气本之虚则湛无形，感而生则聚而有象。有象斯有对，对必反其为；有反斯有仇，仇必和而解。故爱恶之情同出于太虚，而卒归于物欲，倏而生，忽而成，不容有毫发之间，其神矣夫！"无形者道也，有象有对者，阴阳也。和而解者，冲气以为和也，万物万有之情由是而生焉。

［2］道生之，德畜之，物形之，器成之：《庄子·天下》说："泰初有无，无有无名；一之所起，有一而未形。物得以生，谓之德。"蓄，积蓄，养育，《庄子·天地》说："故形非道不生，生非德不明。"器，《周易·系辞》"形乃谓之器"，有物之形则成器，器是最终成品。苏辙注："道者万物之母，故生万物者道也。及其运而为德，牧养群众而不辞，故蓄万物者德也。然而道德则不能自形，因物而后形见；物则不能自成，远近相取，刚柔相交，积而为势，而后兴亡治乱之变成矣。"此处帛书本为"物形之，器成之"，但多本做"物形之，势成之"，这不符合传统文化之学理。所谓"形而上者谓之道，形而下者谓之器"，老子也说"朴散而为器"，"器"是"道"散殊后的成品，在学理上是一脉相承的。同时此句中"道""德""物"均做名词义，而"势"有动作义。

首句是在"道"的视角解说万物之有，这一句则讲万物自身如何自"道"化生而来。《管子·心术》："虚而无形谓之道，化育万物谓之德。"万物莫不由"道"，因此道无所不在。蓄养万物者为"德"，使其具备不同之特性，《正蒙》说："德者得也，凡有性质而可有者也。"其次道德具备即有可辨识之形态，称为"物"。有形而后名生，最后用之而成器。《礼记·中庸》说："曲能有诚，诚则形，形则著，著则明，明则动，动则变，变则化，唯天下至诚为能化。"

［3］夫莫之命而常自然：常自然者，非道之所令。"倏而生，忽而成"之自然而然，长而不宰。

［4］天地相合，以降甘露，民莫之令而自均：天地，形而下之阴阳，这一句由天道过渡到人道。甘露，甘美的露水，古人认为甘露降，是太平之瑞征。《过秦论》说："甘露既降，朱草萌芽。"天地相合，风调雨顺，万民雨露均沾。

［5］生之畜之，生而不有，长而不宰，是谓玄德：与天地不自生相应，是谓玄德。此句在德篇中承上启下，由道之论述

过渡至玄德。“道生之，德蓄之”，所谓的玄德必是以“道”为基础的“明白四达”之德，因其无知故“生而不有，长而不宰”。因此本书的顺序是先“道篇”再“德篇”，盖因“内圣”是“外王”之根基。

［6］修之于身，其德乃真；修之于家，其德乃余；修之于乡，其德乃长；修之于国，其德乃丰；修之于天下，其德乃普：《大学》说：“古之欲明明德于天下者，先治其国；欲治其国者，先齐其家；欲齐其家者，先修其身。”

［7］故以身观身，以家观家，以乡观乡，以国观国，以天下观天下。吾何以知天下然哉？以此：圣人修身为道而承袭本性之明，可以“不出户，知天下；不窥牖，见天道”，故通达天下之情。《大戴礼·易本命》曰：“夫易之生，人、禽、兽、万物昆虫各有以生。或奇或偶，或飞或行，而莫知其情。惟达道德者，能原本之矣。”《礼记·礼运》说“故人者，天地之心也”。

**【白话大意】**道化生而有一，一之相对则有二，二之间产生作用则为三，三者相生相化散为万有。万物背阴而向阳，阴阳鼓荡融和而生万物。道之化生，德之蓄养，物形由此而生，最后实用而成器物。因此万物以道为尊，以德为贵。道之尊崇，德之珍贵，无须发号施令，而是恒常自然而成。因此道生成，德蓄养，使它长大、使它养育，使它盛大、使它成熟，孕育它呵护它。天地阴阳相合，降下甘露。无须发令，却自然均泽万民。化生它蓄养它，生成而不占有，使它成长却不主宰，这就是玄德。修德治身，其德精纯；修德治家，其德盈余；修德治乡，其德盛大；修德治国，其德丰足；修德治天下，其德普惠四方。因此以自身可以观他人之身，以自家观万家，以自乡观他乡，以本国观他国，以己天下观他人之天下。我怎么知道天下的样子呢？因为我修德于身。

## 第二节：孔德从道

【原文】**孔**（大、美）**德之容**（举止、威仪），**惟**（仅）**道是从**（遵从）[1]。**居善地**（心地），**心善渊，与善仁，言善信，政善治，事善能，动善时**[2]。**以道莅**（管理）**天下**[3]，**其鬼**（万物之精灵者）**不神**（不显其神）[4]。**非其鬼不神，**（而是）**其神不伤人。非其神不伤人，圣人亦不伤人**[5]。**夫两不相伤，故德交归焉**（交汇顺于道）[6]。**万物归焉而不为主，可名为大**[7]。**执大象，天下往**（归附），**往而不害，安平泰**[8]。**子孙以祭祀不辍**（停止）[9]。

【注解】

[1] 孔德之容，惟道是从：孔德，道德高尚的人，因其大故美。德者道之用也，“道”是形而上之存在不可见，只有通过“德”来展现。

《孟子·尽心》：“动容周旋中礼者，盛德之至也。”

[2] 居善地，心善渊，与善仁，言善信，正善治，事善能，动善时：善，道之所行谓之善，也因此孔德之“善”行即是从道之义。苏辙注：“《易》说‘一阴一阳之谓道，继之者善也，成之者性也’。又曰‘天一生水’，盖道运而为善，犹气运而生水也。”

居善地，《论语·里仁》：“君子无终食之间违仁，造次必于是，颠沛必于是。”

心善渊，渊，深远之义。《庄子·在宥》说“其居也，渊而静”。

与善仁，与，相与、交往。《礼记·中庸》说“仁者人也，亲亲为人”。

言善信，言必行，行必果。《左传·僖七年》说“守命共时之谓信”。

政善治，政，本义匡正，处众人之事谓之政。《论语·颜渊》说："政者，正也。子帅以正，孰敢不正？"

事善能，《尚书·大禹谟》说"汝惟不矜，天下莫与汝争能"。

动善时，顺时而行。《礼记·中庸》说"君子之中庸也，君子而时中"。

苏辙注："避高趋下，未尝有所逆，善地也；空虚静默，深不可测，善渊也；利泽万物，施而不求报，善仁也；圆必旋，方必折，塞必止，决必流，善信也；冬凝春泮，涸溢不失节，善时也。"

［3］以道莅天下：莅，原义视察，这里有治理义。《庄子·在宥》说"故君子不得已而临莅天下"，《庄子·人间世》说："古之至人，先存诸己而后存诸人。所存于己者未定，何暇至于暴人之所行！"

［4］则其鬼不神也：鬼，《说文》说："人所归为鬼；从人，象鬼头；鬼阴气贼害。"传说中，鬼为人死后阴气之灵，多为害人、伤人的不祥物。这里引申为万物之精灵、鬼怪，《诗经·小雅·何人斯》"为鬼为蜮，则不可得"。

吴澄注："曰鬼曰神，皆天地之气，名二而实一也。"孔德之容从善如流，则万物之灵不再显现其神，《易·系辞》说"阴阳不测之谓神"。朱谦之注："圣人以道临天下，则公道昭明，人心纯正，善恶祸福，悉听于人；而妖诞之说，阴邪之气，举不得存乎其间，故其鬼不神。"《庄子·天道》说："其动也天，其静也地，一心定而王天下；其鬼不祟，其魂不疲，一心定而万物服。"

《韩非子·解老》："人处疾则贵医，有祸则畏鬼。圣人在上，则民少欲；民少欲，则血气治而举动理；举动理则少祸害。夫内无痤疽瘅痔之害，而外无刑罚法诛之祸者，其轻恬鬼也甚。故曰：'以道莅天下，其鬼不神。'"

［5］非其鬼不神，其神不伤人；非其神不伤人，圣人亦不

伤人：伤，损害，即“使人行妨”。《荀子·王霸》：“伤国者何也？”

不是万物之灵失去神通，而是它的神通不会损害人们行事，故此好像没有神通。同理，圣人更不会妨碍人们之日常。

王弼注：“物守自然，则神无所加。神无所加，则不知神之为神也。”《庄子·天地》说：“通于一而万事毕，无心得而鬼神服。”

[6] 夫两不相伤，故德交归焉：万物与圣人无心害人，故此德交归焉，交汇、归顺于道，故曰“孔德”。

《左传·僖公五年》也说“鬼神非人实亲，惟德是依”。

[7] 万物归焉而不为主，可名为大：万物皆归，有容而成其大。

《庄子·应帝王》中老聃曰：“明王之治，功盖天下而似不自己，化贷万物而民弗恃；有莫举名，使物自喜；立乎不测，而游于无有者也。”

[8] 执大象，天下往。往而不害，安平泰：大象，即大道。执，吴澄注“体之而不违”。安平泰，安宁平顺吉祥。

[9] 子孙以祭祀不辍：辍，停止。对于孔德之容，子孙后代祭祀祈福，或许国人祭祖的传统盖出于此。

《礼记·祭统》说：“贤者之祭也，必受其福。非世所谓福也。福者，备也，备者百顺之名也。无所不顺者谓之备，言内尽于己，而外顺于道也。忠臣以事其君，孝子以事其亲，其本一也。上则顺于鬼神，外则顺于君长，内则以孝于亲，如此之谓备。唯贤者能备，能备然后能祭。是故贤者之祭也，致其诚信与其忠敬，奉之以物，道之以礼，安之以乐，参之以时，明荐之而已矣，不求其为。此孝子之心也。”

**【白话大意】**孔德之人的行止，唯遵循于道。他们心地良善，心神沉静而宽广，以仁爱待人，言出必行，恪守信用。他们善于协调管理民众，尽己之能行事，又尊天时而动。因此有道者君临天下，万物之灵不再神通。并不是它们没有神通，而是它们的神通不会妨碍人之操行。不只万物如此，圣人更不会妨碍人。当他们都不再妨碍，德与道自然交汇融通。万物归附它而不干扰主宰，可称为大。执守大道，天下自会归附，归附而没有伤害，天下一片安宁太平吉祥的局面，子孙因此常年祭祀而不停。

## 第三节：上德无为

【原文】**上德不**（刻意而为）**德，是以有德；**性即德。**下德不失德**（保而不失），**是以无德**[1]。**上德无为而无以**（德而）**为**，自然而为。**下德为之而有以为**[2]刻意而为。**上仁为之而无以为**（无心而为），**上义为之而有以为**[3]。**上礼为之而莫之应**（响应），**则攘**（伸）**臂而扔**（拉近、约束）**之**[4]。**故失道而后德，失德而后仁；失仁而后义，失义而后礼**[5]。**夫礼者，忠信之薄**（少，不足），**而乱之首**（开端）[6]。**前识**（先知、筮占）**者，道之华**（浮华），**而愚之始**[7]。**故大道**（上德无为之道）**废**（废弃），**有**（出现）**仁义**（仁义之德）。**智慧**（前识）**出，有大伪**（刻意而为、虚假）。**六亲不和**（和睦），**有孝慈**（父慈子孝）。**邦家昏乱，有忠臣**[8]。**是以大丈夫处其厚**（笃厚），**不居其薄**（浅薄）；**处其实**（实际），**不居其华**（虚华）。**故去彼取此**[9]。

【注解】

[1]上德不德，是以有德；下德不失德，是以无德：上德，上等之德。不德，因为道常无为，故上德不德，所谓“明白四达，能无知乎”。上德德全无须刻意而自然和于德，《论语·为政》说“从心所欲不逾矩”。如同狐假虎威，虎不威而自威。狐不离虎，以其无威。故下德不失德，是以无德。

苏辙注：“圣人从心所欲不逾矩，非有意于德，而德自足。其下知德之贵，勉强以求不失，盖仅自完耳，而何德之有？”

《庄子·德充符》说："故圣人有所游，而知为孽，约为胶，德为接，工为商。圣人不谋，恶用知？不斫，恶用胶？无丧，恶用德？不货，恶用商？四者，天鬻也。"

［2］上德无为而无以为，下德为之而有以为：以，有心、故意，以德而为。上德本身即是德，故无德可为。下德之德是做作出来的，故有以为。

《韩非子·解老》："凡德者，以无为集，以无欲成，以不思安，以不用固。为之欲之，则德无舍；德无舍，则不全。用之思之，则不固；不固，则无功；无功，则生于德。德则无德，不德则有德。故曰：'上德不德，是以有德。'"

［3］上仁为之而无以为，上义为之而有以为：《孟子·公孙丑》说："恻隐之心，仁之端也。羞恶之心，义之端也。"恻隐之心人皆有之，故上仁为之性之使然而无以为。上义以羞恶之心而为，故有以为。《孟子·离娄》说："舜明于庶物，察于人伦，由仁义行，非行仁义也。"

《韩非子·解老》："义者，谓其宜也，宜而为之。故曰：'上义为之而有以为也。'"《庄子·天地》说："无为为之之谓天，无为言之之谓德，爱人利物之谓仁。"

［4］上礼为之而莫之应，则攘臂而扔之：莫之应，倒装原句是莫应之。应，响应。攘臂，伸出胳膊。扔之，用手强拽。

德基于道，仁生于心，故上者为之而无以为。而义与礼都是出于人为的规范，所谓克己复礼者，纵其上者亦有以为。《礼记·经解》说："夫礼禁乱之所由生，犹坊止水之所自来也。故以旧坊为无所用而坏之者，必有水败；以旧礼为无所用而去之者，必有乱患。"

［5］故失道而后德，失德而后仁，失仁而后义，失义而后礼：失道就用德规范行为，失德就以仁爱育人，失仁则仗义行事，到最后只能用礼仪约束。《论语·述而》："志于道，据于德，依于仁，游于艺。"在孔子的表述中仁也是居于道德之下，

所谓朝闻道，夕死可矣。《庄子·天道》说：“是故古之明大道者，先明天而道德次之，道德已明而仁义次之，仁义已明而分守次之。”在这一点上，儒道之学理是相通的。《礼记·礼运》说“礼义以为器具”，《礼记·大学》说：“物有本末，事有终始。知所先后，则近道矣。”《庄子·天运》说：“夫孝悌仁义，忠信贞廉，此皆自勉以役其德者也，不足多也。”

《反经》说“仁者，所以博施于物，亦所以生偏私”，“义者，所以立节行，亦所以成华伪”，“礼者，所以行谨敬，亦所以生惰慢”。

［6］夫礼者，忠信之薄，而乱之首：忠信不足的时候只好以礼来规范，也就离乱世不远，比如春秋尚礼。

但应知礼的流弊在人而非“礼”之过。《礼记·经解》说：“故昏姻之礼废，则夫妇之道苦，而淫辟之罪多矣。乡饮酒之礼废，则长幼之序失，而争斗之狱繁矣。丧祭之礼废，则臣子之恩薄，而倍死忘生者众矣。聘觐之礼废，则君臣之位失，诸侯之行恶，而倍畔侵陵之败起矣。故礼之教化也微，其止邪也于未形，使人日徙善远罪而不自知也，是以先王隆之也。《易》曰：‘君子慎始，差若毫厘，谬以千里。’此之謂也。”

［7］前识者，道之华，而愚之始：《礼记·中庸》说“至诚之道，可以前知”，前识亦前知，预知之类，占算之属。《韩非子·解老》“前识者，无缘而妄意度也”。华，美丽而有光彩曰华，华则易逝。道之华，道朴本无华，因此华是虚华不实的，故此曰愚之始。

《论语·子路》说：“子曰：‘南人有言曰：‘人而无恒，不可以作巫医。’善夫！’‘不恒其德，或承之羞。’子曰：‘不占而已矣。’”恒者，道之常也。故《荀子·大略》言：“善为《诗》者不说，善为《易》者不占，善为《礼》者不相，其心同也。”

［8］故大道废，有仁义。智慧出，有大伪。六亲不和，有孝慈。邦家昏乱，有忠臣：孝慈的代表是舜，其家不合。岳飞

是忠臣的表率，南宋混乱。

奚侗注：“六亲和顺，则孝慈之名不立；言孝慈，六亲已不和矣。国家治平，则贞臣之行不彰；言贞臣，国家已混乱矣。”《庄子·马蹄》说：“故纯朴不残，孰为牺尊！白玉不毁，孰为珪璋！道德不废，安取仁义！性情不离，安用礼乐！五色不乱，孰为文采！五声不乱，孰应六律！夫残朴以为器，工匠之罪也；毁道德以为仁义，圣人之过也！”但是反过来看,《孟子·离娄》说：“天子不仁，不保四海；诸侯不仁，不保社稷；卿大夫不仁，不保宗庙；士庶人不仁，不保四体。言必死亡。今恶死而乐不仁，是犹恶醉而强酒。”对于向善的小民来说，踏踏实实的自仁义而行是一种很现实的途径。老子也言，有之以为利，无之以为用。道本无形，所谓深不可识。而仁义礼仪则是道之用，是有之之利。更是学人进道的有效途径，所谓“依于仁，游于艺”。《周易·说卦》说：“是以立天之道曰阴与阳，立地之道曰柔与刚，立人之道曰仁与义。”《庄子·骈拇》说：“余愧乎道德，是以上不敢为仁义之操，而下不敢为淫僻之行也。”

［9］是以大丈夫处其厚，不居其薄；处其实，不居其华。故去彼取此：厚、实互文，指道之用。薄、华互文，指仁、义、礼。“孔德之容，惟道是从”，大丈夫即孔德之容，修者应以合道为唯一的准则，而不应该降低层次居处于华薄之所，故去彼取此。

王弼注：“仁义，母之所生，非可以为母；形器，匠之所成，非可以为匠也。舍其母而用其子，弃其本而适其末。名则有所分，形则有所止。虽极其大，必有不周。虽盛其美，必有忧患。功在为之，岂足处也。”《礼记·曲礼》说：“修身践言，谓之善行；行修言道，礼之质也。”所谓仁义理智信之类的善行，其本质是为道修身的途径。

《庄子·天地》说：“至德之世，不尚贤，不使能；上如标枝，民如野鹿；端正而不知以为义，相爱而不知以为仁，实而不知以为忠，当而不知以为信，蠢动而相使，不以为赐。是故行而无迹，事而无传。”

【白话大意】上德之人不刻意为德，因此德全。下德之人勤行而不失，因此无德。上德之人无为是无为而为，下德之人修德是有为而为之。上仁之人为仁是无意而为，上义之人为义是刻意而为之。尚礼之人为礼却没人响应，只好伸出胳臂强行约束。因此失道而后求德，失德后求仁，失仁后求义，失义后求礼。礼的推行是因为忠信不足，所以是混乱的开始。那些占卜先知，只是道之虚华，是愚蠢的标志。故此说大道荒废才会有仁义的教化，智慧出现就有虚伪狡诈。家庭不睦才凸显孝慈之可贵，国家混乱才有忠臣力挽狂澜。因此大丈夫应立身笃厚而不为浅薄，要处其实而不居其虚。故去彼取此。

## 圣人第十一

### 第一节：善下无私

**【原文】朴散则为器，圣人用之**（朴之德）**则为官长**（器物之长）[1]**。江海之所以能为百谷王者，以其善下**（处百谷之下）**之，故能为百谷王**（归而为王）[2]**。是以圣人欲上**（领导）**民，必以言下**（谦下）**之。欲先**（表率）**民，必以身后之**[3]**。是以圣人后**（舍）**其身而身先，外**（弃）**其身而身存。非以其无私**（自身）**耶？故能成其私**（自己）[4]**。是以圣人处上而民不重**（累赘）**，处前而民不害，是以天下乐推**（推崇）**而不厌**（排斥）[5]**。无狎**（轻视）**其所居**（安居）**，无厌**（压迫）**其所生**（生计）**。夫唯不厌**（压迫）**，是以不厌**（排斥）[6]**。是以圣人自知不自见，自爱不自贵。故去彼取此**[7]**。**

【注解】

［1］朴散则为器，圣人用之则为官长：“道生一，一生二，二生三”，由一散而为万殊。器，《说文》说：“象器之口，犬所以守之。”形而上曰道，形而下为器，器为道之用（器成之）。官，亦器也，如五官之官。后文所谓“故能成器长”，《资治通鉴·晋惠帝元康七年》说：“阴阳恃以化生，贤者恃以成德。”

［2］江海所以能为百谷王者，以其善下之，故能为百谷王：百谷王，百谷所归附，故为王。善下者，处百谷之下。朱谦之注：“‘王’，往也。‘百谷王’，谓为百川之所归往，故能为百谷长也。”

《荀子·宥坐》曰：“夫水，大遍与诸生而无为也，似德。其流也埤下，裾拘必循其理，似义。其洸洸乎不淈尽，似道。若有决行之，其应佚若声响，其赴百仞之谷不惧，似勇。主量必平，似法。盈不求概，似正。淖约微达，似察。以出以入，以就鲜洁，似善化。其万折也必东，似志。是故君子见大水必观焉。”

［3］是以圣人欲上民，必以言下之；欲先民，必以身后之：上、下、先、后均用作动词，上民，处民之上，领导人民。先民，处民之先，表率。

《尚书·五子之歌》说：“皇祖有训，民可近，不可下，民惟邦本，本固邦宁。”憨山注：“言者，心之声也。……圣人虚心应物，而不见其尊，故凡出言必谦下。”

［4］是以圣人后其身而身先，外其身而身存，非以其无私邪，故能成其私：后与外，使动用法，将身置于外（后）。在利益面前圣人将自己放在后面反倒可以占先，在危险前将自身安危置之度外反而可以保全自己。私，谦辞，自身之意，如私下。

难道不是因为他不为自己考量，故此成就他自己？此前后相随，高下相倾之用也。憨山注：“且世人营营为一身之谋，欲作千秋之计者，身死而名灭。是虽私，不能成其私，何长久之有。”

［5］是以圣人处上而民不重，处前而民不害，是以天下乐推而不厌：不重，不以为重。不害，不以为害。推，拥戴、推崇。厌，排斥，压迫。圣人如江海处百姓之下，居民众之后，故天下乐归之，故为官长。《孟子·离娄下》：“仁者爱人，有礼者敬人。爱人者，人恒爱之；敬人者，人恒敬之。”

［6］无狎其所居，无厌其所生。夫唯不厌，是以不厌：狎，轻视，不看重。居，安居，代指生活。《论语·为政》：“为政以德，譬如北辰，居其所而众星共之。”

［7］是以圣人自知不自见，自爱不自贵。故去彼取此：自知其圣而处下是谓不自见，自爱其身而居后是谓不自贵。

憨山注：“故圣人自知尊性，而不见生之可养。自爱遗形，而不见身之可贵。”

**【白话大意】**朴散而万有，圣人持德而行，自然是器物之长。江海所以能成为百谷之王，是因为总是处在百谷之下，因此成为百谷王。因此圣人要想领导民众，必谦下处之。要想成为民众表率，必要把自身利益放在民众之后。因此圣人不为利益争先反倒可以占先；在危险面前将自身安危置之度外反而可以保全自己。难道不是因为不为自己着想，反倒成全了他自身吗？因此圣人居于上位民众不会有负担，统帅民众也不会被伤害。因此天下乐于拥戴而不会排斥。不轻贱人民的生活，不压迫他们的生计；因为不压迫小民的生活，因此不会被排斥。因此圣人自知而不自视高明，爱惜自己却不以己为贵，因此要去彼取此。

## 第二节：抱德炀和

**【原文】**圣人无常（不变）心，上德无为故无常心。以百姓心为心[1]。善者，吾善之；不善者，吾亦善之，德善（扬善之德）。**信**（诚信）**者，吾信**（信任）**之；不信者，吾亦信之，德信**[2]。**圣人在天下，歙歙**（谦逊）**焉，为天下浑**（同心）**其心。百姓皆注其耳目，圣人皆孩之**（迁就对待）[3]。**其政闷闷**（宽容），**其民淳淳**（淳朴）；**其政察察**（严苛），**其民缺缺**（狡诈）[4]。**是以圣人方**（公正）**而不割**（割伤），**廉**（锐利）**而不刿**（伤人），**直**（直率）**而不肆**（放肆），**光**（明亮）**而不耀**（伤眼）[5]。**故不可得而**（不刻意而）**亲，亦不可得而疏，不可得而利，不可得而害，不可得而贵，不可得而贱，故为天下贵**（归）[6]。

**【注解】**

［1］圣人无常心，以百姓心为心：《周易·乾》文言曰："知进退存亡而不失其正者，其惟圣人乎！"圣人无为故无常心，为天下浑其心而已。《礼记·中庸》曰："舜其大知也与！舜好问而好察迩言，隐恶而扬善，执其两端，用其中于民，其斯以为舜乎！"上德无以为故无己之见，以百姓心为心，能体贴百姓的疾苦。程颢《定性书》说："夫天地之常，以其心普万物而无心；圣人之常，以其情顺万物而无情。故君子之学，莫若廓然而大公，物来而顺应。"《孟子·梁惠王》曰："老吾老，以及人之老；幼吾幼，以及人之幼。天下可运于掌。"

［2］善者，吾善之；不善者，吾亦善之，德善。信者，吾信之；不信者，吾亦信之，德信：圣人以百姓心为心，故此无论其善与不善，信与不信，都善待他、信任他，以己之善而扬百姓之善。德善，扬善之德；德信，守信之德。

《孟子·万章》说："奚而不知也？象忧亦忧，象喜亦喜。"象为舜之弟，因嫉能而欲杀舜，而舜明知其心有不轨，但亦言谈如常，与其同忧同喜。发其善而隐其恶，此舜之德善与德信。

《孟子·公孙丑》说："子路，人告之以有过，则喜。禹闻善言，则拜。大舜有大焉，善与人同。舍己从人，乐取于人以为善。自耕稼、陶、渔以至为帝，无非取于人者。取诸人以为善，是与人为善者也，故君子莫大乎与人为善。”

《庄子·人间世》中蘧伯玉曰：“善哉问乎！戒之，慎之，正女身也哉！形莫若就，心莫若和。虽然，之二者有患。就不欲入，和不欲出。形就而入，且为颠为灭，为崩为蹶。心和而出，且为声为名，为妖为孽。彼且为婴儿，亦与之为婴儿；彼且为无町畦，亦与之为无町畦；彼且为无崖，亦与之为无崖。达之，入于无疵。”形就、心和、无町畦、无崖，圣人之善也。

［3］圣人在天下，歙歙焉，为天下浑其心。百姓皆注其耳目，圣人皆孩之：歙歙焉，合上，收敛的样子。浑，通混，混同无异。

圣人在天下，收敛他高尚之德。与天下混同一心，即以百姓心为心与民玄同也。《论语·子路》说“君子和而不同，小人同而不和”。百姓言行都注入他的耳目，不论好坏他都以善、信对待，如同迁就孩子一样的教化。苏辙注：“于善无所喜，于恶无所嫉，夫是以善者不矜，恶者不愠，释然皆化，而天下始定矣。”《庄子·让王》说：“昔者神农之有天下也，时祀尽敬而不祈喜；其于人也，忠信尽治而无求焉。乐与政为政，乐与治为治，不以人之坏自成也，不以人之卑自高也，不以遭时自利也。”

［4］其政闷闷，其民淳淳；其政察察，其民缺缺：闷闷，昏昏昧昧，宽容之义。淳淳，淳朴憨厚。察察，严密、苛刻。缺缺，市侩，狡诈。

《尚书·太甲》中伊尹申诰于王曰：“呜呼！惟天无亲，克敬惟亲。言天于人无有亲疏，惟亲能敬身者。民罔常怀，怀于有仁。民所归无常，以仁政为常。鬼神无常享，享于克诚。”

［5］是以圣人方而不割，廉而不刿，直而不肆，光而不耀：

方，刚正不阿。割，指割伤人。廉，锐利。刿，用刀尖刺伤。耀，照耀，光亮过分之义。不割、不刿、不肆、不耀，闷闷也；然必以方、廉、直、光为基，这是事物的一体两面不可分割。《庄子·应帝王》说："至人之用心若镜，不将不逆，应而不藏，故能胜物而不伤。"

［6］故不可得而亲，不可得而疏。不可得而利，不可得而害。不可得而贵，不可得而贱，故为天下贵：廉则疏，不刿则亲，圣人廉而不刿，但行己道，无所谓亲疏。亲疏、利害、贵贱，世人之小情绪，圣人玄同，体道自然，不刻意而为顺其亲疏贵贱而无常心。《孟子·告子》说："人之所贵者，非良贵也；赵孟之所贵，赵孟能贱之。"

苏辙注："体道者均覆万物，而孰为亲疏？等观逆顺，而孰为利害？不知荣辱，而孰为贵贱？情计之所不及，此所以为天下贵也。"《庄子·徐无鬼》说："故无所甚亲，无所甚疏，抱德炀和以顺天下，此谓真人。"

**【白话大意】**圣人无常心，以百姓之心为心。善良的人我善待它，不善良的人我也善待它，这是有德者之善。守信的人我信任它，不守信的人我也信任它，这是有德者之信。圣人在天下，收敛温顺，为天下而与百姓同心。百姓的一切都注入他的耳目，圣人像孩子一样迁就他们。他的治理越是宽容无为，子民就越会淳朴自然；越是严厉苛刻，子民则会狡诈市侩。因此圣人方正但不会伤害人，棱边锐利却不会刺伤人，直率而不放肆，光亮而不耀眼。因此不刻意求其亲近或是疏远，不刻意做获利或是伤害，不刻意做而高贵或是低贱，如此才为天下众望所归。

# 治邦第十二

## 第一节：无为而治

【原文】将欲取天下而为之，吾见其不得已。天下神（不可测故不可控）器，不可为也。为者败之，执者失之[1]。民之饥，以其上（君主）食税之多，与民争利者。是以饥[2]。民之难治，以其上之有为（妄为），是以难治[3]。天下多忌讳（禁忌），而民弥贫；民多利器（有才能的人），邦家滋（更加）昏；民多伎（机诈）巧（智巧），奇（邪辟）物滋起；法令滋彰（泛滥），盗贼多有[4]。其致（进一步）之也，谓天无以清，将恐（将要）裂（崩塌）。地无以宁，将恐废（荒废）[5]。神无以灵，将恐歇（退隐）。谷无以盈，将恐竭（枯竭）。侯王无以正，将恐蹶（颠覆）[6]。绝圣弃智，民利百倍；绝仁弃义，民复孝慈；绝巧弃利，盗贼无有[7]。鱼不可脱于渊，邦之利器（可欲者）不可以示人[8]。太上（最佳的君主），下知有之；其次（次一等的），亲而誉（亲近、赞誉）之；其次，畏（畏惧）之；其次，侮（轻慢）之[9]。是以圣人无为故无败，无执故无失[10]。

【注解】

［1］将欲取天下而为之，吾见其不得已。天下神器，不可为也，为者败之，执者失之：取，本义右手，引申为用手去拿。取与为，是两个动做。不得已，得不到（治理）。

前文言“朴散而为器”，故器为“道”之用。因此天下这个神圣的存在，只可依道而行，不可以人意而妄为。《汉书》说：“神器有命，不可以智力求也。”憨山注：“故如强秦力能并吞六国，混一天下，是为之也。且誓云一世以至万世，是执之也。故不旋踵而败，二世而亡，岂非为者败之，执者失之之验欤。”

《淮南子·原道训》说：“是故天下之事，不可为也，因其自然而推之；万物之变，不可究也，秉其要归之趣。夫镜水之与形接也，不设智故，而方圆曲直弗能逃也。”

［2］民之饥，以其上食税之多，是以饥：饥，饿，引申为贫苦。食，饮食起居；税，税赋。

《礼记·檀弓》说“苛政猛于虎”。《孟子·离娄》说：“故为渊驱鱼者，獭也；为丛驱爵者，鹯也；为汤武驱民者，桀与纣也。”

［3］民之难治，以其上之有为，是以难治：所谓上有政策下有对策，《孟子·滕文公》说“上有所好，下必甚焉”。《墨子·兼爱》载：“昔者楚灵王好士细腰，故灵王之臣皆以一饭为节，胁息然后带，扶墙然后起。比期年，朝有黧黑之色。”苏辙注：“上以有为导民，民亦以有为应之，故事多而难治。上以利欲先民，民亦争厚其生。”《论语·卫灵公》曰：“无为而治者，其舜也与？夫何为哉？恭己正南面而已矣。”

［4］天下多忌讳，而民弥贫；民多利器，国家滋昏；人多伎巧，奇物滋起；法令滋彰，盗贼多有：忌讳，禁令，王弼注“所畏为忌，所隐为讳”。滋，本义茂盛，做更加意。伎巧，技巧、智巧。奇物，不正的东西，所谓奇技淫巧。憨山注：“贤者，国之利器也。今国无道，贤者在野，是利器在民不在朝，所以国家滋昏。”

由“上之有为”而天下弥乱，《庄子·胠箧》说：“上诚好知而无道，则天下大乱矣。何以知其然邪？夫弓弩毕弋机变之知多，则鸟乱于上矣；钩饵罔罟罾笱之知多，则鱼乱于水矣；削格罗落罝罘之知多，则兽乱于泽矣；知诈渐毒颉滑坚白解垢同异之变多，则俗惑于辩矣。”

［5］其致之也，谓天无以清将恐裂，地无以宁将恐废：致，

送而必至其处曰致。即上之有为发展到极致，则天无以清，将恐裂。无以，没有凭借之义。将恐裂，恐将裂的倒装，下同。天不能清明，恐怕将要破裂。废，陷塌、荒废。

［6］神无以灵将恐歇，谷无以盈将恐竭，侯王无以正将恐蹶：歇，消失、隐退。竭，尽、干枯。蹶，跌倒，引申为挫折、失败，侯王失败就是亡国。《庄子·胠箧》所谓："故上悖日月之明，下烁山川之精，中堕四时之施，惴耎之虫，肖翘之物，莫不失其性。"

［7］绝圣弃智，民利百倍；绝仁弃义，民复孝慈；绝巧弃利，盗贼无有：苏辙注："然世之人不足以知圣智之本而见其末，以为巧胜物者也，于是驰骋于其末流，而民始不胜其害矣。"《礼记·缁衣》曰："民以君为心，君以民为体。心庄则体舒，心肃则容敬。心好之，身必安之；君好之，民必欲之。心以体全，亦以体伤；君以民存，亦以民亡。"

《庄子·胠箧》说："故绝圣弃知，大盗乃止；擿玉毁珠，小盗不起；焚符破玺，而民朴鄙；掊斗折衡，而民不争；殚残天下之圣法，而民始可与论议。擢乱六律，铄绝竽瑟，塞瞽旷之耳，而天下始人含其聪矣；灭文章，散五采，胶离朱之目，而天下始人含其明矣；毁绝钩绳而弃规矩，攦工倕之指，而天下始人含其巧矣。故曰：'大巧若拙。'削曾史之行，钳杨墨之口，攘弃仁义，而天下之德始玄同矣。"

［8］鱼不可脱于渊，邦之利器不可以示人：利器，指国家的贤能之才。不可示人者，不见可欲也。《庄子·胠箧》说："故曰：'鱼不可脱于渊，国之利器不可以示人。'彼圣人者，天下之利器也，非所以明天下也。故绝圣弃知，大盗乃止。"又云："故天下每每大乱，罪在于好知。"此句将邦之利器比作鱼，将国家比作渊。鱼儿离开水，则被世人所烹食。国之利器展示给他人，则下德、上义等为之而乱其国。《孟子·尽心》曰："非之无举也，刺之无刺也；同乎流俗，合乎污世；居之似忠信，行

之似廉洁；众皆悦之，自以为是，而不可与入尧舜之道，故曰德之贼也。孔子曰：‘恶似而非者：恶莠，恐其乱苗也；恶佞，恐其乱义也；恶利口，恐其乱信也；恶郑声，恐其乱乐也；恶紫，恐其乱朱也；恶乡原，恐其乱德也。’君子反经而已矣。经正，则庶民兴；庶民兴，斯无邪慝矣。”

[9] 太上，下知有之；其次，亲而誉之；其次畏之，其次侮之：邦之利器不会轻易示人，故唯知有之。朱谦之注：“郑注‘太上，帝皇之世，其民施而不惟报’。老子所云，正指太古至治之极，以道在宥天下，而未尝治之，民相忘于无为，不知有其上也。”《尚书·商书》说“民罔常怀，怀于有仁”。《庄子·天地》说：“天地虽大，其化均也；万物虽多，其治一也；人卒虽众，其主君也。君原于德而成于天，故曰，玄古之君天下，无为也，天德而已矣。”

[10] 是以圣人无为，故无败，无执故无失：《庄子·天道》说：“知谋不用，必归其天，此之谓太平，治之至也。”

**【白话大意】**想要获取天下并有所作为，我看不会成功。天下多么神圣，怎能妄为又如何执有。妄为的终将失败，执有的人早晚会失去。民众之贫瘠，是因为君主苛捐杂税太多，因此贫瘠。民众难以治理，是因为统治阶层胡乱妄为，因此难治。天下的忌讳越多，百姓就越贫困。贤良埋没在民间，国家就会昏乱。人们多用机诈智巧，奇异之物必将流行。法令越多，盗贼越多。这样的状况发展下去，天不再清明就会崩裂，大地失去安宁就会荒废，神不再灵通就会归隐，谷不再盈满就会枯竭，侯王不在正途恐怕会被颠覆。杜绝圣贤和聪明，人民会有百倍利益；放弃仁义教化，人民自会孝慈；断绝技巧和贪利，自然没有盗贼。鱼儿不可以离开深渊，国家的利器不要轻易外露。故此，最好的统治者，人民只是知道他的存在；其次，人民亲近他赞誉他；下一等的，人民畏惧他；再其次的，人民羞辱轻慢他。因此圣人无为，所以没有失败；不执有，所以不会失去。

## 第二节：小邦图存

【原文】小邦寡民，使（假设）有什伯（众多）之器而不用[1]，使民重（看重）死而不远徙（迁徙）。虽有舟舆（车、船），无所（人）乘之。虽有甲兵，无所（战事）陈之[2]。使民复结绳而用之，甘其食，美其服。安其居，乐其俗[3]。邻国相望，鸡犬之声相闻。民至老死，不相往来[4]。夫唯不争，故无尤[5]。

【注解】

［1］小邦寡民，使有什伯之器而不用，使民重死而不远徙：邦国小，人也少。什伯，数量词，指超过十倍、百倍。什伯之器，意指器物很多。重死，怕死之意。

憨山注："纵使有兼十夫百夫之材者，亦无所用之，以民淳而无事故也。"《文子·符言》说："天下虽大，好用兵者亡；国家虽安，好战者危。故小国寡民，虽有什伯之器而勿用。"

［2］虽有舟舆，无所乘之，虽有甲兵，无所陈之：憨山注"不尚争，故虽有甲兵无所陈"。

［3］使人复结绳而用之，甘其食，美其服，安其居，乐其俗：结绳而用之，结绳记事，形容其原始。甘其食，以其食为甘，下同。

憨山注："民各自足其足，绝无外慕之心。不事口体，故以寻常衣食为甘美，以平居里俗为安乐。"

［4］邻国相望，鸡犬之声相闻，民至老死，不相往来：邻国相望，鸡犬相闻，都指相互距离很近。

憨山注："至近之地，民至老死而不相往来。如此，则淳朴之至。"

［5］夫唯不争，故无尤：小邦寡民，以其所有为乐，淳朴无争，故无尤。

《周易·系辞》说"乐天知命，故不忧。安土敦乎仁，故能爱”。

《黄帝内经·上古天真论》说：“夫上古圣人之教下也，皆谓之……故美其食，任其服，乐其俗，高下不相慕，其民故曰朴……所以能年皆度百岁而动作不衰者，以其德全不危也。”在列强林立的春秋时期，人少地稀之邦，唯有淡然自处与世无争才是安民图存之道。《孟子·梁惠王》载：“滕文公问曰：‘滕，小国也。竭力以事大国，则不得免焉。如之何则可？’孟子对曰：‘昔者大王居邠，狄人侵之。事之以皮币，不得免焉；事之以犬马，不得免焉；事之以珠玉，不得免焉。乃属其耆老而告之曰：“狄人之所欲者，吾土地也。吾闻之也，君子不以其所以养人者害人。二三子何患乎无君？我将去之。”去邠，逾梁山，邑于岐山之下居焉。邠人曰：“仁人也，不可失也。”从之者如归市。或曰：“世守也，非身之所能为也，效死勿去。”君请择于斯二者。’”

**【白话大意】**国家小，人也少，假设有很多器物却不去使用，纵使惧怕死亡也不到远方迁徙。虽然有车船，却没人去乘坐；虽然有军队，却没地方驻扎。假如让民众回归结绳记事的状态，以自己的食物为美味，以自己的衣服为华丽，以自己的居所为安乐，以自己的风俗为美好。国家之间相近可以互相看到，鸡犬之声可以相互听到，民众到老死也不互相往来。因为不与他人相争，因此不会有忧患。

## 第三节：大邦微明

**【原文】治大邦，若烹**（烹调）**小鲜**（鱼虾）[1]**。见小**（细节、隐微）**曰明**（明智），**守柔**（顺势、柔弱）**曰强**（有效）[2]**。其安易持**（把握），**其未兆易谋**（规划）。（反之）**其脆易泮**（散碎），**其微**（衰败）**易散**（散烂）[3]。（故）**为**（处置）**之于其未有，治**（应对）**之于其未乱，是谓微明**[4]。（是以）图难于其易，为大于其细；以其终不自为大，故能成其大[5]。

【注解】

［1］治大邦，若烹小鲜：小鲜，小鱼小虾之类。憨山注："烹小鲜，则不可挠。挠，则靡烂而不全矣。"

［2］见小曰明，守柔曰强：有烹饪经验的应知炒制此类小鲜，处理细微处的变化是成败之诀窍。而搅动时必须柔顺，力道不对则会散碎。因此治大邦明察细节最明智，守柔顺势最有效用。

憨山注："是皆不能戒谨于隐微之间，而忽于欲机之兆，非为明也。孔子曰，知机其神乎。故曰见小曰明。"

［3］其安易持，其未兆易谋。其脆易泮，其微易散：安，安稳、和谐。持，维持，把握。未兆，没有征兆时。谋，图谋、策划。

脆，脆弱，火大易脆。泮，分解、散碎。微，衰败，过火易微。散，烂也。

［4］为之于未有，治之于未乱，是谓微明：未有，还没有（征兆），《礼记·中庸》说"凡事豫则立，不豫则废"。微明，征兆很微妙，效用却很明显，《韩非子·喻老》说："起事于无形，而要大功于天下。"

憨山注："天时人事，物理自然。第人所遇而不测识，故曰微明。"苏辙注："方其未有，持而谋之足矣；及其将然，非泮而散之不去也。然犹愈于既成也，故为之于未有者上也，治之于未乱者次也，治乱祸福之末。皆知彼三者，积小成大。"

［5］图难于其易，为大于其细；以其终不自为大，故能成其大：不自为大，不妄自尊大，亦是不争之意，所谓"不自矜故长"。

【白话大意】治理大国，如同烹饪小鱼小虾。见到细微的方面最明智，持守柔弱的方法最强。安定的状态易于把握，没有出现变化苗头时容易谋划；相反脆弱时容易粉碎，衰败了就会散烂。所以应在未出现征兆时就开始处置，在未乱时就开始应对。这是微妙却明确的。解决难题要从容易的地方入手，做大事要从细节开始。因为它始终不自以为大，因此能成就它的强大。

## 第四节：邦交以静

【原文】**大邦者下流，**江海川谷之下流。**天下之交**（交汇），**天下之牝**（溪谷）**也。牝常以静**（不挑起事端）**胜牡，以静为下**[1]**。故大邦以下小邦，则取**（取信于）**小邦；小邦以下大邦，则取大邦**[2]**。故或下以**（用以）**取，或下而**（顺势）**取。大邦不过欲兼畜人**（兼地、蓄人），**小邦不过欲入事人**（靠山）[3]**。夫两者各得其所欲，大者宜为下。以其不争，故天下莫能与之争**[4]**。躁**（热）**胜寒，静胜热，清静为天下正**[5]**。**

【注解】

［1］大邦者下流，天下之交，天下之牝。牝常以静胜牡，以静为下：大邦者下流，比喻句，处于下流才会天下交之。

牝，指为溪谷，天下所归也，《淮南子·墬形训》说“丘陵为牡，溪谷为牝”。静，无事为静。“清静为天下正”，大邦如同江海居于众流之下，天下均守之，均归之。

［2］故大邦以下小邦，则取小邦；小邦以下大邦，则取大邦：下，谦下，屈己就人。取，取信、接受。大国不以大自居而迁就小国，小国自知其小而顺从大国，因此各得其所，相安无事。

［3］故或下以取，或下而取。大国不过欲兼畜人，小国不过欲入事人：下以取，大邦本为上，因此处下以便于取得。下而取，小邦本处下，故顺势而取之。

兼畜人，大国的目的是同时占有更多土地、人口。入事人，小国的目的是侍奉大国以保平安。

［4］夫两者各得其所欲，大者宜为下。以其不争，故天下莫能与之争：大者宜为下，大者更强，故先下以示其诚。

《礼记·中庸》说："柔远人则四方归之，怀诸侯则天下畏之。"王弼注："小国修下，自全而已，不能令天下归之。大国修下，则天下归之。故曰'各得其所欲，则大者宜为下也'。"《孟子·梁惠王》载："齐宣王问曰：'交邻国有道乎？'孟子对曰：'有。惟仁者为能以大事小，是故汤事葛，文王事昆夷；惟智者为能以小事大，故大王事獯鬻，勾践事吴。以大事小者，乐天者也；以小事大者，畏天者也。乐天者保天下，畏天者保其国。《诗》云：畏天之威，于时保之。'"

［5］躁胜寒，静胜热，清静为天下正：清静胜于燥热，清净无为才是天下的正途。

【白话大意】大国居于下游，好似天下的溪谷，应是万邦交汇之处。雌柔总是以虚静战胜雄强，因为虚静而甘处于下。因此大国以谦让的态度对待小国，就会使小国归顺。小国对大国谦卑就会获得大国的庇护。因此或是处下以便取得，或是处下自然取得。大国不过是想聚养小国，小国不过想侍奉大国。两者都达到目的，大国应更加谦下。因为它不与小国争利，故此天下没有谁跟它相争。燥热胜于寒冻，清静胜于燥热，清净无为才是天下的正途。

## 用兵第十三

### 第一节：果而勿强

【原文】夫兵者，不祥（善、福）之器，非君子之器。不得已而用之，恬淡（不争）为上[1]。君子居则贵左，用兵则贵右。是以吉（吉庆）事尚（以……为上）左，凶事（凶丧）尚

**右**[2]**。言以丧礼居之。杀人之众，以悲哀泣之。战胜，以丧礼处之**[3]**。善者果**（效果）**而已**（停止）**，不以**（依靠）**取强。果而勿矜**（恃强）**，果而勿伐**（炫耀）**，果而勿骄**（骄纵）**，果而不得已**（迫于无奈）**，是谓果而勿强**[4]**。**

**【注解】**

[1] 夫兵者，不祥之器，非君子之器，不得已而用之，恬淡为上：兵，指与战争相关的一切。祥，善、有福。恬淡，恬静、淡薄、无贪欲心。憨山注："恬淡者，言其心和平，不以功利为美，而厌饱之意。"

[2] 君子居则贵左，用兵则贵右。是以吉事尚左，凶事尚右：古人谓左为阳右为阴，阳生而阴杀。《礼记·檀弓上》说："孔子与门人立，拱而尚右，二三子亦皆尚右。孔子曰：'二三子之嗜学也，我则有姊丧之故也。'二三子皆尚左。"

[3] 言以丧礼居之，杀人之众，以哀悲泣之。战胜，以丧礼处之：泣，悲哀而哭泣，有解应为莅。兵者不祥，不得已而为之，胜亦尸横遍野，败亦生灵涂炭，故以丧礼处之。《孟子·离娄》说："争地以战，杀人盈野；争城以战，杀人盈城。此所谓率土地而食人肉，罪不容于死。"

[4] 善者果而已，不以取强。果而勿矜，果而勿伐，果而勿骄，果而不得已，是谓果而勿强：果，效果、结局。用兵是政治之延伸，一旦达到预期效果即应休兵。故曰善者果而已，强兵焉有胜者。

《孙子兵法·谋攻》说："是故百战百胜，非善之善者也；不战而屈人之兵，善之善者也。"《左传·宣公十二年》中楚庄王曰："其为先君宫，告成事而已，武非吾功也。"此即"果而勿强"。

**【白话大意】**兵器战争，是不祥善的手段，非君子之所为。如果不得以使用，应以淡然平和的心态应对。君子日常以左为贵，用兵则以右为贵；因此吉庆以左为尚，凶残以右为尚。讨论战争时应以丧礼的仪式对待，杀人太多，要以悲哀心情悼念。胜敌，要用丧礼处置。高明的人，取得预期的效果即止，不会依靠武力逞强。即使有了战果也不要自恃强大，不可自夸，不得骄纵。取得战果只是不得已而为，这是说用兵切勿逞强。

## 第二节：守柔不争

【原文】天下莫柔弱于水，而攻坚强者莫之能胜（战胜），以其无以易（转换）之[1]。弱之胜强，柔之胜刚。天下莫不知，莫能行[2]。善为士者不武（武力），善战者不怒（意气用事），善胜敌者不与（争杀），善用人者为之下，是谓不争之德[3]。是以偏（副）将军居左，上将军居右，是谓用人[4]。物壮（强大）则老，谓之不道，不道早已。是以兵强则灭，木强则折（断）。故强大处下，柔弱处上，柔弱胜刚强[5]。

【注解】

［1］天下莫柔弱于水，而攻坚强者莫之能胜，以其无以易之：攻，攻击，进攻。莫之能胜，没有比它更胜任的。易，转换。无以易之，水为至柔，无法易为更柔，故只会向更强的方向发展。所谓难易相成，《孙子兵法·九地》说：“投之亡地然后存，陷之死地然后生。”

［2］弱之胜强，柔之胜刚，天下莫不知，莫能行：高以下为基，以其不争故无与其争者，则处下示弱立于不败之地。《正蒙》说：“胜兵之胜，胜在至柔，明屈伸之神尔。”

［3］善为士者不武，善战者不怒，善胜敌者不与，善用人者为之下，是谓不争之德：善于带兵的人不依靠武力，善于征战的人不会意气用事，善于胜敌的人不盲目拼杀，善于用人的人保持谦下，这是不争之德。不争即是守弱，以待胜强。

《孙子兵法·谋攻》说：“故善用兵者，屈人之兵而非战也，拔人之城而非攻也。”憨山注：“意谓武怒争三者，独兵事所必用。若用之而必死，故善者皆不用。何况常人，岂可恃之以为用耶！”

［4］是以偏将军居左，上将军居右，是谓用人：偏将军为副将，居于左侧上位，显示将军之谦下。

［5］是以兵强则灭，木强则折。强大处下，柔弱处上，柔弱胜刚强：灭，被动用法，被消灭。强大与柔弱可以互相转换，所谓高下之相倾也。

**【白话大意】**天下没有比水更柔弱的，但攻击坚强无往不胜，是因为它不可能更加柔弱。弱能胜强，柔能克刚，天下人没有不知道的，却很少有人能做到。善于带兵的人不依靠武力，善于征战的人不会意气用事，善于胜敌的人不盲目拼杀，善于用人的人保持谦下，这是不争之德。因此偏将军居上位，而将军则处下首，应如此用人。事物强壮就会变老，这是不合道的，不合道就会早死。因此军队强大就会被消灭，树木成材就会被折断。是以强大处于下位，柔弱处于上位，柔弱因此会战胜刚强。

## 第三节：奇正之变

**【原文】用兵有言：吾不敢为主**（主动、肇事）**而为客**（止战为客），**不敢进寸而退尺**[1]。**将欲歙**（收拢）**之，必姑**（姑且）**张**（扩张）**之。将欲弱之，必姑强之。将欲废**（除掉）**之，必姑兴**（兴盛）**之。将欲夺之，必姑与**（给予）**之**[2]。**是谓行无行，攘**（举手）**无臂，扔**（投掷）**无敌，执**（操、拿）**无兵**[3]。**祸莫大于轻敌，轻敌几丧吾宝。故抗兵相若，哀**（慈悯）**者胜矣**[4]。

**【注解】**

［1］用兵有言：吾不敢为主而为客，不敢进寸而退尺：为

主，肇事挑战者为主。为客，应敌者为客。进寸则争杀不止，《尚书·武成》说“攻于后以北，血流漂杵”。憨山注：“故凡应物而动，皆非出于有心好为，盖迫不得已而后应。”

［2］将欲歙之，必姑张之。将欲弱之，必姑强之。将欲废之，必姑兴之。将欲夺之，必姑与之：姑，暂且、姑且义，将正之，姑且反之。《吕氏春秋·恃君览·行论》说：“《诗》曰：‘将欲毁之，必重累之；将欲踣之，必高举之。’”

翕，收敛、收拢，将要收缩它，姑且先让它扩张。将要削弱它，姑且先使它强大。将要废弃它，姑且先使它兴盛。将要取得，姑且先要给予。憨山注：“天下之物，势极则反。譬夫日之将昃，必盛赫。月之将缺，必极盈。灯之将灭，必炽明。斯皆物势之自然也。”这里老子反其道而行，所谓“有无相生”之用。

《礼记·杂记》说：“张而不弛，文武弗能也。弛而不张，文武弗为也。一张一弛，文武之道也。”这一段用兵秘籍集中体现了“反者道之动，弱者道之用”的原则，苏辙注“圣人乘理，而世俗用智”。《孙子兵法·势》说：“战势不过奇正，奇正之变，不可胜穷也。奇正相生，如循环之无端，孰能穷之哉！”苏辙注：“未尝与之，而遽夺则势有所不及，理有所不足。势不及则取之难，理不足则物不服。”

［3］是谓行无行，攘无臂，扔无敌，执无兵：第一个“行”，动词，摆阵势行军；第二个“行”，名词，动静、动作。将要有所行动，却看不到动静。

攘，举起手臂。攘无臂，要挥举手臂，却像没有手臂可举。

扔，投掷。扔无敌，指虽然投掷武器，却像没有敌人可以攻击。

执，拿、持。虽然有兵器，却像双手空空。

《孙子兵法·虚实》说：“无形，则深间不能窥，智者不能谋。”憨山注：“世之观此章，皆谓老子用机智，大非本指。盖老子所以观天之道，执天之行是已。殆非机智之端也。”

[4] 祸莫大于轻敌，轻敌几丧吾宝。故抗兵相加，哀者胜矣：抗兵，处于同一个水平层次的军队。《荀子·议兵》："故以桀诈桀，犹巧拙有幸焉。以桀诈尧，譬之：若以卵投石，以指挠沸；若赴水火，入焉焦没耳。"

哀，哀怜、仁慈，《管子·侈靡》说"国虽弱，令必敬以哀"。轻敌，帛书甲乙本均作"无敌"，意通。轻敌缘于骄狂，故以慈悯自处。《孟子·梁惠王》所谓"仁者无敌"。憨山注："抗兵，乃两敌相当，不相上下，难于决胜。但有慈心哀之者，则自胜矣。何则，以天道好生，助胜于慈者也。"

**【白话大意】**兵家俗语说，我不敢为主挑起战端，而应为客据守；不敢前进一寸而是退守一尺。将要收缩它，姑且先让它扩张。将要削弱它，姑且先使它强壮。将要废除它，姑且先使它兴盛。将要夺取它，姑且先要给予。这就是说要行动却看不到动静，想举起胳膊却似没有手臂，要投掷武器却没有敌人，拿着武器却像双手空空。轻敌是最严重的祸患，轻敌几乎丧失我所宝贵的。因此实力相当的军队对抗，心怀仁慈的一方胜。

## 第四节：乐杀无道

**【原文】天下有道，却**（退）**走马**（战马）**以粪**（粪田，耕种）。**天下无道，戎马**（战马）**生于郊**（战场）[1]。**夫以道佐**（辅佐）**人主者，不以兵强**（取）**天下，其事好还**（报应不爽）[2]。**师之所处，荆棘**（荒草）**生焉，大军之后必有凶年**[3]。**朝甚除**（废弛），**田甚芜**（荒芜），**仓甚虚**（空虚）[4]。**故兵者不祥之器，物或恶之，故有道者不处**[5]。**胜而不美，而美之者，是乐杀人。夫乐杀人者，则不可得志于天下矣**[6]。（故）**取天下常以无事**（强取），**及其有事，不足以取天下**[2]。

**【注解】**

[1] 天下有道，却走马以粪。天下无道，戎马生于郊：却，

退回。走马，战马。以粪，用粪去耕种。《孟子·滕文公》说："凶年，粪其田而不足。"王弼注："天下有道，修于田而已，故却走马以粪田。"

戎马，战马。郊，野外，吴澄注"郊者，两国相交之境"。由于战乱，战场上公马不够用，把怀孕的母马也用上了，以致母马在战场上产仔。

《盐铁论·未通》说："农夫以马耕载，而民莫不骑乘；当此之时，却走马以粪。其后，师旅数发，戎马不足，牸牝入阵，故驹犊生于战地。"

［2］夫以道佐人主者，不以兵强天下，其事好还：佐，辅佐、谋划。还，《孟子·梁惠王》说："戒之戒之，出乎尔者，反乎尔者也。"朱谦之注："'其事好还'谓兵凶战危，反自为祸也。"《孟子·公孙丑》说："域民不以封疆之界，固国不以山溪之险，威天下不以兵革之利。"

［3］师之所处，荆棘生焉。大军之后，必有凶年：大军过处，商贾停市，农民弃耕，因此荆棘遍野。荆，荆条无刺；棘，酸枣有刺。两者常丛生成丛莽，由此比喻纷乱、险境。朱谦之注："《释文》出'凶年'，曰：'天应恶气，灾害五谷，尽伤人也。'"

［4］朝甚除，田甚芜，仓甚虚：朝，皇帝居住的地方。除，荒废、废弃。农田荒芜，仓储空虚。《道德经论兵要义述》说："杀气感害，旱疫相乘，灾沴之深莫甚于此。"

［5］故兵者不祥之器，物或恶之，故有道者不处：《孙子兵法·用间》说："凡兴师十万……日费千金。……不仁之至也，非民之将也，非主之佐也，非胜之主也。"

［6］胜而不美，而美之者，是乐杀人。夫乐杀人者，则不可以得志于天下矣：《孟子·梁惠王》载："孟子见梁襄王。出，语人曰：'望之不似人君，就之而不见所畏焉。卒然问曰："天下恶乎定？"吾对曰："定于一。""孰能一之？"对曰："不嗜杀人者

能一之。”’”

［7］取天下常以无事，及其有事，不足以取天下：无事，无为之义，不得以兵强天下。朱谦之注：“取天下者，谓得民心也。”《孙子兵法·始计》说：“兵者，国之大事，死生之地，存亡之道，不可不察也。”

**【白话大意】**天下有道，退还战马去耕田。天下无道，母马在战场产仔。那些辅佐君主的有道之士，不该依靠武力强取天下，否则将伤及自身。军队途径之处，荆棘丛生，战争过后必有凶年。朝政废弛，农田荒芜，府库空虚。因此战争是不吉祥的，万物都厌恶它，不是有道之人的选择。那些好战者都是喜欢杀人的人，以杀人为乐是不会成功取得天下的。因此想要夺取天下应顺势而为，如果依靠武力强取，很难取得成功。

## 第五节：上善若水

**【原文】以正**（清静）**治邦，以奇**（变换不测）**用兵，以无事取天下，吾何以知其然**（道理）**哉，以此**（上文）[1]**。上善若水。水善利万物而不争**（争利）**，处众人之所恶，故几**（接近）**于道**[2]**。是以圣人云：受邦之垢**（污垢）**，是谓社稷主。受邦不祥**（风险）**，是为天下王**[3]**。正言若反**[4]**。**

**【注解】**

［1］以正治邦，以奇用兵，以无事取天下。吾何以知其然哉？以此：正，从一，从止；惟道是从为正。奇，出人意外的谋略，不易被预测。

以正治邦，见治邦第十二。以奇用兵，见本章。

［2］上善若水，水利万物而不争，处众人之所恶，故几于道：几，几乎、接近。憨山注：“然世人皆好高而恶下。唯圣人处之。故曰处众人之恶，故几于道。”《周易·坎》彖曰：“‘习坎’，重险也。水流而不盈。行险而不失其信。‘维心亨’，乃

以刚中也。‘行有尚’，往有功也。”

［3］是以圣人云：受邦之垢，是谓社稷主，受邦不祥，是为天下王。

诟，诟病、缺陷、屈辱、风险等。社稷，社本指土地神，稷是谷神，合起来指国家。

《左传·宣公十五年》说："高下在心，川泽纳污，山薮藏疾，瑾瑜匿瑕，国君含垢，天之道也。”知雄守雌，知白守辱之理。《周易·坤》象曰："地势坤，君子以厚德载物。”《国语·晋语》说："吾闻之，唯厚德者能受多福。无福而服者众，必自伤也。”

［4］正言若反：违俗而合道之言。

【白话大意】用清静无为的原则治理国家，用变幻不测的方式用兵，以无事的态度获得天下。我怎么知道是这样呢？因为以上原因。上等之善如水，水利益万物却不会争利，处于众人厌恶的地方，因此接近于道。因此圣人说，能够包容国家的污垢才有资格成为帝王，能够承受国家的风险才可做天下之君主。真话好似反话一样。

## 天道第十四

### 第一节：善有善报

【原文】天地不仁（无亲），以万物为刍（草编）狗；圣人不仁，以百姓为刍狗[1]。和（和解）大怨，必有余（未尽）怨，安（如何）可以为善[2]。曲则全（保全），枉则直；洼则盈，敝则新；少则得，多则惑（忧患）[3]。大小多少，报怨以德。夫唯不争，故天下莫能与之争[4]。古之所谓“曲则全”者，岂虚（虚妄）言哉，诚全而归之[5]。是以圣人执左契（借据），而不责（催债）于人。有德司契，无德司彻（税单）[6]。

天道无亲（不仁），常与（关照）善人[7]。

【注解】

［1］天地不仁，以万物为刍狗；圣人不仁，以百姓为刍狗：仁，《说文》"亲也"，《礼记·中庸》说"仁者人也，亲亲为人"。《庄子·天地》说"爱人利物之谓仁"，简单说人与人相亲相爱则为仁。所谓不仁者，《孟子·离娄下》这样说："舜明于庶物，察于人伦，由仁义行，非行仁义也。"《礼记·礼运》说："大道之行也，天下为公。"天地之大仁，不偏于一私，《庄子·庚桑楚》说"至仁无亲"。《正蒙》说："大海无润，因暍者有润；至仁无恩，因不足者有恩。"

刍狗，草编的狗，多用于祭祀。《淮南子·说山》说"刍狗待之而求福"，许慎也说："刍狗，束刍为狗，以谢过求福。"以百姓为刍狗，并不特指待众生为草芥，任其自然，而是指不特别响应人们的祈福，谓之不仁。《吕氏春秋·季冬纪·诚廉》："昔者神农氏之有天下也，时祀尽敬而不折福也。其于人也，忠信尽治而无求焉。"《周易·坤》文言说："坤道其顺乎，承天而时行。积善之家必有余庆，积不善之家必有余殃。"故此福祸在己，不在外求。

［2］和大怨，必有余怨，安可以为善：和，调和。大怨，深仇大怨。安，如何。承上句，天地尚且无亲，故此调和怨仇也就不要指望两清。《庄子·人间世》说："若成若不成而无患者，唯有德者能之。"

［3］曲则全，枉则直；洼则盈，敝则新；少则得，多则惑：曲，委曲，不合理。枉，弯曲。《周易·系辞》说："尺蠖之屈，以求信也。龙蛇之蛰，以存身也。"低洼处总是先盈满。敝则新，因为旧了才会更新。多是少的积累，相反盈满就会有隐忧。

［4］大小多少，报怨以德，夫唯不争，故天下莫能与之争：无论大小还是多少，均不争，故能保有。《礼记·表记》曰："以

德报怨，则宽身之仁也。以怨报德，则刑戮之民也。”

［5］古之所谓曲则全者，岂虚言哉！诚全而归之：诚，实在之意。也就是说“曲则全”不是空话，实在是把不争的道理都说尽了。《论语·颜渊》说：“商闻之矣，死生有命，富贵在天。”

［6］是以圣人执左契，而不责于人。有德司契，无德司彻：契，借据，古时由竹木制成，劈为两片。左片就是左契，刻着负债人姓名，由债权人保存。右片叫右契，刻着债权人姓名，由负债人保存。索还时，以两契相合为凭据。责，讨债。彻，税单。憨山注：“有德司契，但与而不取，徒存虚契。无德司彻，不计彼之有无，必征其余，如赋彻耳。”

［7］天道无亲，常与善人：与，赐予、给予。《尚书·伊训》说：“圣谟洋洋，嘉言孔彰！惟上帝不常，作善，降之百祥；作不善，降之百殃。尔惟德罔小，万邦惟庆；尔惟不德罔大，坠厥宗。”《尚书·蔡仲之命》说：“皇天无亲，唯德是辅。民心无常，惟惠之怀。”

【白话大意】天地无所谓仁爱，任万物自然生长；圣人也无所谓仁爱，不刻意响应百姓的祈福。调和大怨大仇，无法让双方都满意，怎么才能做好呢？委曲可以得到保全，弯曲才能够伸展；低洼处容易盈满，敝旧才能更新；少取反而可以多得，盈满则使人疑惑。不管大小多少，都以德报怨。只因为不争，所以天下没有谁相争。古时所说的委曲可以得到保全，难道是空话吗？是正确的，道理都在这了。因此圣人掌握写着债务人名字的契约左片，而不以此讨债。有德的人掌握契约，无德的人掌管租税。天道不分亲疏，却总是给与善人更多。

## 第二节：天不藏奸

【原文】民不畏威，则大威（威胁）至。民不畏死，奈何以

**死惧**（使其惧怕）**之**[1]**？若使民常畏死，而为奇**（不正、邪恶）**者，孰得**（适合）**执**（抓捕）**而杀之**[2]**？若民恒且必畏死，常有司**（主管）**杀者杀**[3]**。夫代司杀者杀，是谓代大匠斫**（砍、削）**。夫代大匠斫者，希**（少）**有不伤其手矣。孰敢**[4]**？**

【注解】

［1］民不畏威，则大威至；民不畏死，奈何以死惧之：威，使人敬畏的力量。大威，指对国家的威胁。人民不怕权威，国家就有了威胁。民不畏死，生不如死，故无所畏惧。

［2］若使民常畏死，而为奇者，孰得执而杀之：奇，不正谓奇，邪恶之意。做邪恶之事而让民众怕死，谁有权抓捕并杀之？

［3］若民恒且必畏死，常有司杀者杀：司，执掌、司职。司杀者，执法部门。设立司法机构的初衷，正为了保护小民不受“为奇者”的欺凌。《周礼·地官司徒》说：“凡万民之不服教而有狱讼者，与有地治者听而断之，其附于刑者，归于士。”

［4］夫代司杀者杀，是谓代大匠斫，夫代大匠斫者，希有不伤其手矣，孰敢：斫，砍、削。代替司杀者杀人，就如同代替工匠去斫，哪能不伤自己的手呢？那么，谁还敢代司杀者杀之？

憨山注：“夫有心之杀，乃嗜杀也。嗜杀伤慈。且天之司杀，实为好生。然天好生，而人好杀，是不畏天而悖之，反取其殃。此所以为自伤其手也。”

《孟子·公孙丑》载孟子说：“沈同问‘燕可伐与？’吾应之曰‘可’，彼然而伐之也。彼如曰：‘孰可以伐之？’则将应之曰‘为天吏，则可以伐之’。今有杀人者，或问之曰：‘人可杀与？’则将应之曰‘可’。彼如曰：‘孰可以杀之？’则将应之曰‘为士师，则可以杀之’。今以燕伐燕，何为劝之哉？”

**【白话大意】**人民不怕权威，政权就有了威胁。民不畏死，那就没有什么能使他们畏惧。如果以死胁迫人民，而做些邪恶的事，谁有权把他抓起来杀掉？若总是有人用邪恶的手段使民众畏惧，则会有主管杀人的部门去杀。那些代替有司杀人的人，就像代替工匠去砍、削，很难不伤及自身。谁敢于代杀之？

【原文】**勇于敢则杀**（代之杀），**勇于不敢则活**（使其活），**此两者，或利或害**[1]。**祸兮，福之所倚**（依傍）；**福兮，祸之所伏**（潜藏）。**孰知其极**（规则）[2]？**其无正**（规律）**也。正复为奇，善复为妖**[3]。**夫物或行**（独行）**或随**（跟随），**或嘘**（嘘气）**或吹**（吹气）；**或强**（壮）**或羸**（弱），**或载**（坐车）**或隳**（坠落）[4]。**人之谜，其日固久。是以圣人犹难之**[5]。**天之道，不争而善胜，不言而善应，不召而自来，繟然**（无遮）**而善谋。天网恢恢**（广阔），**疏**（稀疏）**而不漏**（遗漏）[6]。

【注解】

［1］勇于敢则杀，勇于不敢则活，此两者或利或害：勇，从心，恿，气也；有志而为，曰勇。敢，敢于行动。有勇气也有胆量就去代杀，有勇气没胆量就不代而杀。

［2］祸兮，福之所倚；福兮，祸之所伏。孰知其极：倚，依傍、互生。伏，潜藏。极，极限、规律。《说苑》引《老子》曰："得其所利，必虑其所害；乐其所乐，必顾其败。人为善者，天报以福；人为不善者，天报以祸。故曰：'祸兮福所倚，福兮祸所伏。'"《周语·内史过论神》说："道而得神，是谓逢福；淫而得神，是谓贪祸。"

《庄子·则阳》说："安危相易，祸福相生，缓急相摩，聚散以成。此名实之可纪，精微之可志也。随序之相理，桥运之相使，穷则反，终则始。此物之所有，言之所尽，知之所至，极物而已。"

［3］其无正，正复为奇，善复为妖：没有一定之规。正转

变为邪，善再转变为恶。

［4］故物或行或随，或歔或吹；或强或羸，或挫或隳：万物之行莫测高深，变幻不定故而无从把握。苏辙注：“阴阳相荡，高下相倾，大小相使，或行于前，或随于后，或歔而暖之，或吹而寒之，或益而强之，或损而羸之，或载而成之，或隳而毁之，皆物之自然，而势之不可免者。然世之愚人，私己而务得，乃欲拒而违之，其祸不覆则折。”

《吕氏春秋·知分》说：“凡人物者，阴阳之化也。阴阳者，造乎天地而成者也。天固有衰嗛废伏，有盛盈坌息；人亦有困穷屈匮，有充实达遂。此皆天之容物理也，而不得不然之数也。”

［5］人之迷，其日固久，是以圣人犹难之：何况人心更是诡谲而殊章，如何去把握？人之谜也。憨山注：“由人机心不息，则祸福旋转如循环之无端，人孰能知其止极耶！”

《庄子·德充符》说：“死生存亡，穷达贫富，贤与不肖毁誉，饥渴寒暑，是事之变，命之行也；日夜相代乎前，而知不能规乎其始者也。故不足以滑和，不可入于灵府。使之和豫，通而不失于兑；使日夜无隙而与物为春，是接而生时于心者也。是之谓才全。”

［6］天之道，不争而善胜，不言而善应，不召而自来，繟然而善谋。天网恢恢，疏而不漏：应，应答、反应。繟然，坦然无遮。恢恢，广大、宽广。疏，稀疏。漏，遗漏，错失。古语曰：“人心生一念，天地尽皆知。善恶若无报，乾坤必有私。”《太上感应篇》说：“祸福无门，唯人自召。善恶之报，如影随形。”《尚书·太甲》也说：“天作孽，犹可恕；自作孽，不可活。”《尚书·汤诰》说“天道福善祸淫”。

《荀子·天论》说：“不为而成，不求而得，夫是之谓天职。如是者，虽深，其人不加虑焉；虽大，不加能焉；虽精，不加察焉；夫是之谓不与天争职。天有其时，地有其财，人有其治，夫是之谓能参。舍其所以参，而愿其所参，则惑矣！”

【白话大意】勇且敢做，就去杀；勇却不敢做，则活之。这两个选择，哪个有利哪个有害？灾祸依附着幸福；幸福又伏藏着灾祸。谁知道事物的终极道理，它没有一定之规，正转变为奇，善良变为妖邪。万物有的独自前行，有的跟随而走；有的哈气送暖，有的吹风寒凉；有的强壮，有的羸弱；有的乘车，有的跌落。人因此而迷惑时间也很长，因此圣人也难以说清。所谓天道，不去争斗却自然而胜，不善言语但应答如流，不用号召却准时而来，坦然无遮却谋划无遗。天网广大无边，看似疏散却不会有遗漏。

## 三宝第十五

【原文】**天下皆谓我道大，似不肖**（像）。**夫唯大，故似不肖**（大象无形）。**若肖，久矣其细**（微弱）**也夫**[1]。**我有三宝，持而保**（保持）**之。一曰慈，二曰俭，三曰不敢为天下先**[2]。**慈故能勇**（无惧），**俭故能广**（博大）。**不敢为天下先**（无为），**故能成器长**[3]。**今舍慈且勇，舍俭且广，舍后且先，死矣**[4]。**夫慈，以战则胜，以守则固；天将救之，以慈卫之**[5]。

**【注解】**

[1]若肖，久矣其细也夫：肖，相像，相似。久矣其细也夫，细，微细、减退。合起来就是说，时间长了即使相像也会很微弱。所谓微妙玄通，不可识。

[2]一曰慈，二曰俭，三曰不敢为天下先：慈，仁慈，无常心之谓。俭，节省，不欲之谓。不敢为天下先，无为、不争之谓。

[3]慈故能勇，俭故能广，不敢为天下先，故能成器长：慈故能勇，仁者故无敌。俭故能广，不以眼前物欲一叶障目，

故能广博。不敢为天下先，无为而顺物之自然，故能成众器之长。

朱谦之注：“杨椿曰：‘《易》之坤卦曰‘坤至柔而动也刚’，则得乎仁者有勇之说，故曰：‘慈故能勇。’节卦曰‘节以制度，不伤财，不害民’，则得乎俭以足用之说，故曰：‘俭故能广。’谦卦曰‘谦尊而光，卑而不可踰’，则得乎一谦而四益具之说，故曰：‘不敢为天下先，故能成器长。’大《易》、老氏之书，若合符节。”

[4] 今舍慈且勇，舍俭且广，舍后且先，死矣：舍慈之勇，谓之莽；舍俭之广，谓之奢；舍后而先，谓之私；故其道早已。

[5] 夫慈，以战则胜，以守则固；天将救之，以慈卫之：慈，《说文》“爱也”，《增韵》说“柔也，善也，仁也”。三宝之中，以慈为本，《新书·道德说》说：“安利物者，仁行也。仁行出于德，故曰：‘仁者，德之出也。’”圣人顺天承德，故无往不利。

**【白话大意】**天下都说我得大道，看起来又不相像，因为大所以才不相像。即使是相像，时间长了也就很微弱。我有三件宝，践行并保持它们，分别是：慈、俭、不为天下先。慈爱因此能够勇敢，勤俭因此能广博富裕；不敢为天下先，因此能成万物之长。如若舍去慈爱而勇敢，舍掉勤俭而富有，舍后而争先，我也就会死掉。慈爱，用它来作战就会胜利，用它来守卫就会坚固；天意如果要救助谁，就用慈爱来护佑他。

**【原文】信言**（真话）**不美**（动听），**美言不信。善者不辩**（巧辩），**辩者不善。知者不博**（广而杂），**博者不知**[1]**。知不知，尚**（正确）**矣；不知知，病**（错误）**也。圣人不病，以其病病，是以不病**[2]**。圣人不积**（保留），**既以为**（给与）**人己愈有，既以与人己愈多**[3]**。天之道，利而不害**[4]**。圣人之道，为而不争，是以圣人被褐**（布衣）**而怀玉**[5]**。**

【注解】

［1］信言不美，美言不信。善者不辩，辩者不善。知者不博，博者不知：善者，达道之人。辩，巧辩，强词夺理之义。博，广博、“智多”之谓，子曰“吾道一以贯之”。《庄子·知北游》说：“不知深矣，知之浅矣；弗知内矣，知之外矣。”

［2］知不知，尚矣；不知知，病矣。圣人不病，以其病病，是以不病:《论语·为政》：“由！诲女知之乎！知之为知之，不知为不知，是知也。”

［3］圣人不积，既以为人己愈有，既以与人己愈多：积，积累；不积，无所保留。这是《老子》的结语，该说的全都说了，毫无保留。“圣人外其身而身存，后其身而身先”，故“既以为人己愈有，既以与人己愈多”。

［4］天之道，利而不害：利益众生而无伤害。《庄子·天道》说：“天道运而无所积，故万物成；帝道运而无所积，故天下归；圣道运而无所积，故海内服。”

［5］圣人之道，为而不争，是以圣人被褐怀玉：被，同“披”，穿在身上。褐，穷人的粗布衣服。《礼记·中庸》说：“《诗》曰‘衣锦尚絅，’恶其文之著也。”作为结语，本段似有后学答谢意。

《礼记·聘义》说：“夫昔者君子比德于玉焉；温润而泽，仁也。缜密以栗，知也。廉而不刿，义也。垂之如队，礼也。叩之，其声清越以长，其终诎然，乐也。瑕不掩瑜，瑜不掩瑕，忠也。孚尹旁达，信也。气如白虹，天也。精神见于山川，地也。圭璋特达，德也。天下莫不贵者，道也。《诗》云：‘言念君子，温其如玉。’故君子贵之也。”

最后，借用《庄子·天下》句作为本文之结语，赞曰：“以本为精，以物为粗，以有积为不足，澹然独与神明居，古之道术有在于是者。关尹老聃闻其风而悦之。建之以常无有，主之以太一，以儒弱谦下为表，以空虚不毁万物为实。关尹曰：‘在己无居，形物自著。其动若水，其静若镜，其应若响。芴乎若亡，寂乎若清，同焉者和，得焉者失。未尝先人而常随人。’老聃曰：‘知其雄，守其雌，为天下溪；知其白，守其辱，为天下谷。’人皆取先，己独取后，曰受天下之垢；人皆取实，己独取虚，无藏也故有余，岿然而有余。其行身也，徐而不费，无为也而笑巧；人皆求福，己独曲全，曰苟免于咎。以深为根，以约为纪。曰坚者毁矣，锐则挫矣。常宽容于物，不削于人。可谓至极。关尹老聃乎，古之博大真人哉！”

**【白话大意】**诚实的话不动听，动听的话不一定是真话。有道之人不去巧辩，巧辨的人没有道。真知的人不追求多知，智多的人不一定有真知。知道还有不知道的，是正确的认知；不知却以为知，是错误的；圣人不犯错，因为他不会不懂装懂，因此才不犯错。圣人没有保留，帮助别人自己会更充足，给与别人自己收获更多。天之道，利益万物而没有伤害。圣人之道，为而不争，是以圣人总是外面披着素衣而内心宛如美玉。

# 第三部分

# 有物混成——《老子》解构

**凡例：**

1. 楚简本及帛书本原文中无法分辨的字用“□”代替。其中不易辨识的古字用括号标注今字。

2. 今本《老子》以陈鼓应先生《老子注释及评介》（中华书局2009年2月第2版）文本为底本，断句则参考其他版本取舍。（本书简称为“陈本”。）

3. 断句、用字等需要说明的地方出注。

4. 白话译文部分多参考各家，便于读者对现有版本的理解，并作为本书训诂的依据。

## 第一章

**【楚简本】**缺

**【帛书甲本】**可道也，非恒道也。名，可名也，非恒名也。无名，万物之始也。有名，万物之母也。□恒无欲也，以观其眇（妙）；恒有欲也，以观其所噭。两者同出，异名同胃（谓）。玄之有（又）玄，众眇（妙）之□。

**【帛书乙本】**可道也，□□□□□□□□□□ 恒名也。无名，万物之始也。有名，万物之母也。故恒无欲也，□□□□恒又（有）欲也，以观其所噭。两者同出，异名同胃（谓）。玄之又玄，众眇

（妙）之门。

**【王弼本】**道可道，非常道；名可名，非常名。无，名天地之始；有，名万物之母。故常无欲，以观其妙；常有欲，以观其徼。此两者，同出而异名，同谓之玄，玄之又玄，众妙之门。【河上公本】道可道，非常道。名可名，非常名。无名，天地之始；有名，万物之母。故常无欲，以观其妙。常有欲，以观其徼。此两者，同出而异名。同谓之玄。玄之有玄，众妙之门。

| 编号 | 原文 | 白话 |
| --- | --- | --- |
| 1 | 道可道，非常道；<br>名可名，非常名。<br>无名，天地之始；<br>有名，万物之母。 | 道可以被表达，就不是恒常的道之本质。<br>万物可以被命名，就不是恒常万物不变的本质。<br>万物没有名称，是天地开始的状态。<br>有了名称，是万物的本源。 |
| 2 | 故常无[注1]，欲以观其妙；<br>常有，欲以观其徼（以观其所噭[注2]）。<br><br>此两者同出而异名，<br>同谓之玄。玄之又玄，众妙之门。 | 因此常以无名去观道的玄妙；<br>常以有名去观万物的分别界限。（以观其为何这么称呼）<br>常有常无同体而出，因有无名称而有区别。<br>它们都称为玄奥，玄奥啊玄奥，这就是进入“道”的门径。 |

**注1** 本句主断为“故常无，欲以观其妙”，下同。若按照“常有欲”断，则有违老子无知无欲主旨。

**注2** 古本句“以观其所噭”意为“以此观其之所以如此称谓”，与“名可名”句呼应，故此两句均保留。

**明辨：**本章河上公题为“体道”，言“其包罗揆序一经之旨也”。今辨之：这一章在文意结构上可分为两句。现行所有版本《老子》均以“道可道，非常道”开篇，一上来即以形而上之道抓住学人眼球，使文章颇有气势。但如若将《老子》视为一篇文通意顺的系统性论述文，开篇则显得有些突兀。“道”为何物？又如何是“非常道”？这在开篇中都缺少必要的阐述。如此《老子》首句就使人陷入形而上的思辨之中而无明确的理解方向，故疑本章缺少铺垫的引文。另，①句只言“无名，天地之始；有名，万物之母”，如此②句之“故常无，欲以观其妙”，则如何“观”？又“观”什么？此两句既然以“故”衔接，则应有逻辑关联，但①句并未有关“观”的提示。如此全凭学人猜测，故疑其间缺简。

后世学人对这一段的解读存在较大分歧，主要集中在是“无名，天地之始”还是“无，名天地之始”？乃至“故常无”，这个“无”是指抽象之“无”还是“无名”之“无”？亦或是“常无欲”“常有欲。”现有文本此处并未交待清楚，以致后人为此争论不休，故疑本章有脱误。

同时，纵观《老子》全文，在文意上与“道可道，非常道”有所关联的是第二十五章句：“吾不知其名，字之曰道。”衔接后则为“吾不知其名，字之曰道。道可道，非常道”，其中“道可道”是对“字之曰道”的解读，详见正文注解。

## 第二章

**【楚简本】**天下皆知美之为美，丑矣；皆知善，此其不善矣。有无之相生也，难易之相成也，长短之相形也，高下之相盈也。音声之相和也，先后之相随也。是以圣人居无为之事，行不言之教。万物作而弗始也，为而弗恃也，成而弗居。天（夫）唯弗居也，是以弗去也。

**【帛书甲本】**天下皆知美为美，恶已；皆知善，訾（斯）不善矣。有、无之相生也，难、易之相成也，长、短之相刑（形）也，高、下之相盈也，意（音）、声之相和也，先、后之相隋（随），恒也。是以声（圣）人居无为之事，行□□□□□□□□□□□也，为而弗志（恃）也，成功而弗居也。夫唯居，是以弗去。

**【帛书乙本】**天下皆知美之为美，亚（恶）已。皆知善，斯不善矣。□□□□生也，难、易之相成也，长、短之相刑（形）也，高、下之相盈也，音、声之相和也，先、后之相隋（随），恒也。是以（圣）人居无为之事，行不言之教。万物昔（作）而弗始，为而弗侍（恃）也，成功而弗居也。夫唯弗居，是以弗去。

**【王弼本】**天下皆知美之为美，斯恶已；皆知善之为善，斯不善已。故有无相生，难易相成，长短相较，高下相倾，音声相和，前后相随。是以圣人处无为之事，行不言之教；万物作焉而不辞，生而不有，为而不恃，功成而弗居。夫唯弗居，是以不去。

**【河上公本】**天下皆知美之为美，斯恶已；皆知善之为善，斯不善已。故有无相生，难易相成，长短相形，高下相倾，音声相和，前后相随。是以圣人处无为之事，行不言之教。万物作焉而不知辞。生而不有，为而不恃，功成而弗居。夫惟弗居，是以不去。

| 编号 | 原文 | 白话 |
|---|---|---|
| 1 | 天下皆知美之为美，斯恶矣；皆知善，斯不善矣注1。 | 天下都知道美的标准而去为美，这是坏事；都知道善的标准而去为善，这是不善的事。 |
| 2 | 故注2有无相生，难易相成。长短相形，高下相盈。音声相和，先后相随。<br><br>恒也注3。 | 有与无互相生化，难与易互相成就，长与短互相显形，高与下互相靠近，音与声相互融和，前与后相互随顺。<br>这是恒常的道理。 |
| 3 | 是以圣人居注4无为之事，行不言之教。 | 因此圣人以无为的态度应对世事，实行不言的教化。 |
| 4 | 万物作而弗始，为而弗恃注5，功成而弗居。夫唯弗居，是以弗去。 | 万物兴作如同没有开始，有所作为也不持有。建立功绩而不居功。因为不居功因此没有什么可以失去的。 |

注1　此句为“皆知善之为善，斯不善已”的省略句，本书从帛书本。

注2　陈本此处无“故”字，王本与河上本有，疑此处为结论句。

注3　陈本此处无“恒也”句，帛书本有。

注4　陈本为“处”，帛书本此处为“居。”居者，存其心也。如《论语·雍也》说：“居敬而行简。”而“处”有主动意，因此用“居”意更恰当。

注5　陈本为“万物作而不为始，生而不有，为而不恃”，本书从帛书乙本句，意近。

**明辨：**本章河上公题为“养身”，言“进学者于名迹两忘之地也”。今辨之：这一章从文意结构上可分为四句。①句所言善恶、美丑是对立的观念，而②句之有无、难易等是可以互相转化的相对概念。可见②句与①句并非同一逻辑下的对应关系，此两句各自独立。同理，②句也构不成③句的直接因果前提。④句所言“万物作焉”应是天道所为，显然与③句之“圣人”无关。故此本章四句各自独立，并无确定的逻辑关联。纵观全文，“天下皆知美之为美，斯恶矣”与第二十章句“美之与恶，相去若何？”相应。

## 第三章

**【楚简本】**缺

**【帛书甲本】**不上贤，□□□□□□□□□□□□□民不为□。不□□□□民不乱。是以（圣）人之□□□□□□□□□□□□□强其骨。恒使民无知无欲也。使□□□□□□□□□□□□□□□。

**【帛书乙本】**不上贤，使民不争。不贵难得之货，使民不为（盗）。不见可欲，使民不乱。是以（圣）人之治也，虚其心，实其腹；弱其志，强其骨。恒使民无知无欲也。使夫知不敢弗为而已，则无不治矣。

**【王弼本】**不尚贤，使民不争；不贵难得之货，使民不为盗；不见可欲，使民心不乱。是以圣人之治，虚其心，实其腹，弱其志，强其骨。常使民无知无欲，使夫智者不敢为也。为无为，则无不治。

**【河上公本】**不尚贤，使民不争；不贵难得之货，使民不为盗；不见可欲，使心不乱。是以圣人之治，虚其心，实其腹，弱其志，强其骨，常使民无知无欲，使夫智者不敢为也。为无为，则无不治。

| 编号 | 原文 | 白话 |
|---|---|---|
| 1 | 不尚贤，使民不争；<br>不贵难得之货，使民不为盗；<br>不见可欲，使民心不乱。 | 不崇尚贤者，使民众不争名夺利；<br>不以难得之物为贵，使民不去偷盗；<br>不显耀引起欲望的东西，使民心不被扰乱。 |

续表

| 编号 | 原文 | 白话 |
|---|---|---|
| 2 | 是以圣人之治，虚其心，实其腹，弱其志，强其骨。<br>常使民无知无欲，使夫智者不敢为也。为无为，则无不治。 | 因此圣人对治的方法是，虚化它们的心智，填饱它们的肚子，弱化它们的志向，强化它们的身体。<br>常常使民众无知无欲，使那些自作聪明的人不敢去妄为。无为而为，没有不能对治的。 |

**明辨：**本章河上公题为“安民”，言“忘贵尚，泯思虑，则复无为而合至理”。今辨之：这一章从文意结构上可分为两句，文意相通但都是结论性表述。其中①句“不尚贤”“不贵货”“不见可欲”与第六十五章句“不以智治国”呼应，是“不以智治国”的具体表述。而②句“虚其心、实其腹”则与第十九章句“见素抱朴，少思寡欲”意通。

## 第四章

**【楚简本】**缺

**【帛书甲本】**□□□□□□□盈也。潚（渊）呵始（似）万物之宗。锉（挫）其，解其纷，和其光，同□□□□□或存。吾不知□子也，象帝之先。

**【帛书乙本】**道冲，而用之有（又）弗盈也。渊呵佁（似）万物之宗。锉（挫）其兑（锐），解其芬（纷）；和其光，同其尘。湛呵佁（似）或存。吾不知其谁之子也，象帝之先。

**【王弼本】**道冲而用之，或不盈，渊兮似万物之宗；挫其锐，解其纷，和其光，同其尘，湛兮似或存。吾不知谁之子，象帝之先。

**【河上公本】**道冲而用之，或不盈。渊乎似万物之宗。挫其锐，解其纷，和其光，同其尘，湛兮似若存。吾不知谁之子，象帝之先。

| 编号 | 原文 | 白话 |
| --- | --- | --- |
| 1 | 道冲，而用之或不盈。<br>渊兮，似万物之宗；<br>（挫其锐，解其纷，和其光，同其尘，）注<br>湛兮，似或存。 | 道空明虚静，但是起用又像是没有穷尽。<br>它博大渊深啊，好像万物的归宗；<br><br>它清澈而深远啊，好似不存在而若有若无。 |
| 2 | 吾不知谁之子，象帝之先。 | 我不知道它是从哪里产生的，像是在天帝以前就存在。 |

**注** 此句五十六章亦有，断此处为错简重出，“渊兮”与“湛兮”句互相对文衔接，若加此句则意与文均勉强，故不采用此句。

**明辨：**本章河上公题为“无源”，言“明妙本冲虚而其用不测也”。今辨之：本章从文意结构上可分为两句，①句所言“渊兮”形容博大，“湛兮”形容深远，均是对整体形态的描述。与②句所言“谁之子”言其历史传承在文意上并不衔接，因此不存在明确的逻辑顺序，各自为独立句。

## 第五章

**【楚简本】**天地之间，其犹橐籥欤？虚而不屈，动而愈出。

**【帛书甲本】**天地不仁，以万物为刍狗。声（圣）人不仁，以百省（姓）□□狗。天地□间，□犹橐钥舆（与）？虚而不淈（屈），踵（动）而俞（愈）出。多闻数穷，不若守于中。

**【帛书乙本】**天地不仁，以万物为刍狗。（圣）人不仁，□百姓为刍狗。天地之间，其猷（犹）橐钥舆（与）？虚而不淈（屈），动而俞（愈）出。多闻数穷，不若守于中。

**【王弼本】**天地不仁，以万物为刍狗；圣人不仁，以百姓为刍狗。天地之间，其犹橐籥乎？虚而不屈，动而愈出。多言数穷，不如守中。

**【河上公本】**天地不仁，以万物为刍狗；圣人不仁，以百姓为刍狗。天地之间，其犹橐籥乎？虚而不屈，动而愈出。多言数穷，不如守中。

| 编号 | 原文 | 白话 |
| --- | --- | --- |
| 1 | 天地不仁，以万物为刍狗；<br>圣人不仁，以百姓为刍狗。 | 天地不行仁爱，对待万物如同草扎的狗；<br>圣人不行仁义，将百姓视作刍狗。 |
| 2 | 天地之间，其犹橐龠乎？<br>虚而不屈，动而愈出。 | 天地之间，难道不像风箱吗？<br>中心虚空却不会穷竭，越是鼓动风量越大。 |
| 3 | 多闻数穷，不如守于中[注]。 | 听得太多道就穷尽了，不如持守于自己的内心。 |

**注** 陈本为“多言数穷，不如守中”，而帛书本（含北大本）均为“多闻数穷，不如守于中”，本书从帛书本。“言”与“闻”盖角度不同，无害本义。而“守中”与“守于中”是有区别的，“守于中”指向性更明确。

**明辨：**本章河上公题为“虚用”，言“以天地圣人之事及远取诸物，以明其无私无为”。今辨之：这一章从文意结构上可分为三句，①句讲天地无所偏私，无为而行。②句言天地如“橐龠”。此两句文意并列，无逻辑关联。③句言“守于中”是结论性语意，属于人事修养方面，与前两句以“天地”立论文意并不连贯或缺必要过渡。本章三句均独立成句。而“天地不仁”与“天道无亲”似有关联。

## 第六章

**【楚简本】**缺

**【帛书甲本】**浴（谷）神□死，是胃（谓）玄牝。玄牝之门，是胃（谓）□地之根。绵绵呵若存，用之不堇（勤）。

**【帛书乙本】**浴（谷）神不死，是胃（谓）玄牝。玄牝之门，是胃（谓）天地之根。绵绵呵，其若存，用之不堇（勤）。

**【王弼本】**谷神不死，是谓玄牝。玄牝之门，是谓天地根。绵绵若存，用之不勤。

**【河上公本】**谷神不死，是谓玄牝。玄牝之门，是谓天地根。绵绵若存，用之不勤。

| 编号 | 原文 | 白话 |
| --- | --- | --- |
| 1 | 谷神不死，是谓玄牝。<br>玄牝之门，是谓天地根。 | 谷神不死，是谓玄奥的雌性，<br>玄奥雌性的门户，是出入天地之根的枢机。 |
| 2 | 绵绵若存，用之不勤。 | 细微连绵若存若无，用起来又不会竭尽。 |

**明辨：**本章河上公题为“成像”，言“道之体用，炁之阴阳，形之动静，而人则体之也”。今辨之：这一章从文意结构上可分为两句，①句所言“天地根”与②句对“根”描述的“绵绵”二字不和。“绵绵”乃连绵不绝之意，多用来形容不断续地动作或状态，而“根”为一静物。②句与上章句“虚而不屈，动而愈出”意和，故本章两句均为独立句。

## 第七章

**【楚简本】**缺

**【帛书甲本】**天长，地久。天地之所以能□且久者，以其不自生也，故能长生。是以声（圣）人芮（退）其身而身先，外其身而身存。不以其无□舆（与）？故能成其□。

**【帛书乙本】**天长，地久。天地之所以能长且久者，以其不自生也，故能长生。是以（圣）人退其身而身先，外其身而身先，外其身而身存。不以其無私舆（与）？故能成其私。

**【王弼本】**天长地久。天地所以能长且久者，以其不自生，故能长生。是以圣人后其身而身先，外其身而身存。非以其无私邪，故能成其私。

**【河上公本】**天长地久，天地所以能长且久者，以其不自生，故能长生。是以圣人后其身，而身先；外其身，而身存。非以其无私耶？故能成其私。

| 编号 | 原文 | 白话 |
| --- | --- | --- |
| 1 | 天长地久，天地所以能长且久者，<br>以其不自生，故能长生。 | 天地长久永存。天地之所以能够长久永存，是因为它们不为自己而生，故能长生永存。 |
| 2 | 是以圣人后其身而身先；<br>外其身而身存。<br>非以其无私耶？<br>故能成其私。 | 因此，利益面前圣人将自己置后反倒占先；<br>将自身安危置之度外反而保全自己。<br>难道不是因为他的无私吗？<br>因此成全了他的私利。 |

**明辨：**本章河上公题为“韬光”，言“明无我之旨，乃可久之道也”。今辨之：本章从文意结构上可分为两句。①句主旨是天地不自生而能长生，而②句讲圣人后身而身先、无私而成其私，是言获利的逻辑。故此两句文意连接牵强，疑为错简。不若第六十六章句“是以圣人欲上民，必以言下之，欲先民，必以身后之”，此句与后身而身先、无私而成其私更有关联性。

## 第八章

**【楚简本】**缺

**【帛书甲本】**上善治（似）水。水善利万物而有静（争），居众之所恶，故□□□□□□□□心善潚（渊），予善信，正（政）善治，事善能，（动）善时。夫唯不静（争），故无尤。

**【帛书乙本】**上善如水。水善利万物而有争，居众人之所亚（恶），故几于道矣。居善地，心善渊，予善天，言善信，正（政）善治，事善能，动善时。夫唯不争，故无尤。

**【王弼本】**上善若水。水善利万物而不争，处众人之所恶，故几于道。居善地，心善渊，与善仁，言善信，正善治，事善能，动善时。夫唯不争，故无尤。

**【河上公本】**上善若水。水善利万物而不争，处众人之所恶，故几于道。居善地，心善渊，与善仁，言善信，正善治，事善能，动善时。夫唯不争，故无尤。

| 编号 | 原文 | 白话 |
| --- | --- | --- |
| 1 | 上善若水。水善利万物而不争[注]，<br>处众人之所恶，故几于道。 | 上等的善如同水，水利益万物却不会争利，处于众人厌恶的地方，因此几乎接近于道。 |
| 2 | 居善地，心善渊，与善仁，言善信，<br>政善治，事善能，动善时。 | 处在有利的地方，思绪悠远深邃，与人仁慈爱护，言而有信，善于治理民众，做力所能及的事，选择适当的时机行动。 |
| 3 | 夫唯不争，故无尤。 | 因为不去争利，因此不会产生过错与怨尤。 |

**注** 古本此处做“有争”，更近于“几于道”，恐后人依“夫唯不争”而改。

**明辨：**本章河上公题为“易性”，言“以水喻上善，不争故无尤”。今辨之：本章从文意结构上可分为三句。①句言水性之善，其中“处众人之所恶”为关键句，因水处人所恶处而不争，故“几于道”。但②句并无与此呼应的描述，相反“居善地，心善渊……”等句均是褒奖义，与“处众人之所恶”无文意呼应，甚至是相互矛盾的。因此这两句在文意上并不衔接，疑为错简。《左传·宣公十五年》有言曰：“川泽纳污，山薮藏疾，瑾瑜匿瑕，国君含垢，天之道也。”按此理解在《老子》全文中，“处众人之所恶”句似与第七十八章句“受邦之垢，是谓社稷主；受邦不祥，是为天下王”，有明显的呼应。言圣人“利万物”“含垢”“不争”而“几于道”，故为天下王。

## 第九章

**【楚简本】**持而盈之，不不若已。揣而锐之，不可长保也。金玉盈室，莫能守也。贵福（而）骄。自遗咎也。功遂身退，天之道也。

**【帛书甲本】**（殖）而盈之，不□□□□□□之□□可长葆之。金玉盈室，莫之守也。贵富而（骄），自遗咎也。功述（遂）身芮（退），天□□□。

**【帛书乙本】**（持）而盈之，不若其已。（揣）而允之，不可长葆也。金玉盈室，莫之能守也。贵富而骄，自遗咎也。功遂身退，天之道也。

**【王弼本】**持而盈之，不如其已；揣而锐之，不可长保；金玉满堂，莫之能守；富贵而骄，自遗其咎。功成身退，天之道也哉。

**【河上公本】**持而盈之，不知其已。揣而锐之，不可长保。金玉满堂，莫之能守。富贵而骄，自遗其咎。功成、名遂、身退，天之道。

| 编号 | 原文 | 白话 |
|---|---|---|
| 1 | 持而盈之，不如其已；<br>揣而锐之，不可长保。<br>金玉满堂，莫之能守；<br>富贵而骄，自遗其咎；<br>功成身退，天之道也。 | 希望器物装载更满更多，不如停止放下。<br>锤炼想要更锐利，不可能长期保持。<br>金和玉堆满屋子，没有谁能守住。<br>富贵而骄横，就为自己留下灾祸。<br>事功成就自己就退出，这是天理之道。 |

**明辨：**本章河上公题为“运夷”，言“修身当体天理自然”。今辨之：本章言贪多必咎，文通意顺无需分句。此章与第十五章句“保此道者不欲盈”有一定的相关性。

## 第十章

**【楚简本】**缺

**【帛书甲本】**□□□□□□□□□□□□□□能婴儿乎？修（涤）除玄蓝（鉴），能毋疵乎？爱□□□□□□□□□□□□□□□□□□□□□□□□□□□□□□生之，畜之。生而弗□□□□□□□□□德。

**【帛书乙本】**戴营（魄）抱一，能毋离乎？槫（抟）气至柔，能婴儿乎？修（涤）除玄监（鉴），能毋有疵乎？爱民栝（活）国，能毋以知乎？天门启阖，能为雌乎？明白四达，能毋以知乎？生之，畜之。生而弗有，长而弗宰也。是胃（谓）玄德。

【王弼本】营魄抱一，能无离乎？专（抟）气致柔，能婴儿乎？涤除玄鉴，能无疵乎？爱民治国，能无知乎？天门开阖，能无雌乎？明白四达，能无为乎？生之畜之。生而不有，为而不恃，长而不宰，是谓玄德。

【河上公本】载营魄。抱一，能无离，专气致柔，能婴儿。涤除玄览，能无疵。爱民治国，能无为。天门开阖，能为雌。明白四达，能无知。生之、畜之。生而不有，为而不恃，长而不宰，是谓玄德。

| 编号 | 原文 | 白话 |
| --- | --- | --- |
| 1 | 载营魄抱一，能无离乎？<br>抟[注1]气致柔，能如婴儿乎？<br>涤除玄鉴[注2]，能无疵乎？<br>爱国治民，能无为[注3]乎？<br>天门开阖，能为雌乎？<br>明白四达，能无知乎？ | 承载魂魄合而为一，可否不离开这个状态？<br>凝聚真气达到柔弱境界，能像婴儿一样吗？<br>洗涤杂念明净心灵，能没有瑕疵吗？<br>热爱人民治理国家，能够无为而为吗？<br>天门开开合合，能否持守雌性之德？<br>明白四达，能不能保持无知的状态呢？ |
| 2 | 生之畜之，生而不有，<br>长而不宰[注4]，是谓玄德。 | 生成它蓄养它，生成它而不占有，成长它而不去主宰，这是最玄妙的德行。 |

注1 陈本为“专气”，但多本为“抟气”。

注2 陈本为“玄览”，多本作“玄鉴”，意通。

注3 帛书乙本、王本此处为“无知”，但与后文“明白四达，能无知乎？”重复，故从河上本“无为”。

注4 陈本为“生之畜之。生而不有，为而不恃，长而不宰，是谓玄德”，本书从帛书乙本及王本，意通。

**明辨：**本章河上公题为“能为”，言“修为之要”。历史上对这一章的解读分歧虽多，但均认为是在讲修身之法。今辨之：本章在文意结构上可分为两句。①句主言修身方法，② 句则讲“玄德”。两句文意并列独立，无明确关联。如前文所述，②句与第五十一章句文意更通顺。

## 第十一章

**【楚简本】**缺

**【帛书甲本】**卅□□□□□其无，□□之用□。然（埏）埴为器，当其无，有埴器□□□□□□当其无，有□之用也。故有之以为利，无之以为用。

**【帛书乙本】**卅楅（辐）同一毂，当其无，有车之用也。（埏）埴而为器，当其无，有埴器之用也。鉴户牖，当其无，有室之用也。故有之以为利，无之以为用。

**【王弼本】**三十辐共一毂，当其无有，车之用。埏埴以为器，当其无有，器之用。凿户牖以为室，当其无有，室之用。故有之以为利，无之以为用。

**【河上公本】**三十辐共一毂，当其无，有车之用；埏埴以为器，当其无，有器之用；凿户牖以为室，当其无，有室之用。故有之以为利，无之以为用。

| 编号 | 原文 | 白话 |
| --- | --- | --- |
| 1 | 三十辐，共一毂，<br>当其无，有车之用。<br>埏埴以为器，当其无，<br>有器之用。<br>凿户牖以为室，当其无，<br>有室之用。<br>故有之以为利，无之以为用。 | 三十根车辐连在一个毂上形成车轮，<br>当车轮中空的时候就有了车轮的用处。<br>和泥土做成器物，当器物中空无物，<br>就有了器物的作用。<br>开凿门窗做成房间，当房间中空无物，就有了房间的作用。<br>因此有可以带来便利，无才能发挥作用。 |

**明辨：**本章河上公题为“无用”，言“有无相资之妙用，以遣其二边取舍之惑”。今辨之：本章主讲有与无是一体的不同组成，文意连贯。

## 第十二章



**【楚简本】**缺

**【帛书甲本】**五色使人目（盲），驰骋田腊（猎）使人□□□。难得之（货）使人之行方（妨），五味使人之口（爽），五音使人之耳聋。是以声（圣）人之治也，为腹不□□，故去罢（彼）耳（取）此。

**【帛书乙本】**五色使人目盲，驰骋田腊（猎）使人心发狂，难得之货使人之行仿（妨）。五味使人之口爽，五音使人之耳□。是以（圣）人之治也，为腹而不为目。故去彼而取此。

**【王弼本】**五色令人目盲，五音令人耳聋，五味令人口爽，驰骋畋猎令人心发狂，难得之货令人行妨。是以圣人为腹不为目，故去彼取此。

**【河上公本】**五色令人目盲，五音令人耳聋，五味令人口爽，驰骋田猎，令人心发狂，难得之货，令人行妨。是以圣人为腹，不为目，故去彼取此。

| 编号 | 原文 | 白话 |
| --- | --- | --- |
| 1 | 五色令人目盲，<br>五音令人耳聋，<br>五味令人口爽[注]。<br>驰骋畋猎，令人心发狂。<br>难得之货，令人行妨。 | 缤纷的色彩会让人视力衰退甚至失明，<br>靡靡之音会让人听力受损甚至失聪，<br>贪图口味反倒使人味觉麻木。<br>驾车驰骋打猎，会让人心由于贪婪而发狂。<br>难得的货物，会妨碍人的操守。 |
| 2 | 是以圣人为腹不为目，<br>故去彼取此。 | 因此圣人关注自身（腹）不为外界（目）所动，<br>所以应去彼取此。 |

**注** 本章顺序不取古本，文意更强。

**明辨：**本章河上公题为“检欲”，言“染尘逐境，皆失其正”。今辨之：本章从文意结构上可分为两句，文意相通。其中①句“难得之货，令人行妨”与第三章句“不贵难得之货”呼应。可见，这本《老子》在整体上似有前后连贯之主线在。同时，②句为腹不为目，难道圣人是说可以五味不能五色吗？虽然意思大致没错，但仔细推敲又不太衔接，故疑为错简。

## 第十三章

**【楚简本】**人宠辱若惊，贵大患若身。何谓宠辱？宠为下也。得之若惊，失之若惊，是谓宠辱惊。□□□□□若身？吾所以有大患者，为吾有身。及吾无身，有□何患，□□□□□□为天下，乃可以托天下矣；爱以身为天下，乃可以寄天下矣。

**【帛书甲本】**龙（宠）辱若惊，贵大梡（患）若身。苛（何）胃（谓）龙（宠）辱若惊？龙（宠）之为下，得之若惊，失□若惊，是胃（谓）龙（宠）辱若惊。何胃（谓）贵大梡（患）若身？吾所以有大梡（患）者，为吾有身也。及吾无身，有何梡？故贵为身于为天下，若可以（托）天下矣；爱以身为天下，女何（可）以寄天下。

**【帛书乙本】**弄（宠）辱若惊，贵大患若身。何胃（谓）弄（宠）辱若惊？弄（宠）之为下也，得之若惊，失之若惊，是胃（谓）弄（宠）辱若惊。何胃（谓）贵大患若身？吾所以有大患者，为吾有身也。及吾无身，有何患？故贵为身于为天下，若可以橐（托）天下矣；爱以身为天下，女可以寄天下矣。

**【王弼本】**宠辱若惊，贵大患若身。何谓宠辱若惊？宠为下，得之若惊，失之若惊，是谓宠辱若惊。何谓贵大患若身？吾所以有大患者，为吾有身，及吾无身，吾有何患？故贵以身为天下，若可寄天下；爱以身为天下，若可托天下。

**【河上公本】**宠辱若惊，贵大患若身。何谓宠辱？（宠为上），辱为下，得之若惊，失之若惊，是谓宠辱若惊。何谓贵大患若身？吾所以有大患者，为吾有身。及吾无身，吾有何患？故贵以身为天下者，则可寄于天下，爱以身为天下者，乃可以讬于天下。

| 编号 | 原文 | 白话 |
| --- | --- | --- |
| 1 | 宠辱若惊，<br>贵大患若身。<br>何谓宠辱若惊？宠为下，得之若惊，失之若惊，是谓宠辱若惊。<br>何谓贵大患若身？吾所以有大患者，为吾有身，及吾无身，<br>吾有何患？ | 得宠或受辱都会惊恐，<br>如同自己身体有了严重的祸患一样。<br>如何是宠辱若惊呢？宠爱是卑下的，得到了就惊恐，失去了也会惊恐，这就叫宠辱若惊。<br>怎么叫贵大患若身呢？我之所以有大的祸患，是因为我有身体，如果我没有身体，<br>我还有什么祸患呢？ |
| 2 | 故贵为身于为天下，若可寄天下；<br>爱以身于为天下，若可托天下注。 | 因此，像尊贵自己身体一样治理天下，可以将天下托付给它。像爱护自己身体一样对待天下，就可将天下托付给它。 |

**注** 陈本此句为“故贵以身为天下，若可寄天下；爱以身为天下，若可托天下”。帛书甲乙本均为“贵为身于为天下”，本书从帛书本。其意是，把修身看作比治理天下还要重要，如此才可以托付天下给他。《庄子·在宥》也说：“故君子不得已而临莅天下，莫若无为。无为也而后安其性命之情。故贵以身于为天下，则可以托天下；爱以身于为天下，则可以寄天下。故君子苟能无解其五藏，无擢其聪明；尸居而龙见，渊默而雷声，神动而天随，从容无为而万物炊累焉。吾又何暇治天下哉！”《庄子·让王》进一步举例说：“舜让天下于子州支伯。子州支伯曰：‘予适有幽忧之病，方且治之，未暇治天下也。’故天下大器也，而不以易生，此有道者之所以异乎俗者也。”《大学》次第也说修身齐家治国平天下，修身为先，先有身而后平天下。

**明辨：**本章河上公题为“厌耻”，言“去妄情而复正性也”。今辨之：本章在文意结构上可分为两句，①句言修身应以“无身”为要，“无身”则可无患。②句则言“贵为身”甚于治理天下。“无身”与“贵为身”在此章矛盾，故此两句不构成因果关联，疑为错简。这一章“无身”的表述与第七十五章“夫唯无以生为者，是贤于贵生”意和。

## 第十四章

**【楚简本】**缺

**【帛书甲本】**视之而弗见，名之曰微。听之而弗闻，名之曰希。(搏)之而弗得，名之曰夷。三者不可至(致)计(诘)，故(混)□□□。一者，其上不(曒)，其下不忽。寻寻呵不可名也，复归于无物。是胃(谓)无状之状，无物之□□□□□□□□□□□□□而不见其首。执今之道，以御今之有，以知古始，是胃(谓)□□。

**【帛书乙本】**视之而弗见，□之曰微。听之而弗闻，命(名)之曰希。(搏)之而弗得，命(名)之曰夷。三者不可至(致)计(诘)，故(混)而为一。一者，其上不谬，其下不忽。寻寻呵不可命(名)也，复归于无物。是胃(谓)无状之状，无物之象。是胃(谓)沕(忽)望(恍)。隋(随)而不见其后，迎而不见其首。执今之道，以御今之有。以知古始，是胃(谓)道纪。

**【王弼本】**视之不见名曰夷，听之不闻名曰希，搏之不得名曰微。此三者，不可致诘，故混而为一。其上不皦，其下不昧。绳绳不可名，复归于无物。是谓无状之状，无物之象，是谓惚恍。迎之不见其首，随之不见其后。执古之道，以御今之有。能知古始，是谓道纪。

**【河上公本】**视之不见名曰夷，听之不闻名曰希，搏之不得名曰微。此三者不可致诘，故混而为一。其上不皦，其下不昧。绳绳不可名，复归于无物。是谓无状之状，无物之象，是为忽恍。迎之不见其首，随之不见其后，执古之道，以御今之有，以知古始，是谓道纪。

| 编号 | 原文 | 白话 |
|---|---|---|
| 1 | 视之不见，名曰夷；听之不闻，名曰希；搏之不得，名曰微。此三者不可致诘，故混而为一。 | 有东西却不可见，叫做夷；有声音却不可闻，叫做希；有形体却触不到，叫做微。<br>这三者无法追究到底，因此只能混为一体。 |

续表

| 编号 | 原文 | 白话 |
| --- | --- | --- |
| 2 | 其上不皦，其下不昧。 | 它上部不会非常明亮，下面不会黯淡无光。 |
| 3 | 绳绳兮不可名。 | 渺茫幽远不可名状。 |
| 4 | 复归于无物。 | 终将回复到无物之态， |
| 5 | 是谓无状之状，无物之象，是谓惚恍。 | 因此是没有形状的形状，没有物质的形象，这就叫惚恍。 |
| 6 | 迎之不见其首，随之不见其后。 | 迎着它看不到开始，跟随它看不到结尾。 |
| 7 | 执古[注1]之道，以御今之有。<br>以[注2]知古始，是谓道纪。 | 遵循古老的道，来操作现今的实事，<br>能知道其古始内容，这就是道的纲纪。 |

**注1** 帛书本为“今之道”，北大本、王本及河上本均为“古之道”，取“古之道”于文意更通。

**注2** 陈本为“能”，帛书本为“以”，本书取“以”。

**明辨：**本章河上公题为“赞玄”，言“道体之冲妙”。今辨之：本章从文意结构上可分为七句。①句有言“视之不见”，而②句“其上不皦，其下不昧”则有可见之意，故此两句在对“见”的描述上并不严谨。②句言其性状，③句言“可名”，④句言其“无物”，都独立成句，无直接逻辑关联。④句⑤句有关联，但“无物”意重，疑有脱误。⑥句言其无始无终，与前几句主言其整体之“无物”文意并不连贯。⑦句应为独立句，因前句均无“古、今”的提示性表述。本章虽然杂乱，但若①③句相连则意顺，④②⑤句排列意顺。

## 第十五章

**【楚简本】**长古之善为士者，必微妙玄远，深不可识，是以为之容。豫乎（其）若冬涉川，犹乎其若畏四邻，俨乎其若客。涣乎其若释，敦乎其若朴，沌乎其若浊。孰能浊以静者将徐清，孰能安以动者将徐生。保此道者不欲尚盈。

【帛书甲本】□□□□□□□□□□深不可志（识）。夫唯不可志（识），故强为之容，曰：與呵其若冬□□□□□□畏四□□呵其若客，涣呵其若凌（凌）泽（释），□呵其若（朴），湷□□□□□□□若浴（谷）。浊而情（静）之，余（徐）清。女（安）以重（动）之，余（徐）生。葆此道不欲盈。夫唯不欲□□以能□□□成。

【帛书乙本】古之□为道者，微眇（妙）玄达，深不可志（识）。夫唯不可志（识），故强为之容，曰：與呵其若冬涉水，猷（犹）呵其若畏四（邻），严呵其若客，涣呵其若凌（凌）泽（释），沌呵其若朴，湷呵其若浊，(旷）呵其若浴（谷）。浊而静之，徐清。女（安）以重（动）之，徐生。葆此道者不欲盈。是以能（敝）而不成。

【王弼本】古之善为士者，微妙玄通，深不可识。夫唯不可识，故强为之容：豫兮若冬涉川，犹兮若畏四邻，俨兮其若客，涣兮若冰之将释，敦兮其若朴，旷兮其若谷，浑兮其若浊。孰能浊以止，静之徐清？孰能安以久，动之徐生？保此道者不欲盈。夫唯不盈，故能敝不新成。

【河上公本】古之善为士者，微妙玄通，深不可识。夫唯不可识，故强为之容：与兮若冬涉川，犹兮若畏四邻，俨兮其若客，涣兮若冰之将释，敦兮其若朴，旷兮其若谷，浑兮其若浊。孰能浊以（止）静之，徐清？孰能安以久动之，徐生？保此道者，不欲盈。夫唯不盈，故能蔽不新成。

| 编号 | 原文 | 白话 |
|---|---|---|
| 1 | 古之善为道[注1]者，微妙玄通，深不可识。 | 古时善于修身的人，精微深奥而通达，<br>深邃不为人所识， |

续表

| 编号 | 原文 | 白话 |
| --- | --- | --- |
| 2 | 夫唯不可识，故强为之容：<br>豫兮若冬涉川，<br>犹兮若畏四邻。<br>俨兮其若客，<br>涣兮其若凌释[注2]。<br>敦兮其若朴，<br>旷兮其若谷，<br>浑兮其若浊。 | 因为不为人所识，所以只能勉强为它描述。<br>迟疑谨慎像是冬天走在冰川，<br>警惕戒备像害怕四周的邻居。<br>庄严谨慎像在主人家做客。<br>舒缓消融像是冰凌将要融化，<br>朴实敦厚像是未经雕琢的素材。<br>空豁无底像深深的山谷。<br>浑朴得就像江河一样混浊。 |
| 3 | 孰能浊以静之徐清？<br>孰能安以久动之徐生？ | 谁能混浊了就处静逐渐让自己清澈。<br>谁能如此静安久了慢慢会有感而动。 |
| 4 | 保此道者，不欲盈。 | 保持这样的方法，不贪求更多， |
| 5 | 夫唯不盈，<br>故能蔽不新成[注3]。 | 因为不贪求，所以能够安于旧有的而不追求新的成就。 |

注1　陈本为“善为士者”，帛书乙本为“善为道者”。《老子》又名《道德经》故“为道”更胜。

注2　陈本做“其若释”，帛书本均做“其若凌释”，本书从帛书本，意通。

注3　陈本为“故能蔽而新成”，但多本作“敝不新成”。《淮南子·道应训》引《老子》曰：“服此道者，不欲盈，故能弊而不新成。”

**明辨：**本章河上公题为“显德”，言“修道者朴实之精神”。今辨之：本章从文意结构上可分为五句。①句末言“深不可识”，②句以“夫唯不可识”开头，“夫唯”有表因果意。故疑①②之间脱误，缺对如何“深不可识”描述的语句。④⑤类似。②句是对“为道者”的描述，至“浑兮其若浊”无明确结尾。③句为反问句，已不是描述之意，与②句文意并列无关联。④⑤句言“不欲盈”与本章前文无关联，但与第九章句“持而盈之，不如其已”有呼应。

## 第十六章

**【楚简本】**至虚，恒业。守中，笃也。万物方作，居以须复也。天道圆圆，各复其根。

【帛书甲本】至虚极也，守情（静）表也。万物旁（并）作，吾以观其复也。天物云云，各复归于其□□□情（静），是胃（谓）复命。复命，常也。知常，明也。不知常，（妄），（妄）作凶。知常容，容乃公，公乃王，王乃天，天乃道，□□□，沕（没）身不怠。

【帛书乙本】至虚极也，守静督也。万物旁（并）作，吾以观其复也。天物（芸）（芸），各复归于其根。曰静。静，是胃（谓）复命。复命，常也。知常，明也。不知常，芒（妄），芒（妄）作凶。知常容，容乃公，公乃王，王乃天，天乃道，道乃久，没身不殆。

【王弼本】致虚极，守静笃。万物并作，吾以观复。夫物芸芸，各复归其根。归根曰静，是曰复命。复命曰常，知常曰明。不知常，妄作凶。知常容，容乃公，公乃王，王乃天，天乃道，道乃久，没身不殆。

【河上公本】致虚极，守静笃，万物并作，吾以观其复。夫物芸芸，各复归其根。归根曰静，是谓复命。复命曰常，知常曰明。不知常，妄作，凶。知常容，容乃公，公乃王，王乃天，天乃道，道乃久。没身不殆。

| 编号 | 原文 | 白话 |
| --- | --- | --- |
| 1 | 致虚极，<br>守静笃。<br>万物并作，<br>吾以观其复[注1]。<br>天道运运[注2]，各复归其根。<br>归根曰静，静曰复命，<br>复命曰常，知常曰明。<br>不知常，妄作凶。<br>知常容，容乃公，公乃王[注3]，<br>王乃天，天乃道，<br>道乃久，没身不殆。 | 使心灵达到空虚空灵的极致，<br>守持宁静一心一意不受滋扰。<br>万物都在蓬勃生发运作，<br>我由此观察万物本来的样子。<br>天道万物运行不息，都要返归它们的根本，<br>归根叫静，静就是万物完成使命后的归宿，<br>复命是恒常归宿，知道这个恒常就是明，<br>不知道这个恒常就会胡乱妄为而有凶险。<br>知道恒常就会包容四方，包容就能大公无私，大公就会成为德被天下的王，王就是顺行天命，天命就是道，得道就会长久，到死都不会有危险。 |

续表

| 编号 | 原文 | 白话 |
| --- | --- | --- |

注1 陈本为“观复”，帛书本为“观其复”。观其复，则有一个观的指向，故从帛书本。
注2 陈本为“夫物芸芸”，“天道”为楚简本及帛书本所用，比之“夫物”意广，更符合老子之意。
注3 陈本“王”为“全”，多本为“王。”

**明辨：**本章河上公题为“归根”，言“悟此道，则能虚能静，与道同体”。今辨之：本章文意通顺。

## 第十七章

**【楚简本】**太上，下知有之。其次，亲誉之。其次，畏之。其次，侮之。信不足，安有不信。犹乎其贵言也。成事遂功，而百姓曰我自然也。

**【帛书甲本】**大上下知有之，其次亲誉之，其次畏之，其下母（侮）之。信不足，案（安）有不信。□□其贵言也。成功遂事，而百省（姓）胃（谓）我自然。

**【帛书乙本】**大上下知又（有）□，其□亲誉之，其次畏之，其下母（侮）之。信不足，安有不信。猷（犹）呵其贵言也。成功遂事，而百姓胃（谓）我自然。

**【王弼本】**大，上下知有之，其次亲而誉之，其次畏之，其次侮之。信不足焉，有不信。犹兮其贵言！功成事遂，百姓皆谓我自然。

**【河上公本】**大上，下知有之。其次亲之誉之。其次畏之。其次侮之。信不足焉，（有不信焉）。悠兮其贵言，功成事遂，百姓皆谓我自然。

| 编号 | 原文 | 白话 |
| --- | --- | --- |
| 1 | 太上，下知有之；其次，亲而誉之；其次，畏之；其次，侮之。 | 最好的，下人只知道它的存在。其次，亲近而赞誉它；其次，畏惧它；再其次，侮辱它。 |

续表

| 编号 | 原文 | 白话 |
| --- | --- | --- |
| 2 | 信不足焉，有不信焉。<br>悠兮其贵言，<br>功成事遂，百姓皆谓：我自然 | 有相信却不全信的，有完全不相信的。<br>悠闲的他不轻易多言。<br>事情成功，百姓都说“我本来就是这样”。 |

**明辨：**本章河上公题为“淳风”，言“赞太古无为之化”。今辨之：本章从文意结构上可分为两句，②句言“信不足焉”应用于①句有牵强之意，因①句的道理很明确，不存在信与不信的问题，故此两句相对独立。而“悠兮其贵言”句式与第十五章句“旷兮其若谷，浑兮其若浊”近似。

## 第十八章

**【楚简本】**故大道废，安有仁义。六亲不和，安有孝慈。邦家昏乱，安有正臣。

**【帛书甲本】**故大道废，案有仁义。知（智）快（慧）出，案有大伪。六亲不和，案有畜（孝）兹（慈）。邦家（昏）乱，案有贞臣。

**【帛书乙本】**故大道废，安有仁义。知（智）慧出，安有大伪。六亲不和，安又（有）孝兹（慈）。国家（昏）乱，安有贞臣。

**【王弼本】**大道废，安有仁义；（智慧出，安有大伪；）六亲不和，安有孝慈；国家昏乱，安有忠臣。

**【河上公本】**大道废，有仁义；智慧出，有大伪；六亲不和，有孝慈；国家昏乱，有忠臣。

| 编号 | 原文 | 白话 |
| --- | --- | --- |
| 1 | 故[注1]大道废，有仁义；<br>智慧出，有大伪[注2]；<br>六亲不和，有孝慈；<br>邦家[注3]昏乱，有忠臣。 | 因此大道荒废才会有仁义的教化，<br>智慧出现就有虚伪狡诈。<br>家庭不和睦就显出孝慈的重要，<br>国家混乱才会显现出忠臣。 |

续表

| 编号 | 原文 | 白话 |
|---|---|---|
| 注1 | 陈本无此“故”字，但楚简本及帛书本章首有“故”字，显示此章为结论句。 | |
| 注2 | 陈本无此句，但帛书本有。 | |
| 注3 | 陈本此处为“国家”，楚简本与帛书甲本作“邦家。”汉语中“国”与“邦”都是指称国家，大者曰“邦”，小者曰“国”。各版本中这两个字的使用较为混乱，没有明确分别。为了更好的理解《老子》之精神，本书暂做区别：在“为道”篇中用“国”；在“修德”篇中使用“邦”。盖因《老子》文中，两者应有不同的用法，在后文将会明确看到。“邦”多指现实中实存邦国，“国”多为泛指概念性存在。“国”从口、从或；其初文是“或”，是“域”的古字。本义是指疆域，地域，后引申为邦国。故“国”的本义是泛指某一范围的存在。 | |

**明辨：**本章河上公题为“俗薄”，言“深悯世道之不古也”。今辨之：本章文意通顺，与第三十八章“失道而后德，失德而后仁，失仁而后义，失义而后礼”有较强呼应，是对第三十八章文意的进一步解读。

## 第十九章

**【楚简本】**绝智弃辩，民利百倍。绝巧弃利，盗贼无有。绝伪弃虑，民复季子。三言以为使不足，或命之或呼属。视素抱朴，少私寡欲。

**【帛书甲本】**绝声（圣）弃知（智），民利百负（倍）。绝仁弃义，民复畜（孝）兹（慈）。绝巧弃利，盗贼无有。此三言也，以为文未足，故令之有所属。见素抱□□□□□。

**【帛书乙本】**绝（圣）弃知（智），而民利百倍。绝仁弃义，而民复孝兹（慈）。绝巧弃利，贼无有。此三言也，以为文未足，故令之有所属。见素抱朴，少私而寡欲。绝学无忧。

**【王弼本】**绝圣弃智，民利百倍；绝仁弃义，民复孝慈；绝巧弃利，盗贼无有。此三者，以为文不足，故令有所属：见素抱朴，少私寡欲。

【河上公本】绝圣弃智，民利百倍；绝仁弃义，民复孝慈；绝巧弃利，盗贼无有。此三者以为文不足，故令有所属。见素抱朴，少私寡欲。

| 编号 | 原文 | 白话 |
|---|---|---|
| 1 | 绝圣弃智，民利百倍；<br>绝仁弃义，民复孝慈注1；<br>绝巧弃利，盗贼无有。 | 杜绝圣贤和聪明，人民会有百倍利益；<br>放弃仁义教化，人民就回复孝慈的本性；<br>断绝技巧和贪利，也就没有了盗贼。 |
| 2 | 此三者以为文，不足。<br>故令有所属：见素抱朴，<br>少思寡欲，<br>绝学无忧注2。 | 这三方面只是文字形容，不足说明全部。<br>因此要令人们有所遵循：要守住自己的本色，不要随意修饰，少思考，减少自己的欲望，<br>杜绝学习就不会有忧虑。 |

注1 陈本此处为"绝智弃辩，民利百倍；绝伪弃诈，民復孝慈"，近楚简本而与帛书本等均为不同。本书从帛书本。这几句排比，楚简本文意与其他文本差异较大，以"绝智弃辩"代替"绝圣弃智"；以"绝伪弃虑"代替"绝仁弃义"，即并未与儒学有根本抵触。今人多以此为《老子》本义，但其他版本均与其不同。有推测认为，楚简本是儒家先生所摘抄的节选本，故在文意上避免与儒学相违。但《礼记·曲礼》言"修身践言，谓之善行；行修言道，礼之质也"，道家直言其质，也未见得与儒学相违。

注2 陈本此句置于第二十章，但帛书本均在本章。文意上"绝学无忧"与"唯之与阿，相去几何？"不存在逻辑关联。

**明辨：**本章河上公题为"还淳"，言"尊素朴之风，去私欲之累，则其利博矣"。今辨之：本章从文意结构上可分为两句，①句主言治国方略，②句之"见素抱朴，少私寡欲"是针对个人修养而言。故此文意并不连贯，疑为错简。本章②句所言"此三者"疑似指向第三章句"不尚贤""不贵难得之货""不见可欲"三者治民之法。

# 第二十章



【楚简本】唯与诃，相去几何？美与丑，相去何若？人之所畏，亦不可以不畏。

【帛书甲本】□□□□唯与诃，其相去几何？美与恶，其相去何若？人之□□亦不□□□□□□□□□□众人（熙）（熙），若乡（飨）于大牢，而春登台。我泊焉未佻（兆），若□□□□累呵如□□□□□□皆有余，我独遗。我禺（愚）人之心也，蠢蠢呵。鬻（俗）□□□□□□（昏）呵。鬻（俗）人蔡（察）蔡（察），我独（闷）（闷）呵。忽呵其若□望（恍）呵其若无所止。□□□□□□□□以悝（俚）。吾欲独异于人，而贵食母。

【帛书乙本】唯与呵，其相去几何？美与亚（恶），其相去何若？人之所畏，亦不可以不畏人。望（恍）呵其未央才（哉）！众人（熙）（熙），若乡（飨）于大牢，而春登台。我博（泊）焉未垗（兆），若婴儿未咳。累呵佁（似）无所归。众人皆又（有）余（余）。我愚人之心也，湷湷呵。鬻（俗）人昭昭，我独若（昏）呵。鬻（俗）人察察，我独闽（闵）闽（闵）呵，沕（忽）呵其若海，望（恍）呵若无所止。众人皆有以，我独门元（顽）以鄙。吾欲独异于人，而贵食母。

【王弼本】绝学无忧。唯之与阿，相去几何？善之与恶，相去若何？人之所畏，不可不畏。荒兮其未央哉！众人熙熙，如享太牢，如春登台。我独泊兮其未兆，如婴儿之未孩；儽儽兮若无所归！众人皆有余，而我独若遗；我愚人之心也哉，沌沌（忳忳）兮！俗人昭昭，我独昏昏。俗人察察，我独闷闷；澹兮其若海，飂兮若无止。众人皆有以，而我独顽似鄙。我独异于人，而贵食母。

【河上公本】绝学，无忧。唯之与阿，相去几何？善之与恶，相去若何？人之所畏，不可不畏。荒兮其未央哉。众人熙熙，如享太牢，如春登台，我独怕兮其未兆，如婴儿之未孩；乘乘兮若无所归。众人皆有余，而我独若遗，我愚人之心也哉，沌沌兮。俗人昭昭，我独若昏；俗人察察，我独闷闷。忽兮若海。漂兮若无所止。众人皆有以，而我独顽似鄙。我独异于人，而贵食母。

| 编号 | 原文 | 白话 |
| --- | --- | --- |
| 1 | 唯之与阿，相去几何？<br>美之与恶，相去若何？<br>人之所畏，不可不畏。<br>荒兮，其未央哉。 | 唯与阿，差别有多少？<br>美好与丑恶，差别又有多少？<br>人民所畏惧的，不可以不畏惧。<br>多么荒谬啊，并且这种认识不会有尽头。 |
| 2 | 众人熙熙，如享太牢，<br>如登春台。<br>我独泊兮其未兆，如婴儿之未孩，<br>儽儽兮若无所归。<br>众人皆有余，而我独若遗。<br>我愚人之心也哉，沌沌兮。<br>俗人昭昭，我独昏昏；俗人察察，我独闷闷。 | 众人都兴高采烈的，像享受丰盛的宴席，<br>又像春天登台远眺。<br>我独自淡泊，没有可炫耀的，像是没长大的婴儿。无知无虑的行不知所至。<br>众人都有富裕，唯独我好似还有不足，<br>我这愚人的心呀，混混沌沌的。<br>普通人精明伶俐，而我暗昧糊涂；<br>普通人严厉苛刻，我却朴素醇厚。 |
| 3 | 澹兮其若海，<br>飂兮若无止。 | 水波舒缓像大海的样子。<br>像急速吹来的风一样没有止息。 |
| 4 | 众人皆有以，<br>而我独顽且鄙。<br>我独异于人，而贵食母。 | 大家都好像有所作为的样子，<br>而我却顽劣且鄙陋。<br>我唯独与众人不同，以道为贵。 |

**明辨：**本章河上公题为“异俗”，言“凡圣对比以示修身为重”。今辨之：本章从文意结构上可分为四句。①句言美恶相去不远，②句主言“我”之“异于人”而无与“美恶”相关的表述。故此两句各自独立。②句以第一人称阐述如“我独闷闷”，与④句相关。②句所言视角是“我”之“愚”“昏”，与③句所言自由无拘在文意上并无衔接。③句却可与第十五章句“旷兮其若谷，浑兮其若浊”形成排比。

## 第二十一章

**【楚简本】**缺

**【帛书甲本】**孔德之容，唯道是从。道之物，唯望（恍）唯忽。

□□□呵，中有象呵。望（恍）呵忽呵，中有物呵。（幽）呵鸣（冥）呵，中有请（精）呵。其请（精）甚真，其中□□。自今及古，其名不去，以顺众（父）。吾何以知众（父）之然？以此。

**【帛书乙本】**孔德之容，唯道是从。道之物，唯望（恍）唯沕（忽）。沕（忽）呵望（恍）呵，中又（有）象呵。望（恍）呵沕（忽）呵，中有物呵。幼（窈）呵冥呵，其中有请（精）呵。其请（精）甚真，其中有信。自今及古，其名不去，以顺众父。吾何以知众父之然也？以此。

**【王弼本】**孔德之容，惟道是从。道之为物，惟恍惟惚。惚兮恍兮，其中有象；恍兮惚兮，其中有物。窈兮冥兮，其中有精；其精甚真，其中有信。自古及今，其名不去，以阅众甫。吾何以知众甫之状哉？以此。

**【河上公本】**孔德之容，唯道是从。道之为物，唯恍唯忽忽兮恍兮，其中有象；恍兮忽兮，其中有物，窈兮冥兮，其中有精，其精甚真，其中有信。自古及今，其名不去，以阅众甫。吾何以知众甫之然哉？以此。

| 编号 | 原文 | 白话 |
|---|---|---|
| 1 | 孔德之容，惟道是从。 | 大德之人唯遵循于道。 |
| 2 | 道之为物，惟恍惟惚，惚兮恍兮，<br>其中有象；恍兮惚兮，其中有物。<br>窈兮冥兮，其中有精，<br>其精甚真，其中有信。 | 道作为存在的东西，它似有似无恍恍惚惚。<br>惚惚恍恍似有现象，恍恍惚惚中似有东西。<br>幽冥深远，其中有精华，<br>这精华是非常真实的，里面含有信息。 |
| 3 | 自古及今，其名不去。 | 从古到今，道的名字不会离去。 |
| 4 | 以阅众甫。 | 由此能体察万物的生生化作。 |
| 5 | 吾何以知众甫之状哉？以此。 | 我怎么知道万物的状况呢？原因在此。 |

**明辨：**本章河上公题为“虚心”，言“明至道之真，得万物之常也”。今辨之：本章从文意结构上可分为五句。①句言“惟道是

从”，②句却未顺此意展开，无对如何“是从”的表述。反言“道之为物”，是对道体的描述，其“恍兮惚兮”反让“孔德之容”无所“是从”，故此两句文意独立并不连贯。③句之“其名不去”为独立句与其他句无关联。④言“以阅众甫”，显然通过前几句是无法“阅”的，故此亦不连贯。而④句“以阅众甫”，⑤句即为“以知众甫”，其间并未阐明如何知之，疑其间缺简。

## 第二十二章

**【楚简本】**缺

**【帛书甲本】**曲则全，枉则定（正），洼则盈，敝则新。少则得，多则惑。是以声（圣）人执一，以为天下牧。不□视（示）故明，不自见故章，不自伐故有功，弗矜故能长。夫唯不争，故莫能与之争。古□□□□□□□□语才（哉），诚金（全）归之。

**【帛书乙本】**曲则全，汪（枉）则正，洼则盈，（敝）则新。少则得，多则惑。是以（圣）人执一，以为天下牧。不自视（示）故章，不自见也故明，不自伐故有功，弗矜故能长。夫唯不争，故莫能与之争。古之所胃（谓）曲全者几语才（哉），诚全归之。

**【王弼本】**曲则全，枉则直，洼则盈，敝则新，少则得，多则惑。是以圣人抱一为天下式。不自见故明，不自是故彰，不自伐故有功，不自矜故长。夫唯不争，故天下莫能与之争。古之所谓曲则全者，岂虚言哉！诚全而归之。

**【河上公本】**曲则全，枉则直，洼则盈，弊则新，少则得，多则惑。是以圣人抱一为天下式。不自见，故明；不自是，故彰；不自伐，故有功；不自矜，故长。夫唯不争，故天下莫能与之争。古之所谓曲则全者，岂虚言哉？诚全而归之。

| 编号 | 原文 | 白话 |
| --- | --- | --- |
| 1 | 曲则全，枉则直；<br>洼则盈，敝则新；<br>少则得，多则惑。 | 委曲可以得到保全，弯曲才能够伸展，<br>低洼处容易盈满，敝旧才能更新，<br>少取反而可以多得，多得容易失去。 |

续表

| 编号 | 原文 | 白话 |
| --- | --- | --- |
| 2 | 是以圣人执一以为天下式[注]。 | 因此圣人守持“一”的标准，作为天下范式。 |
| 3 | 不自见故明，<br>不自是故彰，<br>不自伐故有功，<br>不自矜故能长。 | 不依从自己的主见，因此能明达；<br>不自以为是，因此能彰显自己的价值，<br>不夸耀自己，故而才有功劳，<br>不自高自大，因此才能长久。 |
| 4 | 夫唯不争，故天下莫能与之争。古之所谓“曲则全”者，岂虚言哉，诚全而归之。 | 只因为不争，所以天下没有谁能跟它争。<br>古时所说的委曲可以得到保全，难道是空话吗？是真的，道理都在这了。 |

**注** 陈本此处为“执一为天下式”，帛书本为“执一以为天下式”，本书从帛书本。另，此处古本为“执一”，王与河上本等多本为“抱一”，意通。但“抱一”为静态被动之义，而“执一”则有“用”意，因此这里应随古本用“执一”。

**明辨：**本章河上公题为“益谦”，言“示柔顺之谦，全成和之德也”。今辨之：本章从文意结构上可分为4句。①句与④句讲委曲求全的道理，文意呼应。②句言“执一”与上下句无明确关联，疑为错简。③句“不自见故明……”与第二十四章句“自见者不明……”有较强的对应关系。而“自见”“自是”等均是个人自身的修为，与④句“不争”在文意上不是严谨的逻辑联系。

## 第二十三章

**【楚简本】**缺

**【帛书甲本】**希言自然。飘风不冬（终）朝，暴雨不冬（终）日。孰为此？天地，□□□□□□于人乎？故从事而道者同于道，德（得）者同于德（得），者（失）者同于失。同德（得）□，道亦德（得）之。同于□者，道亦失之。

**【帛书乙本】**希言自然。（飘）风不冬（终）朝，暴雨不冬（终）

日。孰为此？天地，而弗能久，有（又）兄（况）于人乎？故从事而道者同于道，德（得）者同于德（得），失者同于失。同于德（得）者，道亦德（得）之；同于失者，道亦失之。

**【王弼本】**希言自然。故飘风不终朝，骤雨不终日。孰为此者？天地。天地尚不能久，而况于人乎？故从事于道者同于道，德者同于德，失者同于失。同于道者，道亦乐得之；同于德者，德亦乐得之；同于失者，失亦乐得之。信不足焉，有不信焉。

**【河上公本】**希言自然。飘风不终朝，骤雨不终日。孰为此者？天地。天地尚不能久，而况于人乎？故从事于道者，道者同于道，德者同于德，失者同于失。同于道者，道亦乐得之；同于德者，德亦乐得之；同于失者，失亦乐得之。信不足焉，有不信焉。

| 编号 | 原文 | 白话 |
| --- | --- | --- |
| 1 | 希言自然。 | 少说话合乎自然法则。 |
| 2 | 注1飘风不终朝，骤雨不终日。<br>孰为此者？天地。天地尚不能久，而况于人乎？ | 狂风不会超过一早晨，暴雨不会整天都下。<br>谁能使它这样呢？是天地之道。天地尚且不能长久，何况人呢？ |
| 3 | 故从事于道者，同于道；德者，同于德；失者，同于失。<br>同于道者，道亦乐得之；同于德者，德亦乐得之；同于失者，失亦乐得之注2。<br><br>信不足焉，有不信焉。 | 因此修道的人，与道同类；修德的人也会与德同类；失去道、德的人就与无道缺德同类。<br>与道同的人，道就愿意接纳它，与德同的人，德也愿意接纳它，失道缺德的人，失道缺德也会愿意接纳它。<br>信不信由你。 |

注1　陈本此句首有“故”字，帛书所无显示其非结论句，本书从帛书本。

注2　陈本此句为“同于德者，道亦德之；同于失者，道亦失之”，与帛书本近。但老子说“道者万物之奥”，如此本句“道亦失之”似有疑。故本书从王本及河上本，于文意更妥当。

**明辨：**本章河上公题为“虚无”，言“明自然之道可以常久，然至易而守难”。今辨之：本章从文意结构上可分为三句。①句言“希言自然”，②句虽有飘风、骤雨等自然现象，但先秦时期均以“天地”来代指现代语境的“自然”。而“自然”多做自然而然义，与自然环境无关，故此两句无直接关联，疑为错简。②句言天道“不能久”，③句言得道多助、物以类聚，因此之间不构成因果关系。却以“故”表因果连接，疑为错简。可以看到②句中“天地尚不能久，而况于人乎”与第六十四章句“民之从事，常于几成而败之”存在呼应。



## 第二十四章

**【楚简本】**缺

**【帛书甲本】**炊者不立，自视（示）不章，□见者不明，自伐者无功，自矜者不长。其在道，曰：“（余）食、赘行。”物或恶之，故有欲者□居。

**【帛书乙本】**炊者不立。自视（示）者不章，自见者不明，自伐者无功，自矜者不长。其在道也，曰：“（余）食、赘行。”物或亚（恶）之，故有欲者弗居。

**【王弼本】**跂者不立，跨者不行，自见者不明，自是者不彰，自伐者无功，自矜者不长。其在道也，曰余食赘行。物或恶之，故有道者不处。

**【河上公本】**跂者不立，跨者不行，自见者不明，自是者不彰，自伐者无功，自矜者不长。其于道也，曰余食赘行。物或恶之，故有道者不处也。

| 编号 | 原文 | 白话 |
| --- | --- | --- |
| 1 | 企者不立，<br>跨者不行。<br>自见者不明，<br>自是者不彰，<br>自伐者无功，<br>自矜者不长。<br>其在道也，曰：余食赘形。物或恶之，故有道者不处。 | 踮起脚尖想看得更远的人反而站立不稳，<br>跨大步走的人反而走不快。<br>有成见的人不会明达，<br>自以为是的人不会彰显形象；<br>自我炫耀的人没有功劳，<br>自高自大的人不会长久。<br>在道的角度看，叫残羹剩饭或是赘瘤，万物都嫌恶这些，因此有道的人不会与之相处。 |

**明辨：**本章河上公题为“苦恩”，言“主一者足于内，而不矜于外也”。今辨之：本章言修身不可以己见为主，不可急于求成，文字连贯，与第二十二章句“不自见故明”有关联。

## 第二十五章

**【楚简本】**有状混成，先天地生。寂寥，独立不改，可以为天下母。未知其名，字之曰道，吾劈为之名曰大。大曰逝，逝曰远，远曰返。天大，地大，道大，王亦大。国中有四大焉，王居一焉。人法地，地法天，天法道，道法自然。

**【帛书甲本】**有物昆成，先天地生。绣（寂）呵缪（寥）呵，独立□□□可以为天地母。吾未知其名，字之曰道。吾强为之名曰大。□曰筮（逝），筮（逝）曰□□□□□□□天大，地大，王亦大。国中有四大，而王居一焉。人法地，□法□，天法□□法□□。

**【帛书乙本】**有物昆成，先天地生。萧（寂）呵漻（寥）呵，独立而不（改），可以为天地母。吾未知其名也，字之曰道。吾强为之名曰大。大曰筮（逝），筮（逝）曰远，远曰反。道大，天大，地大，王亦大。国中有四大，而王居一焉。人法地，地法天，天法道，道法自然。

**【王弼本】**有物混成，先天地生。寂兮寥兮，独立而不亥，周行而不殆，可以为天地母。吾不知其名，字之曰道，强为之名曰大。大曰羡，羡曰远，远曰反。故道大，天大，地大，王亦大。域中有四大，而王居其一焉。人法地，地法天，天法道，道法自然。

**【河上公本】**有物混成，先天地生。寂兮寥兮，独立而不改，周行而不殆，可以为天下母，吾不知其名，字之曰道，强为之名曰大。大曰逝，逝曰远，远曰反，故道大，天大，地大，王亦大。域中有四大，而王居其一焉。人法地，地法天，天法道，道法自然。

续表

| 编号 | 原文 | 白话 |
|---|---|---|
| 1 | 有物混成，先天地生。<br>寂兮寥兮，独立而[注1]不改，<br>周行而不殆，可以为天下母。<br>吾不知其名，[注2]字之曰道。 | 有个东西混然而成，在天地之前就存在。<br>寂静无声又空虚无形，卓然独立永不改变，圆满的运行而不会停止。<br>可以作为天下万物之母。<br>我不知道它的名字，称为道， |
| 2 | 吾[注3]强为之名曰大，大曰逝，逝曰远，远曰反。 | 我勉强称其为大。广大无边又周流不息，周流不息又辽远无尽，辽远无尽又返回本源。 |
| 3 | 故道大，天大，地大，王[注4]亦大。国[注5]中有四大，而王[注4]居其一焉。<br>人法地，地法天，天法道，道法自然。 | 因此道大，天大，地大，王也大；天地间有四大，王是其中之一。<br>人效法大地，大地效法天，天效法道，道以自己为法则。 |

注1　陈本此处无“而”，帛书本有，且与“周行而不殆”相对应。

注2　陈本此处有“强”，多本所无。

注3　陈本此处无“吾”，而帛书本此处均有“吾”字，复古本之后有助学人对此章的理解。

注4　陈本此章以“人”代替“王”，但多本均为“王”。

注5　陈本此处为“域”字，帛书本均为“国”，全文中多有“国”字而无“域”的使用，故此沿用“国”。

**明辨：**本章河上公题为“象元”，言“赞道大而自然也”。今辨之：本章从文意结构上可分为三句，①句是对道体的描述并“字之曰道”，②句也说“吾强为之名曰大”。如此“道”就有了两个称呼，与①句有重复之嫌，疑为错简。若①句中“字之曰道”是与第一章中“道可道，非常道”相应的话，则②句“吾强为之名曰大”应是另有所指。本章③句中出现天、地、人等概念，在前两句未有铺垫，故此③句应另有语境句。

## 第二十六章

**【楚简本】**缺

【帛书甲本】□为圣（轻）根，清（静）为趮（躁）君。是以君子众（终）日行，不离其甾（辎）重，唯（虽）有环官，燕处□□若。若何万乘之王而以身圣（轻）于天下？圣（轻）则失本，趮（躁）则失君。

【帛书乙本】重为轻根，静为趮（躁）君。是以君子冬（终）日行，不远其甾（辎）重，虽有环官（馆），燕处则昭若。若何万乘之王而以身轻于天下？轻则失本，趮（躁）则失君。

【王弼本】重为轻根，静为躁君。是以圣人终日行不离辎重。虽有荣观，燕处超然。奈何万乘之主，而以身轻天下？轻则失根，躁则失君。

【河上公本】重为轻根，静为躁君。是以圣人终日行，不离辎重。虽有荣观、燕处，超然。奈何万乘之主，而以身轻天下？轻则失臣，躁则失君。

| 编号 | 原文 | 白话 |
|---|---|---|
| 1 | 重为轻根，静为躁君。<br>是以圣人[注]终日行不离辎重。<br>虽有荣观，燕处超然。<br>奈何万乘之主，而以身轻天下。<br>轻则失根，躁则失君。 | 重是轻的根基，静是躁动的主宰。<br>因此圣人长久出行离不开载重的车辆。<br>虽然有华丽的生活，却能轻松超然物外。<br>怎奈万乘之君重自身而轻天下，轻率行事。<br>轻会失去根基，燥会失去主宰。 |

注 陈本此处为“君子”，与帛书本同。然君子与后文“万乘之主”的对应不若圣人贴切。

**明辨：**本章河上公题为“重德”，言“静重然后可以为有物之主”。今辨之：本章文意连贯，无须分句。

## 第二十七章

【楚简本】缺

【帛书甲本】善行者无（辙）迹，□言者无瑕适（谪），善数者不以梼（筹）（策）。善闭者无（关）籥（钥）而不可启也，善结者

□□约而不可解也。是以声（圣）人恒善（救）人，而无弃人，物无弃财，是胃（谓）（袭）明。故善□□□之师；不善人，善人之赍（资）也。不贵其师，不爱其赍（资），唯（虽）知（智）乎大眯（迷）。是胃（谓）眇（妙）要。

**【帛书乙本】**善行者无达（辙）迹，善言者无瑕适（谪），善数者不用梼（筹）（策）。善闭者无关籥（钥）而不可启也，善结者无（绳）约而不可解也。是以（圣）人恒善（救）人，而无弃人，物无弃财，是胃（谓）曳（袭）明。故善人，善人之师；不善人，善人之资也。不贵其师，不爱其资，虽知（智）乎大迷。是胃（谓）眇（妙）要。

**【王弼本】**善行无辙迹，善言无瑕谪；善数不用筹策；善闭无关楗而不可开，善结无绳约而不可解。是以圣人常善救人，故无弃人；常善救物，故无弃物，是谓袭明。故善人者，不善人之师；不善人者，善人之资。不贵其师，不爱其资，虽智大迷，是谓要妙。

**【河上公本】**善行无辙迹，善言无瑕谪，善计不用筹策，善闭无关楗而不可开，善结无绳约而不可解。是以圣人常善救人，故无弃人；常善救物，故无弃物，是谓袭明。故善人者，不善人之师；不善人者，善人之资。不贵其师，不爱其资，虽智大迷。是谓要妙。

| 编号 | 原文 | 白话 |
|---|---|---|
| 1 | 善行无辙迹，善言无瑕谪，<br>善数不用筹策，<br>善闭无关楗而不可开，<br>善结无绳约而不可解。 | 高明的行走没有痕迹。高明的说话不会有纰漏。高明的计数，不需借用算筹。<br>高明的锁门，不用栓梢也不会让人打开。<br>高明的打结，没有绳扣它人也不会解开。 |
| 2 | 是以圣人常善救人，而无弃人，<br>物无弃财注1。 | 因此圣人总是高明的救助人，因此没有人被放弃。<br>器物也不会失去应有的价值。 |
| 3 | 是谓袭明。 | 这就叫聪明。 |

续表

| 编号 | 原文 | 白话 |
|---|---|---|
| 4 | 故善人者，不善人之师；<br>不善人者，善人之资。<br>不贵其师，不爱其资，虽智大迷，<br>是谓要妙。 | 因此高明的人是愚人的老师，<br>愚人是高明人的借鉴。<br>不尊重它的老师，不爱护它的借鉴，虽然聪明却是最大的糊涂，<br>这正是最关键的奥妙。 |

注 陈本此句为“是以圣人常善救人，故无弃人；常善救物，故无弃物”。傅弈云：“常善救人等两句，独得诸河上，古本无有也！”晁说之也有此说。今可见帛书甲乙本均为“是以圣人常善救人，而无弃人，物无弃财”。结合本章围绕善人与不善人立论，且《老子》倡导“与物反矣”，故“救物”一说存疑，今从帛书本。

**明辨：**本章河上公题为“巧用”，言“名连双泯，教理兼忘”。今辨之：本章从文意结构上可分为四句，①句主讲善为道者“深不可识”，与②句“善救人”非明确的因果关系，却以“是以”连接，疑为错简。③句“袭明”的结论与前句无关。④句关于“善人”与“不善人”的论述在第六十二章亦有涉及，如“善人之宝，不善人之所保”。

## 第二十八章

**【楚简本】**缺

**【帛书甲本】**知其雄，守其雌，为天下溪。为天下溪，恒德不鸡（离）。恒（德）不鸡（离），复归婴儿。知其白，守其辱，为天下浴（谷）。为天下□恒德乃□德乃□□□□□□知其，守其□，为天下式。为天下式，恒德不貣（忒）。德不貣（忒），复归于无极。楃（朴）散□□□□□人用则为官长。夫大制无割。

**【帛书乙本】**知其雄，守其雌，为天下（溪）。为天下（溪），恒德不离。恒德不离，复□□□□□□其白，守其辱，为天下浴（谷）。为天下浴（谷），恒德乃足。恒德乃足，复归于朴。知其白，守其黑，为天下式。为天下式。恒德不贷（忒）。恒德不贷（忒），复归于无极。朴散则为器，（圣）人用则为官长。夫大制无割。

【王弼本】知其雄，守其雌，为天下溪。为天下溪，常德不离，复归于婴儿；知其白，守其黑，为天下式。为天下式，常德不忒，复归于无极；知其荣，守其辱，为天下谷。为天下谷，常德乃足，复归于朴。朴散则为器，圣人用之，则为官长。故大制不割。

【河上公本】知其雄，守其雌，为天下溪。为天下溪，常德不离。复归于婴儿。知其白，守其黑，为天下式。为天下式，常德不忒。复归于无极。知其荣，守其辱，为天下谷。为天下谷，常德乃足，复归于朴。朴散则为器，圣人用之则为官长，故大制不割。

| 编号 | 原文 | 白话 |
| --- | --- | --- |
| 1 | 知其雄，守其雌，为天下溪。<br>为天下溪，常德不离，复归于婴儿。知其白，（守其黑，为天下式，为天下式，<br>常德不忒，复归于无极。知其荣，注1）守其辱，为天下谷。<br>为天下谷，常德乃足。复归于朴。 | 知道雄性的刚强，安守雌性的柔静，做天下的溪流。<br>成为溪流，永恒之德就不会离去，复归于婴儿的原始状态。知道白的圣洁，（安守黑暗之处，为天下的范式。成为天下模范，恒常的德是不会有差错的，归复到无极的状态。知道荣耀的尊贵）<br>安守卑辱的地位，成为山谷。<br>成为天下的山谷，德就充足，归复于淳朴。 |
| 2 | 朴散则为器，圣人用之，则为官长。 | 朴由聚集而分离就成为器物，圣人使用这些器具治理天下，就是统领。 |
| 3 | 故大制无注2割。 | 因此最好的裁制是不用分割就能成就的。 |

注1 《庄子·天下》引用本章原文应为“知其雄，守其雌，为天下溪。为天下溪，常德不离，复归于婴儿。知其白，守其辱，为天下谷。为天下谷，常德乃足。复归于朴。朴散则为器，圣人用之，则为官长，故大制不割”。其余为后人所杜撰。因古“辱”字，有黑之意，后人不解而添“守其黑……知其荣”句。

注2 陈本此处为“不割”，而古本均为“大制无割”，《淮南子·道应训》亦言“大制无割”。

**明辨：**本章河上公题为“反朴”，言“明牧谦以容物，泯迹而返朴，故其用不穷”。今辨之：本章从文意结构上可分为三句，①

句言“复归于朴”以赞“朴”之德，②句则言“朴散为器，圣人用之，则为官长”，文意有矛盾处，疑错简。③句“故大制无割”为独立句，与前文无因果关联。

## 第二十九章

**【楚简本】**缺

**【帛书甲本】**将欲取天下而为之，吾见其弗□□□□□□器也，非可为者也。为者败之，执者失之。物或行或随，或炅（热）或□□□□□或坏（培）或撱（堕）。是以声（圣）人去甚，去大，去楮（奢）。

**【帛书乙本】**将欲□□□□□□□□□□得已。夫天下，神器也，非可为者也。为之者败之，执之者失之。物或行或隋（随），或热，或（挫），或陪（培）或堕。是（圣）人去甚，去大，去诸（奢）。

**【王弼本】**将欲取天下而为之，吾见其不得已。天下神器，不可为也，不可执也，为者败之，执者失之。是以圣人无为故无败，无执故无失。故物或行或随，或嘘或吹，或强或羸，或载或隳。是以圣人去甚，去奢，去泰。

**【河上公本】**将欲取天下，而为之，吾见其不得已。天下神器，不可为也，为者败之，执者失之。故物或行或随，或歔或吹。或强或羸，或载或隳。是以圣人去甚，去奢，去泰。

| 编号 | 原文 | 白话 |
|---|---|---|
| 1 | 将欲取天下而为之，吾见其不得已。<br>天下神器，不可为也。<br>为者败之，执者失之。 | 将要力取天下并有所为，我看是不会成功的。<br>天下多么神圣，不可以有所为。<br>有所为的人会失败，执有的人会失去。 |
| 2 | 是以圣人无为，故无败，<br>无执故无失[注]。 | 因此圣人不妄为，因此不会失败，<br>无所持有故而不会失去。 |

续表

| 编号 | 原文 | 白话 |
| --- | --- | --- |
| 3 | 夫物或行或随，<br>或嘘或吹，<br>或强或羸，或载或隳。 | 万物有的独自前行，有的跟随而走，<br>有的哈气送暖，有的吹风寒凉，<br>有的强壮，有的羸弱，有的乘车，有的跌落。 |
| 4 | 是以圣人去甚，去奢，去泰。 | 因此圣人远离极端，远离奢侈，远离安泰。 |
| 注 | 陈本对此句存疑，此句王本独有，且与第六十章句重，疑此处错简。 | |

**明辨：**本章河上公题为“无为”，言“惟无为自然，则可以有常”。今辨之：本章从文意结构上可分为四句。①②两句意顺，但均是结论性表述且重复处较多。且②句唯王本专有，疑其间有脱误。③④两句文意各自独立，与前两句无明确关联。

## 第三十章

**【楚简本】**以道佐人主者，不欲以兵强于天下。善者果而已，不以取强。果而弗伐，果而弗骄，果而弗矜，是谓果而不强。其事好。

**【帛书甲本】**以道佐人主，不以兵强□天下。□□□□□□所居，楚朸（棘）生之。善者果而已矣，毋以取强焉。果而毋（骄），果而勿矜，果而□□果而毋得已居，是胃（谓）□而不强。物壮而老，是胃（谓）之不道，不道蚤（早）已。

**【帛书乙本】**以道佐人主，不以兵强于天下。其□□□□□□□□棘生之。善者果而已矣，毋以取强焉。果而毋骄，果而勿矜，果□□伐，果而毋得已居，是胃（谓）果而强。物壮而老，胃（谓）之不道，不道蚤（早）已。

**【王弼本】**以道佐人主者，不以兵强天下。其事好还。师之所处，荆棘生焉。大军之后，必有凶年。善有果而已，不敢以取强。果而勿矜，果而勿伐，果而勿骄。果而不得已，果而勿强。物壮则老，是谓不道，不道早已。

【河上公本】以道佐人主者。不以兵强天下，其事好还，师之所处，荆棘生焉。大军之后，必有凶年。善者果而已，不敢以取强。果而勿矜，果而勿伐，果而勿骄，果而不得已，果而勿强。物壮则老，是谓不道，不道早已。

| 编号 | 原文 | 白话 |
|---|---|---|
| 1 | 夫以道佐人主者，不以兵强天下，其事好还。<br>师之所处，荆棘生焉，<br>大军之后必有凶年。 | 那些按道的要求辅佐君主的人，不可依靠武力逞强于天下。用兵很快会有报应。<br>军队待过的地方，荆棘丛生，<br>战争过后一定会有凶年。 |
| 2 | 善者果而已，不以取强[注1]。<br>果而勿矜，果而勿伐，果而勿骄，果而不得已，是谓[注2]果而勿强。 | 高明的人，取得成果即止，不依靠武力逞强。<br>取得成果不要自恃强大，不要自夸，不要骄傲。取得成果只是不得已而为，这就是取得战果而不要逞强。 |
| 3 | 物壮则老，谓之[注3]不道，不道早已。 | 事物强壮就老去，这是不道的结果，不道就会过早死亡。 |

注1　陈本此句为“善有果而已，不敢以取强”，与帛书本不同，本书从帛书本。

注2　陈本无“是谓”，结合古本，此处应有“是谓”作为结论句，否则与“不以取强”意重。

注3　陈本为“是谓”，意通。

**明辨：**本章河上公题为“俭武”，言“辅相以道，则人心爱戴，而用兵争强不足服人”。今辨之：本章主言用兵，从文意结构上可分为三句。①句以反战为主，与②句意顺，但不存在因果关联，文意并列各自独立。③句在多章可见。

## 第三十一章

【楚简本】君子居则贵左，用兵则贵右。故曰兵者□□□□□□得已而用之，恬淡为上。弗美也，美之，是乐杀人。夫乐□□□以得志于天下。故吉事上左，丧事上右。是以偏将军居左，上将军居右，言以丧礼居之也。故□□□则以哀悲莅之；战胜，则以丧礼居之。

**【帛书甲本】**夫兵者，不祥之器□物或恶之，故有欲者弗居。君子居则贵左，用兵则贵右。故兵者非君子之器也。□□不祥之器也，不得已而用之，铦袭为上，勿美也。若美之，是乐杀人也。夫乐杀人，不可以得志于天下矣。是以吉事上左，丧事上右；是以便（偏）将军居左，上将军居右，言以丧礼居之也。杀人众，以悲依（哀）立（莅）之；战胜，以丧礼处之。

**【帛书乙本】**夫兵者，不祥之器也。物或亚（恶）□□□□□□□□子居则贵左，用兵则贵右。故兵者非君子之器。兵者不祥□器也，不得已而用之，铦（淡）为上，勿美也。若美之，是乐杀人也。夫乐杀人，不可以得志于天下矣。是以吉事□□□□□□是以偏将军居左，而上将军居右，言以丧礼居之也。杀人众，以悲哀立（泣）之；战朕（胜）而以丧礼处之。

**【王弼本】**夫佳（唯）兵者，不祥之器，物或恶之，故有道者不处。君子居则贵左，用兵则贵右。兵者不祥之器，非君子之器，不得已而用之，恬淡为上。胜而不美，而美之者，是乐杀人。夫乐杀人者，则不可以得志于天下矣。吉事尚左，凶事尚右。偏将军居左，上将军居右，言以丧礼处之。杀人之众，以哀悲位之，战胜，以丧礼处之。

**【河上公本】**夫佳兵者，不祥之器。物或恶之，故有道者不处。君子居则贵左，用兵则贵右。兵者不祥之器，非君子之器，不得已而用之。恬淡为上。胜而不美，而美之者，是乐杀人。夫乐杀人者，则不可以得志于天下矣。吉事尚左，凶事尚右。偏将军居左，上将军居右，言以丧礼处之。杀人众多，以哀悲泣之。战胜，以丧礼处之。

| 编号 | 原文 | 白话 |
| --- | --- | --- |
| 1 | 夫兵者，不祥之器。 | 兵器战争，是不吉祥的东西。 |
| 2 | 物或恶之，故有道者不处。 | 万物都厌恶，故有道的人不会与它相处。 |

续表

| 编号 | 原文 | 白话 |
| --- | --- | --- |
| 3 | 君子居则贵左，<br>用兵则贵右。 | 君子平时以左为尊贵，<br>使用军队兵器则以右为贵。 |
| 4 | 故[注1]兵者不祥之器[注2]。 | 因此战争是不祥的东西。 |
| 5 | 非君子之器，<br>不得已而用之，恬淡为上。 | 不是君子所为，<br>如果不得以使用，应以淡然安静的心态为上。 |
| 6 | 胜而不美，而美之者，是乐杀人。<br>夫乐杀人者，则不可得志于天下矣。 | 胜利了不要以为是美事，认为是美事的，都是喜欢杀人的人。那些以杀人为乐的是不会在天下取得成功的。 |
| 7 | 是以[注1]吉事尚左，凶事尚右。 | 所以吉祥的事以左为尊，凶险的事以右为尚。 |
| 8 | 是以[注1]偏将军居左，上将军居右。 | 偏将军在左侧，上将军在右侧。 |
| 9 | 言以丧礼居[注3]之。杀人之众，以悲哀泣之。战胜，以丧礼处之。 | 按丧礼的仪式对待用兵。杀的人太多，要以悲哀的态度哭泣。战胜了要用丧礼的仪式处理。 |

注1 陈本此三处无连词，但帛书本有，显示此三句为结论句，分别具有不同的语境，今沿用。

注2 帛书本，本句“故兵者，非君子之器；兵者，不祥之器”，重复使用两个“兵者”，似有错简。

注3 陈本此处为“处”而帛书本此处为“居”，以与下句“丧礼处之”有别，今从。

**明辨：**本章河上公题为“偃武”，言“兵者不祥之器，不可以为常也”。今辨之：本章相对混乱，从文意结构上可分为九句，石田羊一郎曾说：“此章有脱误，有重出，有错简，有古注语篡人。”①句与④句“不祥之器”重复；③句之用兵贵右不是④句的必要前提。③⑦⑧句均有左右意，且⑦⑧两句都是结论句，互不衔接。⑥⑨两句均与“战胜”有关，但⑥句已有结论意。这一章虽然都是与用兵相关，但各句文意都独立成句，相互之间无严谨的逻辑顺序，几乎就是警句格言之大集合。

实际在后文将会看到，本章最合理的连接是①句连⑤句、④句连②句，也即是“不祥之器”在不同的语境中阐述着不同的观念。这也从侧面说明，现行《老子》版本的文序曾经被严重地打乱。

## 第三十二章

**【楚简本】**道恒无名，朴虽微，天地弗敢臣。侯王若能守之，万物将自宾。天地相合也，以俞甘露。民莫之命天自均焉。始制有名，名亦既有，夫亦将知止，知止所以不殆。譬道之在天下也，犹小谷之与江海。

**【帛书甲本】**道恒无名，（朴）唯（虽）□□□□□□□□□ 王若能守之，万物将自宾。天地相谷（合），以俞甘洛（露）。民莫之□□□□ 焉。始制有 □□□□ 有，夫□□□□□□□所以不殆。俾（譬）道之在□□□□□浴（谷）之与江海也。

**【帛书乙本】**道恒无名，朴唯（虽）小而天下弗敢臣。侯王若能守之，万物将自宾。天地相合，以俞甘洛（露）。□□□令，而自均焉。始制有名，名亦既有，夫亦将知止，知止所以不殆。卑（譬）□□在天下也，猷（犹）小浴（谷）之与江海也。

**【王弼本】**道常无名，朴虽小，天下莫能臣也。侯王若能守之，万物将自宾。天地相合，以降甘露，民莫之令而自均。始制有名，名亦既有，夫亦将知止，知止所以不殆。譬道之在天下，犹川谷之于江海。

**【河上公本】**道常无名，朴虽小，天下莫能臣也。侯王若能守之，万物将自宾。天地相合，以降甘露，民莫之令而自均。始制有名。名亦既有，天亦将知之。知之，所以不殆。譬道之在天下，犹川谷之于江海。

| 编号 | 原文 | 白话 |
|---|---|---|
| 1 | 道常无名。 | 道恒常无名。 |
| 2 | 朴虽小，天下莫能臣。侯王若能守之，万物将自宾。 | 朴虽然微小，天下却没有什么能使它臣服。<br>侯王如能够遵守，天地万物都将自觉宾服。 |

续表

| 编号 | 原文 | 白话 |
|---|---|---|
| 3 | 天地相合，以降[注]甘露，<br>民莫之令而自均。 | 天地阴阳相合，降下甘露。<br>人民没有令它均匀，它却自然均泽万物。 |
| 4 | 始制有名，名亦既有，夫亦将知止，知止可以不殆。 | 开始形成器物时就有了名称，名称已经具备，则应该懂得适可而止，如此就可以没有祸害。 |
| 5 | 譬道之在天下，犹川谷之于江海。 | 譬如天下皆归于道，好像川谷终归入江海。 |

**注** 古本为“俞”，意通。

**明辨：**本章河上公题为“胜德”，言“守道则可常也”。今辨之：本章从文意结构上可分为五句。①句言道之无名，②句言朴之小，文意无关联各自独立；但此两句与第三十七章句“吾将镇之以无名之朴”有呼应。③句、④句、⑤句无文意关联，各自独立。③之“民莫之令而自均”与五十一章句“夫莫之命而常自然”有对应关联。

## 第三十三章

**【楚简本】**缺

**【帛书甲本】**知人者，知（智）也。自知□□□□□者，有力也。自胜者，□□□□□□也。强行者，有志也。不失其所者，久也。死不忘者，寿也。

**【帛书乙本】**知人者，知（智）也。自知，明也。朕（胜）人者，有力也。自朕（胜）者，强也。知足者，富也。强行者，有志也。不失其所者，久也。死而不忘者，寿也。

**【王弼本】**知人者智，自知者明。胜人者有力，自胜者强。知足者富。强行者有志。不失其所者久。死而不亡者寿。

**【河上公本】**知人者智，自知者明。胜人者有力，自胜者强。知足者富。强行者有志。不失其所者久。死而不亡者寿。

| 编号 | 原文 | 白话 |
|---|---|---|
| 1 | 知人者智，<br>自知者明。<br>胜人者有力，<br>自胜者强。<br>知足者富，强行者有志。<br>不失其所者久，<br>死而不亡者寿。 | 能够看清他人是智慧的，<br>能够自知的人是明达的。<br>能够战胜他人有力量，<br>能够战胜自己的人强大。<br>知足的人富有，努力不懈的人有志气。<br>不失去其根基的人才能够长久，<br>身体死去，其道不亡的人才长寿。 |

**明辨：**本章河上公题为“辩德”，言“自知，则智及之矣”。今辨之：本章均为结论性语句，部分语意与全文主旨并不符。如“知人者智”与“绝圣弃智”相违，“强行者有志”与“弱其志”相悖。以此推导则此章与第四十二章句“人之所教，我亦教之”有关联。

## 第三十四章

**【楚简本】**缺

**【帛书甲本】**道□□□□□□□□□遂事而弗名有也。万物归焉而弗为主，则恒无欲也，可名于小。万物归焉□□为主，可名于大。是□声（圣）人之能成大也，以其不为大也，故能成大。

**【帛书乙本】**道，沨（泛）呵其可左右也，成功遂□□弗名有也。万物归焉而弗为主，则恒无欲也，可名于小。万物归焉而弗为主，可命（名）于大。是以（圣）人之能成大也，以其不为大也，故能成大。

**【王弼本】**大道泛兮，其可左右。万物恃之而生而不辞，功成不名有，衣养万物而不为主。常无欲，可名于小；万物归焉而不为主，可名为大。以其终不自为大，故能成其大。

**【河上公本】**大道泛兮，其可左右。万物恃之而生，而不辞，功成（而）不名有。爱养万物而不为主。常无欲，可名于小。万物归焉而不为主，可名为大。是以圣人终不为大，故能成其大。

| 编号 | 原文 | 白话 |
|---|---|---|
| 1 | 大道泛兮，其可左右。 | 大道广泛无极，左右逢源无所不至。 |
| 2 | 万物持之以生而不辞，功成而不有，衣养万物而不为主。则恒无欲也，可名于小注。 | 万物依靠它生长却从不会推诿干涉，事成也不会居功占有。养育万物却不做主宰，因此是恒常无欲的，可说是渺小。 |
| 3 | 万物归焉而不为主，可名为大。 | 万物归附它而不做主宰，可说是伟大。 |
| 4 | 以其终不自为大，<br>故能成其大。 | 因为它始终不自以为伟大，<br>因此能成就它的伟大。 |

注 陈本此句为“常无欲，可名于小”，与前句“衣养万物而不为主”之连贯不若帛书本顺，本书从帛书本。

**明辨：**本章河上公题为“任成”，言“成光大之德者，皆由于法道也”。今辨之：本章从文意结构上可分为四句，四句虽文意相对独立，但具有一定的关联，故疑多处脱误。其中①句“大道泛兮”言其势，②句“生而不辞”“成而不有”言其德，疑缺过渡；②句与③句“不为主”意重。纵观全文②句“可名于小”与第三十二章句“朴虽小”似有关联；“则恒无欲也”与第三十七章句“夫将不欲”似有关联。

## 第三十五章

**【楚简本】**执大象，天下往，往而不害，安平泰。乐与饵，过客止。故道□□□淡呵其无味也。□□不足见，听之不足闻，而不可既也。

**【帛书甲本】**执大象，□□往。往而不害，安平大。乐与饵，过格（客）止。故道之出言也，曰：“谈（淡）呵其无味也。□□不足见也。听之，不足闻也。用之，不可既也。”

**【帛书乙本】**执大象，天下往。往而不害，安平大。乐与□，过格（客）止。故道之出言也，曰：“淡呵其无味也。视之，不足见也。听之，不足闻也。用之不可既也。”

【王弼本】执大象，天下往。往而不害，安平太。乐与饵，过客止。故道，淡兮其无味，视之不足见，听之不足闻，用之不可既。

【河上公本】执大象，天下往。往而不害，安平太。乐与饵，过客止。道之出口，淡乎其无味，视之不足见，听之不足闻，用之不可既。

| 编号 | 原文 | 白话 |
| --- | --- | --- |
| 1 | 执大象，天下往，往而不害，安平泰。 | 执守大道，天下的人就会归附，归附而不会有伤害，就会平安太平吉祥。 |
| 2 | 乐与饵，过客止。 | 音乐与美食，会让路过的人驻足。 |
| 3 | 故[注1]道之出口，淡乎其无味，视之不足见，听之不足闻，用之不可[注2]既。 | 因此道说出口，清淡无味，看也看不到，听也不可闻，用起来却没有完结的时候。 |

注1　陈本此处无“故”字，但多本此处有，显示其为结论句。
注2　陈本此处为“不足”，但多本为“不可”，意通。

**明辨：**本章河上公题为“仁德”，言“明体道之效无穷”。今辨之：本章从文意结构上可分为三句，①句言“执大象”的益处，与②句各自独立无明确关联。同时，②句似言美食使人驻留，并不构成③句“淡乎其无味”的缘由，中间以“故”表因果连接，疑为错简。其中①句之“执大象”与第三十四章句“万物归焉而不为主，可名为大”有一定关联。

## 第三十六章

【楚简本】缺

【帛书甲本】将欲拾（翕）之，必古（固）张之。将欲弱之，□□强之。将欲去之，必古（固）与之。将欲夺之，必古（固）予之。是胃（谓）微明。友弱胜强，鱼不脱于潚（渊），邦利器不可以视（示）人。

【帛书乙本】将欲（翕）之，必古（固）张之。将欲弱之，必古（固）强之。将欲去之，必古（固）与之。将欲夺之，必古（固）予之。是胃（谓）微明。柔弱朕（胜）强。鱼不可说（脱）于渊，国利器不可以示人。

【王弼本】将欲歙之，必固张之；将欲弱之，必固强之；将欲废之，必固兴之；将欲夺之，必固与之。是谓微明。柔弱胜刚强。鱼不可脱于渊，国之利器不可以示人。

【河上公本】将欲歙之，必固张之；将欲弱之，必固强之；将欲废之，必固兴之；将欲夺之，必固与之，是谓微明。柔弱胜刚强。鱼不可脱于渊，国之利器不可以示人。

| 编号 | 原文 | 白话 |
|---|---|---|
| 1 | 将欲歙之，必姑[注1]张之；<br>将欲弱之，必姑强之；<br>将欲废之，必姑兴[注2]之；<br>将欲夺[注3]之，必姑与之。 | 将要收缩它，必定先让它扩张；<br>将要削弱它，必定先使它强大；<br>将要废弃它，必定先使它兴盛；<br>将要取夺它，必定先要给予。 |
| 2 | 是谓微明。 | 这就是所谓的微妙而明显的征兆。 |
| 3 | 柔弱胜刚强。 | 柔弱会战胜刚强。 |
| 4 | 鱼不可脱于渊，<br>邦[注4]之利器不可以示人[注5]。 | 鱼儿不可以离开深渊，<br>国家的利器不能展示给人。 |

注1 陈本皆为“必固”，《战国策》及《韩非子·说林上》言：“《周书》说：‘将欲败之，必姑辅之；将欲取之，必姑予之。’”古文“固”通“姑”；将正之，姑且反之。

注2 陈本此处为“举”，意通。

注3 陈本此处为“取”，意通。

注4 陈本此处为“国”，意通。

注5 《庄子·胠箧》说：“故曰：‘鱼不可脱于渊，国之利器不可以示人。’彼圣人者，天下之利器也，非所以明天下也。”

**明辨：**本章河上公题为“微明”，言“示消息盈虚者理之常，而守柔弱者不入其机也”。今辨之：本章从文意结构上可分为四句，无论后辈学人怎样理解①句所言之大道，在全文来看无疑更贴近用兵之谋，与第五十七章句“以奇用兵”具有较大的关联。故与②句所言“微明”逻辑不合，疑为错简。此章四句各自独立，无关联。“微明”与第五十二章句“见小曰明”意近。

## 第三十七章

**【楚简本】**道恒无为也，侯王能守之，而万物将自化。化而欲作，将镇之以无名之朴。夫亦将知足，知以静，万物将自定。

**【帛书甲本】**道恒无名，侯王若守之，万物将自（化）。（化）而欲□□□□之以无名之（朴）。□□□无名之（朴），夫将不辱。不辱以情（静），天地将自正。

**【帛书乙本】**道恒无名，侯王若能守之，万物将自化。化而欲作，吾将阗（镇）之以无名之朴。阗（镇）之以无名之朴，夫将不辱。不辱以静，天地将自正。

**【王弼本】**道常无为而无不为。侯王若能守之，万物将自化。化而欲作，吾将镇之以无名之朴。无名之朴，夫亦将无欲。不欲以静，天下将自定。

**【河上公本】**道常无为，而无不为。侯王若能守之，万物将自化。化而欲作，吾将镇之以无名之朴。无名之朴，亦将无欲，不欲以静，天下将自定。

| 编号 | 原文 | 白话 |
| --- | --- | --- |
| 1 | 道常无为而无不为。<br>侯王若能守之，万物将自化。<br>化而欲作，吾将镇之以无名之朴。 | 道恒常是无为因此无所不为。<br>侯王如果能持守它，万物将会自然化育。<br>化育中想要有所为，我将用无名之朴去镇服它。 |
| 2 | 镇之以无名之朴[注1]，夫将[注2]不欲，<br>不欲以静，天下将自正。 | 用无名之朴去镇服，将不会再有欲念。<br>没有了欲念就会平静，天下将会自然而正。 |

**注1** 陈本此句无“镇之以”，但帛书本有，本书从帛书本。
**注2** 陈本此句为“夫亦将”，意通。

**明辨：**本章河上公题为“为政”，言“明体道而能化，复兼忘于玄悟也”。今辨之：本章从文意上可分为两句，①句言“化而欲作”需“镇之以无名之朴”，②句言“镇之以无名之朴，夫将不欲”，其间疑脱简。即缺少对如何“镇之”的阐述，否则这一段不过说了无意的正反话。本章与第三十二章句“道常无名，朴虽小”有关联。

## 第三十八章

**【楚简本】**缺

**【帛书甲本】**□□□□□□□□□□□□□□□□德。上德无□□ 无以为也。上仁为之 □□ 以为也。上义为之而有以为也。上礼□□□□□□□□攘臂而扔之。故失道。失道矣而后德，失德而后仁，失仁而后义，□义而□□□□□□□□□□而乱之首也。□□□道之华也，而愚之首也。是以大丈夫居其厚而不居其泊（薄），居其实不居其华。故去皮（彼）取此。

**【帛书乙本】**上德不德，是以有德。下德不失德，是以无德。上德无为而无以为也。上仁为之而无以为也，上德（义）为之而有以为也。上礼为之而莫之应也，则攘臂而乃（扔）之。故失道而后德，失德而句（后）仁，失仁而句（后）义，失义而句（后）礼。夫礼者，忠信之泊（薄）也，而乱之首也。前识者，道之华也，而愚之首也。是以大丈夫居□□□居其泊（薄），居其实而不居其华。故去罢（彼）而取此。

**【王弼本】**上德不德，是以有德；下德不失德，是以无德。上德无为而无以为，下德为之而有以为，上仁为之而无以为，上义为之而有以为，上礼为之而莫之应，则攘臂而扔之。故失道而后德，失德而后仁，失仁而后义，失义而后礼。夫礼者，忠信之薄而乱之首。前识者，道之华而愚之始。是以大丈夫处其厚不居其薄，处其实不居其华。故去彼取此。

**【河上公本】**上德不德，是以有德；下德不失德，是以无德。上德无为，而无以为；下德为之，而有以为。上仁为之，而无以为；上义为之，而有以为。上礼为之，而莫之应，则攘臂而仍之。故失道而后德，失德而后仁，失仁而后义，失义而后礼。夫礼者，忠信之薄，而乱之首。前识者，道之华。而愚之始。是以大丈夫处其厚，不处居其薄；处其实，不处其华，故去彼取此。

<table>
<tr><th>编号</th><th>原文</th><th>白话</th></tr>
<tr><td>1</td><td>上德不德，是以有德；<br>下德不失德，是以无德。<br>上德无为而无以为，<br>下德为之而有以为[注]。<br>上仁为之而无以为，<br>上义为之而有以为。<br>上礼为之而莫之应，<br>则攘臂而扔之。<br>故失道而后德，失德而后仁，<br>失仁而后义，失义而后礼。<br>夫礼者，忠信之薄，而乱之首。<br>前识者，道之华，而愚之始。<br>是以大丈夫处其厚，不居其薄；<br>处其实，不居其华。故去彼取此。</td><td>上德之人不刻意为德，因此是真有德；<br>下德之人勤勉不失去德，因此无德。<br>上德之人无为是无为而为，<br>下德为德是有为而为之。<br>上仁之人为仁是无意而为，<br>上义之人为义是有意而为之，<br>上礼之人为礼却没人响应，<br>只好伸出胳臂强拽使人响应。<br>因此失去道而后求德，失德后求仁，<br>失仁后求义，失义后求礼。<br>有礼，是因为忠信不足，是祸乱的开始。<br>前文的认识，都是道的虚华，是愚蠢的开始。<br>因此大丈夫应处其笃厚，摒弃浅薄。要处其真实而不居于虚华。因此要去彼取此。</td></tr>
<tr><td colspan="3">注　陈本此处为“下德无为而有以为”，下德不会无为而是尊上德而为之，本书从王本及河上本。</td></tr>
</table>

**明辨：**本章河上公题为“论德”，言“明全德而劝还淳”。今辨之：本章文意通顺，无须分句。

## 第三十九章

**【楚简本】**缺

**【帛书甲本】**昔之得一者，天得一以清，地得□以宁，神得一以霝（灵），浴（谷）得一以盈，侯□□□而以为正。其致之也，胃（谓）天毋已清将恐□，胃（谓）地毋□□将恐□胃（谓）神毋已霝（灵）□恐歇，胃（谓）浴（谷）毋已盈将将恐渴（竭），胃（谓）侯王毋已贵□□□□□故必贵而以贱为本，必高矣而以下为基。夫是以侯王自胃（谓）□孤寡不（谷），此其贱□□与？非□？故致数与无与。是故不欲□□若玉，硌□□□。

**【帛书乙本】**昔得一者，天得一以清，地得一以宁，神得一以霝（灵），浴（谷）得一盈，侯王得一以为天下正。其至也，胃（谓）天毋已清将恐莲（裂），地毋已宁将恐发，神毋□□□恐歇，谷毋已□将渴（竭），侯王毋已贵以高将恐（蹶）。故必贵以贱为本，必高矣而以下为基。夫是以侯王自胃（谓）孤寡不（谷），此其贱之本与？非也？故至数舆无舆。是故不欲禄禄若玉，硌硌若石。

**【王弼本】**昔之得一者。天得一以清，地得一以宁，神得一以灵，谷得一以盈，万物得一以生，侯王得一以为天下贞。其致之，天无以清将恐裂，地无以宁将恐发，神无以灵将恐歇，谷无以盈将恐竭，万物无以生将恐灭，侯王无以贞将恐蹶。故贵以贱为本，高以下为基。是以侯王自谓孤、寡、不谷。此非以贱为本邪？非乎？故致舆无舆，不欲琭琭如玉，珞珞如石。

**【河上公本】**昔之得一者，天得一以清，地得一以宁，神得一以灵，谷得一以盈，万物得一以生，侯王得一以为天下正。其致之，天无以清将恐裂，地无以宁将恐发，神无以灵将恐歇，谷无盈将恐竭，万物无以生将恐灭，侯王无以贵高将恐蹶。故贵（必）以贱为本，高以下为基。是以侯王自称孤寡不谷。此非以贱为本耶？非乎！故致数车无车，不欲琭琭如玉，落落如石。

| 编号 | 原文 | 白话 |
| --- | --- | --- |
| 1 | 昔之得一者。<br>天得一以清，地得一以宁。<br>神得一以灵，谷得一以盈，<br>（万物得一以生[注]），侯王得一以为天下正。 | 以往那些得一的事物。<br>天得一而清明，地得一而安宁。<br>神得一而灵通，谷得一则充盈，<br>万物得一生生不息，侯王得一则天下自正。 |
| 2 | 其致之也，谓天无以清，将恐裂。地无以宁，将恐废。神无以灵，将恐歇。谷无以盈，将恐竭,。万物无以生，将恐灭[注]），侯王无以正，将恐蹶。 | 由此推断，天不清明恐将崩裂，地失去安宁恐将荒废，神不再灵通恐将停歇，谷不再盈满恐将枯竭，万物不能生存恐将毁灭，侯王不在正途恐怕会被颠覆。 |

续表

| 编号 | 原文 | 白话 |
| --- | --- | --- |
| 3 | 故贵以贱为本，高以下为基。<br>是以侯王自称孤、寡、不谷，<br>此非以贱为本邪？非乎？<br>故致誉无誉，<br>是故不欲禄禄如玉，珞珞如石。 | 因此低贱是高贵的基础，高以低为根基。<br>因此侯王常自称，孤、寡，不谷，这不是以低贱为基本吗？难道不是吗？<br>因此最极致的荣誉就是没有荣誉，<br>因此不希望像美玉一样华美，也不希望像石头那样坚硬。 |

**注** 帛书本前后文均无“万物”句，文中所论均为万物，意重。

**明辨：**本章河上公题为“法本”，言“一之功用至大，而终则告以毋执于一也”。今辨之：本章从文意结构上可非为三句。①句主言“得一”功用至大；而②句“其致之也”则是完全相反的景象。故疑另有语境，即②句成立的条件与①句“得一”相反。③句所言“贵以贱为本，高以下为基”疑与“有无相生……高下相盈”相关。故本章三句文意互不衔接，各自独立。

## 第四十章

**【楚简本】**返也者，道（之）动也；弱也者，道之用也。天下之物生于有，生于无。

**【帛书甲本】**□□□ 道之动也。弱也者，道之用也。□□□□□□□□□□□□

**【帛书乙本】**反也者，道之动也。□□者，道之用也。天下之物生于有，有生于无。

**【王弼本】**反者道之动，弱者道之用。天下万物生于有，有生于无。

**【河上公本】**反者道之动，弱者道之用。天下万物生于有，有生于无。

| 编号 | 原文 | 白话 |
|---|---|---|
| 1 | 反者道之动，<br>弱者道之用。 | 返还根本是道的内在运动规律，<br>柔弱是道的外部体用。 |
| 2 | 天下之[注]物生于有，有生于无。 | 天下之物生于有，有生于无。 |

注 陈本此处为“天下万物”，古本此处均为“天下之物”。今人理解起来，万物有局限于实物之虞，而天下之物似含义更广。

**明辨：**本章河上公题为“去用”，言“明崇体以致用也”。今辨之：本章从文意结构上可分为两句，很明显①与②无文意关联，各自独立。

## 第四十一章

**【楚简本】**上士闻道，勤而行于其中。中士闻道，若闻若无。下士闻道，大笑之。弗大笑，不足以为道矣。是以建言有之：明道若昧，夷道若□□□道若退。上德若谷，大白若辱。广德若不足，健德□□，质真若渝。大方无隅，大器免成。大音希声，大象无形。道隐无名。

**【帛书甲本】**□□□□□□□□□□□□□□□□□□□□□□□□□□□□□□□□□□□□□□□□□□□□□□□□□□□□□□□□□□□□□□□□□□□□□□□□□□□□□□□□□□□□□□□□□□□□□□□□□□□□□□□□□□□□□□□□□□□□□□□□□□□□道，善□□□□□

**【帛书乙本】**上□□道，堇（勤）能行之。中士闻道，若存若亡。下士闻道，大笑之。弗笑□□以为道。是以建言有之曰：明道如费，进道如退，夷道如类。上德如浴（谷），大白如辱，广德如不足。建德如□，质□□，大方无禺（隅），大器免（晚）成，大音希声，天（大）象无刑（形），道褒无名。夫唯道，善始且善成。

**【王弼本】**上士闻道，勤而行之；中士闻道，若存若亡；下士闻道，大笑之。不笑，不足以为道。故建言有之：明道若昧，进道若退，夷道若纇，上德若谷，大白若辱，广德若不足，建德若偷，质真若渝，大方无隅，大器晚成，大音希声，大象无形，道隐无名。夫唯道，善贷且成。

**【河上公本】**上士闻道，勤而行之；中士闻道，若存若亡；下士闻道，大笑之，不笑不足以为道。故建言有之：明道若昧，进道若退，夷道若纇，上德若谷，大白若辱，广德若不足，建德若揄，质真若渝，大方无隅，大器晚成，大音希声，大象无形，道隐无名，夫唯道善贷且成。

| 编号 | 原文 | 白话 |
| --- | --- | --- |
| 1 | 上士闻道，勤而行之。<br>中士闻道，若存若亡。<br>下士闻道，大笑之，<br>不笑不足以为道。 | 上等人闻道，积极去修行。<br>中等人闻道，将信将疑。<br>下等人闻道，大笑之不顾。<br>不被下等人嘲笑就不足以成为道。 |
| 2 | 故建言有之：<br>明道若昧，进道若退，<br>夷道若纇。上德若谷，<br>广德若不足，建德若偷。<br>质真若渝，<br>大白若辱[注]，大方无隅。<br>大器晚成，大音希声，<br>大象无形，道隐无名。<br>夫唯道，善贷且成。 | 所以以前有人这样说：<br>明道之人好像是昏昧的；学道有进展却像是倒退，平顺的道却像很崎岖。上等之德像山谷一样空无所有，宽广之德总觉得有所不足。刚健的德却像懒惰的样子，纯真的质地像是有所违背，最白之色像是有黑色污浊，最方之形却像没有棱角。大器都要很晚才成就，大音像是没有声音，<br>大象看不到形态。道隐隐约约没有名称。<br>只有道，善于施予才会有所成就。 |

**注** 陈本及多本之“大白若辱”置于“上德若谷”与“广德若不足”之间。本书出于文本工整考虑置于此处，使得“大白若辱，大方无隅，大器晚成……”形成系列，无害文意。

**明辨：**本章河上公题为“同异”，言“道之大全，中下难知”。今辨之：本章从文意结构上可分为两句，①句讲世人对“道”的态度，②句则为对“为道”的描述。中间以“故”表连接，无明确因果关联疑为错简。②句文意与第四十五章句“大成若缺”相类。

## 第四十二章

**【楚简本】**缺

【帛书甲本】□□□□□□□□□□□□□□□□□□□□□中气以为和。天下之所恶，唯孤寡不（谷），而王公以自名也。勿（物）或（损）之□□□之而（损）。故人□□□夕（亦）议而教人。故强良（梁）者不得死，我□以为学父。

【帛书乙本】道生一，一生二，二生三，三生□□□□□□□□□□□□以为和。人之所亚（恶），□□寡不（谷），而王公以自□□□□□□□□云（损），云（损）之而益。□□□□□□□□□□□□□□□□□□□吾将以□□父。

【王弼本】道生一，一生二，二生三，三生万物。万物负阴而抱阳，冲气以为和。人之所恶，唯孤、寡、不谷，而王公以为称。故物或损之而益，或益之而损。人之所教，我亦教之。强梁者不得其死，吾将以为教父。

【河上公本】道生一，一生二，二生三，三生万物。万物负阴而抱阳，冲气以为和。人之所恶，唯孤寡不谷，而王公以为称。故物或损之而益，或益之而损。人之所教，我亦教之。强梁者，不得其死，吾将以为教父。

| 编号 | 原文 | 白话 |
|---|---|---|
| 1 | 道生一，一生二，二生三，三生万物。<br>万物负阴而抱阳，冲气以为和。 | 道生化出一，一产生对立为二，二加一为三，三生成万物。<br>阴阳为体，冲和为用，而成万物。 |
| 2 | 人之所恶，唯孤、寡、不谷，<br>而王公以为称。<br>故物或损之而益，<br>或益之而损。 | 人们所讨厌的不过是孤、寡、不谷，<br>王公们却用这些自称。<br>因此有时事物看似损失了反而有增益，<br>有时看似有增益反而会有损失。 |
| 3 | 人之所教，我亦教之。 | 人们所教授的，我也在教。 |
| 4 | 故[注]强梁者不得其死，吾将以为教父。 | 因此强悍的人不得好死，我将用这句话作为教导的开头。 |

注 陈本无此“故”字，帛书甲本有“故”作为连接，显示此句前有漏简。

**明辨：**本章河上公题为“道化”，言“道寓于阴阳而生万物，亦莫不以冲和为用也”。今辨之：本章从文意结构上可分为四句，①句言道生万物，②言物之损益，两句各自独立，无关联。③与④都是在讲“教”，但文意并不连贯。④所言“强梁者不得其死”与第七十六章句“坚强者死之徒，柔弱者生之徒”有较强关联。

同时，这一章首句“道生一，一生二，二生三，三生万物”与第五十一章句“道生之”有着某种呼应关系。而②句则与三十九章句“是以侯王自称孤、寡、不谷、此非以贱为本邪？非乎？”有一定的呼应关系。

## 第四十三章

**【楚简本】**缺

**【帛书甲本】**天下之至柔，□骋于天下之致（至）坚。无有入于无间。五（吾）是以知无为□□益也。不□□教，无为之益，□下希能及之矣。

**【帛书乙本】**天下之至□，驰骋乎天下□□□□□□□□□无间。吾是以□□□□□□也。不□□□□□□□□□□□□□矣。

**【王弼本】**天下之至柔，驰骋天下之至坚。无有入无间，吾是以知无为之有益。不言之教，无为之益，天下希及之。

**【河上公本】**天下之至柔，驰骋天下之至坚。无有入（于）无间，吾是以知无为之有益。不言之教，无为之益，天下希及之。

| 编号 | 原文 | 白话 |
| --- | --- | --- |
| 1 | 天下之至柔，驰骋于天下之至坚。<br>无有入于[注]无间，<br>吾是以知无为之有益。 | 天下最柔弱的，能够穿梭在天下最坚强之内。<br>什么都没有能够进入没有空隙的空间，<br>我因此知道无为的益处。 |
| 2 | 不言之教，无为之益，天下希及之。 | 无言的教导，无为的利益，天下很少人能达到这个境界。 |

**注** 陈本为“无有入无间”，无“于”字。本书从帛书甲本，无害大意。

**明辨：**本章河上公题为“遍用”，言“赞虚柔无为之有益也”。今辨之：本章从文意结构上可分为两句。此两句之“无为之益”重复，疑为错简。

## 第四十四章

**【楚简本】**名与身孰亲？身与货孰多？得与失孰病？甚爱必大费，厚藏必多失。故知足不辱，知止不殆，可以长久。

**【帛书甲本】**名与身孰亲？身与货孰多？得与亡孰病？甚□□□□□□□□亡。故知足不辱，知止不殆，可以长久。

**【帛书乙本】**名与□□□□□□□□□□□□□□□□□□□□□□□□□□□□□□□□□□□□□□□□。

**【王弼本】**名与身孰亲？身与货孰多？得与亡孰病？是故甚爱必大费，多藏必厚亡，知足不辱，知止不殆，可以长久。

**【河上公本】**名与身孰亲？身与货孰多？得与亡孰病？甚爱必大费，多藏必厚亡。知足不辱，知止不殆，可以长久。

| 编号 | 原文 | 白话 |
| --- | --- | --- |
| 1 | 名与身孰亲？<br>身与货孰多？<br>得与亡孰病？<br>甚爱必大费，<br>多藏必厚亡。<br>故知足不辱，知止不殆，可以长久。 | 名利与身体性命哪个更可亲？<br>身体性命与财富哪个更重要？<br>获得名利与失去生命哪个更有害？<br>过分的喜爱必然会耗费巨大，<br>丰富的收藏必然导致惨重的损失。<br>因此知足就不会受到侮辱，知止就不会有危害，这样才可以长久。 |

**明辨：**本章河上公题为“立戒”，言“明去伪全真则可久也”。今辨之：本章言弃欲知足，文意连贯。

## 第四十五章

**【楚简本】**大成若缺，其用不弊。大盈若盅，其用不穷。大巧若拙，大赢若诎，大直若屈。躁胜沧，静胜热，清清为天下定。

【帛书甲本】大成若缺，其用不弊（敝）。大盈若（冲），其用不（窘）。大直如诎（屈），大巧如拙，大赢如炳。趮（躁）胜寒，靓（静）胜炅（热）。请（清）靓（静），可以为天下正。

【帛书乙本】□□□□□□□□□ 盈 如 冲，其□□□□□□□□巧如拙，□□□□□□□绌。趮（躁）朕（胜）寒，□□□□□□ □□□□□□。

【王弼本】大成若缺，其用不弊。大盈若冲，其用不穷。大直若屈，大巧若拙，大辩若讷。躁胜寒，静胜热。清静为天下正。

【河上公本】大成若缺，其用不弊；大盈若冲，其用不穷。大直若屈，大巧若拙，大辩若讷。躁胜寒，静则热，清静为天下正。

| 编号 | 原文 | 白话 |
| --- | --- | --- |
| 1 | 大成若缺，其用不弊。<br>大盈若冲，其用不穷。<br>大直若屈，大巧若拙，大益若绌注1。 | 最圆满的好像有缺陷，它的作用不会破坏。<br>最充实的好像是空虚，它的作用不会穷尽。<br>最直的像是弯曲的，最灵巧的仿佛是拙笨的，最大的盈余如同有所欠缺。 |
| 2 | 躁胜寒，静胜热注2，清静为天下正。 | 燥热胜于清寒，沉静胜于燥热，清净无为才是天下的正途。 |

注1　陈本此句为“大辩若讷”，帛书本为“大赢若绌”，参考前几句“大成若缺、大盈若冲”等均是在说事物的规律，而“大辩若讷”则在讲人之行为，故此与前文之意不相应，这里采用古本之“大赢若绌”，但前文又有“大盈若冲”句，两句“大盈”“大赢”音重，故取其意为“大益若绌”。

注2　此两句各本均有所不同，古本多为“躁胜寒，静胜热”，文意多有不清。

**明辨：**本章河上公题为“洪德”，言“体大道之全而为天下正”。今辨之：本章从文意结构上可分为两句，两句文意无关联，各自独立。

## 第四十六章

**【楚简本】**罪莫厚乎甚欲，咎莫险乎欲得，祸莫大乎不知足。知足之为足，此恒足矣。

**【帛书甲本】**天下有道，□走马以粪。天下无道，戎马生于郊。罪莫大于可欲，（祸）莫大于不知足，咎莫憯于欲得。□□□□□恒足矣。

**【帛书乙本】**□□□道，却走马以粪。无道，戎马生于郊。罪莫大可欲，祸□□□□□□□□□□□□□□□□□□足矣。

**【王弼本】**天下有道，却走马以粪。天下无道，戎马生于郊。祸莫大于不知足，咎莫大于欲得。故知足之足，常足矣。

**【河上公本】**天下有道，却走马以粪；天下无道，戎马生于郊。罪莫大于不知足，咎莫大于欲得。故知足之足，常足矣。

| 编号 | 原文 | 白话 |
|---|---|---|
| 1 | 天下有道，却走马以粪，<br>天下无道，戎马生于郊。 | 天下有道时，退还战马去耕田。<br>天下无道时，战马在郊外出生。 |
| 2 | 祸莫大于不知足，咎莫大于欲得[注]，<br>故知足之足，常足矣。 | 祸患没有大过不知足的，罪过没有大过欲望永不满足的。<br>因此知足的满足，才是长久的满足。 |

**注** 陈本此句两段位置互换，无害文意。

**明辨：**本章河上公题为“俭欲”，言“戒贪求之贻害；贵知足以为常也”。今辨之：本章从文意结构上可分为两句，并不存在明确的因果关系，各自独立。其中②句“祸莫大于不知足”与第四十四章句“甚爱必大费，多藏必厚亡”文意相合。

## 第四十七章

**【楚简本】**缺

**【帛书甲本】**不出于户，以知天下。不规（窥）于牖，以知天道。其出也弥远，其□□□□□□□□□□□□□□□□□□□□□为而□。

【帛书乙本】不出于户，以知天下。不（窥）于□□知天道。其出（弥）远者，其知（弥）□□□□□□□□□□□而名，弗为而成。

【王弼本】不出户，知天下；不窥牖，见天道。其出弥远，其知弥少。是以圣人不行而知，不见而名，不为而成。

【河上公本】不出户（以）知天下，不窥牖（以）见天道，其出弥远，其知弥少。是以圣人不行而知，不见而名，不为而成。

| 编号 | 原文 | 白话 |
|---|---|---|
| 1 | 不出户，知天下，<br>不窥牖，见天道。<br>其出弥远，其知弥少。<br>是以圣人不行而知，不见而明，不为而成。 | 不出门便知天下事。<br>不必望向窗外，就能见到天地间的大道。<br>走出去越远，知道得越少。<br>因此圣人不用经历就能够知道，不必看到就能明了，不必刻意而为就能成功。 |

**明辨：**本章河上公题为“鉴远”，言“有真知之明，则可以超见闻之域，故无为而化成也”。今辨之：本章文通意顺，与第二章句“圣人居无为之事”呼应。

## 第四十八章

【楚简本】学者日益，为道者日损。损之又损，以至无为也，无为而无不为。

【帛书甲本】为□□□□□□□□□□□□□□□□□□□□□□□□□□□取天下也，恒□□□□□□□□□□□□□□□□□□□。

【帛书乙本】为学者日益，闻道者日云（损），云（损）之有（又）云（损），以至于无□□□□□□□□□□□□□欲取天下，恒无事，及其有事也，□□足以取天□□。

【王弼本】为学日益，为道日损。损之又损，以至于无为。无为而无不为。取天下常以无事，及其有事，不足以取天下。

【河上公本】为学日益，为道日损。损之又损（之），以至于无为，无为而无不为。取天下常以无事，及其有事，不足以取天下。

| 编号 | 原文 | 白话 |
| --- | --- | --- |
| 1 | 为学日益，为道日损。<br>损之又损，以至于无为。 | 做学问每天都收益，修身每天都有所损失，损失又损失，最后达到无为。 |
| 2 | 无为而无不为。 | 无为因此无所不为。 |
| 3 | 取天下常以无事，及其有事，不足以取天下。 | 要恒常保持无事来获取天下，等到有事，就不足以获取天下。 |

**明辨：**本章河上公题为“忘知”，言“损有集虚，其益无穷”。今辨之：本章从文意结构上可分为三句，①句与③句主言“无为”，“为道日损”故此至“无为”之境。若加“无为而无不为”句则画蛇添足。或者说，为道之日损就是要达到“无为”，而不是为了“无不为”，故②句疑为错简或后人妄加。纵观全文，这一句“无为而无不为”更似是与第三章句“圣人居无为之事”的呼应。在学理上，圣人之无为是无不为的，但凡人“为道”应以“无为”为旨。同理，取天下之无事，是真“无事”而不是为了无所不事。

## 第四十九章

**【楚简本】**缺

**【帛书甲本】**□□□□□□以百□之心为□善者善之，不善者亦善□□□□□□□□□□□□□信也。□□之在天下，(歙)(歙)焉，为天下浑心，百姓皆属耳目焉，圣人皆□□。

**【帛书乙本】**□人恒无心，以百省（姓）之心为心。善□□□□□□□□□□□也。信者信之，不信者亦信之，德（得）信也。(圣)人之在天下也欱（歙）欱（歙）焉，□□□□□□生（姓）皆注其□□□□□□□□□。

**【王弼本】**圣人无常心，以百姓心为心。善者吾善之，不善者吾亦善之，德善。信者吾信之，不信者吾亦信之，德信。圣人在天下，歙歙焉，为天下浑其心，百姓皆注其耳目，圣人皆孩之。

**【河上公本】**圣人无常心，以百姓心为心。善者吾善之，不善者吾亦善之，德善；信者吾信之，不信者吾亦信之，德信。圣人在天下怵怵，为天下浑其心。百姓皆注其耳目，圣人皆孩之。

| 编号 | 原文 | 白话 |
|---|---|---|
| 1 | 圣人无常心，以百姓心为心。<br>善者，吾善之；不善者，吾亦善之，德善。<br>信者，吾信之；不信者，吾亦信之，德信。<br>圣人在天下，歙歙焉，为天下浑其心。百姓皆注其耳目，圣人皆孩之。 | 圣人没有恒常的心，以百姓的心为心。<br>善良的人我善待它，不善良的人我也善待它，这是有德者的善良。<br>守信的人我信任它，不守信的人我也信任它，这是有德者的信。<br>圣人在天下，收敛温顺，为天下而与天下同心，百姓的一切都入它的耳目，圣人像孩子一样对待它们。 |

**明辨：**本章河上公题为“任德”，言“明虚心而应物，均养以自然之德”。今辨之：本章讲圣人与人为善，与百姓混同一体，文意连贯。

## 第五十章

**【楚简本】**缺

**【帛书甲本】**□生，□□□□□□有□□□徒十有三，而民生生，动皆之死地之十有三。夫何故也？以其生生也。盖□□执生者，陵行不□矢（兕）虎，入军不被甲兵。矢（兕）无所椯（揣）其角，虎无所昔（措）其蚤（爪），兵无所容□□□何故也？以其无死地焉。

**【帛书乙本】**□生，入死。生之□□□□□之徒十又（有）三，而民生生，僮（动）皆之死地之十有三。□何故也？以其生生。盖闻善执生者，陵行不辟（避）兕虎，入军不被兵革。兕无□□□□□□□□其蚤（爪），兵□□□□□□□□也？以其无□□□。

**【王弼本】**出生入死。生之徒十有三，死之徒十有三，人之生动之死地亦十有三。夫何故？以其生生之厚。盖闻善摄生者，陆行不遇兕虎，入军不被甲兵；兕无所投其角，虎无所措其爪，兵无所容其刃。夫何故？以其无死地。

**【河上公本】**出生入死。生之徒十有三，死之徒十有三，人之生，动之死地十有三。夫何故？以其求生之厚。盖闻善摄生者，陆行不遇兕虎，入军不被甲兵，兕无（所）投其角，虎无所措（其）爪，兵无所容其刃。夫何故？以其无死地。

| 编号 | 原文 | 白话 |
| --- | --- | --- |
| 1 | 出生入死。<br>生之徒，十有三，死之徒，十有三。<br>民之生生[注1]，动皆之死地[注2]，亦十有三。 | 出为生，入为死。<br>生存下来的十之有三，早亡的十之有三。<br>人出生后，因行动不宜而亡的十之有三， |
| 2 | 夫何故？以其生生之厚。 | 为什么会这样呢？因为它生养生命太优厚。 |
| 3 | 盖闻善摄生者，路行不遇兕虎，入军不被甲兵。<br>兕无所投其角，虎无所措其爪[注3]，<br>兵无所容其刃。夫何故？以其无死地。 | 曾经听说善于养护生命的人，走在路上不会遇到犀牛和猛虎，参军不会被兵器所伤。犀牛没有地方用它的角，老虎没有地方用它的爪，敌兵没有地方用它的利刃。这是什么原因？因为它没有死亡的境地。 |

注1　陈本为“人之生生”，帛书本均为“民之生生”，本书从帛书本。

注2　陈本为“动之于死地”与帛书本“动皆之死地”，文意不同本书从帛书本。

注3　陈本为“用其爪”，意通。

**明辨：**本章河上公题为“贵生”，言“明善摄生者，以至无为宗，故能远患害超生死也”。今辨之：本章从文意结构上可分为三句。①句与②句文意衔接本不可分，但②句与第七十五章句“民之轻死，以其求生之厚，是以轻死”意重，且第七十五章句“民之轻死”与“民之生生”更有语法呼应。故此将②句独立，疑为错简或后人为与③句末“夫何故？以其无死地”呼应而后加。③句言“善摄生者”已无对“生之厚”的进一步解读，与前句文意关联牵强，故独立成句。

## 第五十一章

【楚简本】缺

【帛书甲本】道生之而德畜之，物刑（形）之而器成之。是以万物尊道而贵□□之尊，德之贵也，夫莫之（爵）而恒自然也。道生之，畜之，长之，遂之，亭之，□之，□□□□弗有也，为而弗寺（恃）也，长而弗宰也，此之谓玄德。

【帛书乙本】道生之，德畜之，物刑（形）之而器成之。是以万物尊道而贵德。道之尊也，德之贵也，夫莫之爵也，而恒自然也。道生之，畜□□□□之，长之，育之，亭之，毒之，养之，复（覆）□□□□□□□□□□□弗宰，是胃（谓）玄德。

【王弼本】道生之，德畜之，物形之，势成之。是以万物莫不尊道而贵德。道之尊，德之贵，夫莫之命而常自然。故道生之，德畜之。长之育之，亭之毒之，养之覆之。生而不有，为而不恃，长而不宰，是谓玄德。

【河上公本】道生之，德畜之，物形之，势成之。是以万物莫不尊道而贵德。道之尊，德之贵，夫莫之命而常自然。故道生之，德畜之。长之育之，成之孰之，养之覆之。生而不有，为而不恃，长而不宰，是谓玄德。

| 编号 | 原文 | 白话 |
| --- | --- | --- |
| 1 | 道生之，德畜之，物形之，器[注1]成之。<br><br>是以万物莫不尊道而贵德。<br>道之尊，德之贵，夫莫之命而常自然。<br>道生之[注2]，德畜之，长之、育之，亭之、毒之，养之、覆之。 | 道生成它，德蓄养它，物使它具有形状，最终而成器。<br>因此万物没有不遵从道并且以德为贵的。<br>道的尊崇，德的宝贵，不用发号施令，而是恒常自然而成。<br>因此道生成，德蓄养，使它长大使它养育，使它成长使它成熟，生养它保护它。 |
| 2 | 生而不有，为而不恃，长而不宰，是谓玄德。 | 生育而不占有，有所作为而不持功，化育而不主宰，这就是最高尚的德。 |

续表

| 编号 | 原文 | 白话 |
|---|---|---|
| 注1 | 陈本为“势成之”，按帛书本此处应为“器”。《周易·系辞》说：“是故形而上者谓之道，形而下者谓之器。”因此无论在学理上还是文献资料上，这里都应是“器”。 | |
| 注2 | 陈本有“故”字，即“故道生之”，而帛书本此处无“故”字，显示非结论句。 | |

**明辨：**本章河上公题为“养德”，言“妙本应感生成之旨，明万物尊道贵德之由，次美生育之功，终赞忘功之德也”。今辨之：本章言道德之尊贵文意本是连贯，但如前文所言①句与第十章②句更连贯。本章②句疑为错简，故分为两句。

## 第五十二章

**【楚简本】**闭其门，塞其兑，终身不勤。启其兑，实其事，终身不复。

**【帛书甲本】**天下有始，以为天下母。（既）得其母，以知其□复守其母，没身不殆。塞其（闷），闭其门，终身不堇（勤）。启其闷，济其事，终身□□□小曰□守柔曰强。用其光，复归其明，毋道（遗）身央（殃），是胃（谓）袭常。

**【帛书乙本】**天下有始，以为天下母。既得其母，以知其子，既□知其子，复守其母，没身不佁（殆）。塞其（闷），闭其门，冬（终）身不堇（勤）。启其（闷），齐其□□□不棘。见小曰明，守□□强。用□□□□□□□遗身央（殃），是胃（谓）□常。

**【王弼本】**天下有始，以为天下母。既得其母，以知其子，既知其子，复守其母，没身不殆。塞其兑，闭其门，终身不勤。开其兑，济其事，终身不救。见小曰明，守柔曰强。用其光，复归其明，无遗身殃，是为习常。

**【河上公本】**天下有始，以为天下母。既知其母，以知其子；既知其子，复守其母，没身不殆。塞其兑，闭其门，终身不勤。开其兑，济其事，终身不救。见小曰明，守柔曰强。用其光，复归其明。无遗身殃，是为习常。

| 编号 | 原文 | 白话 |
| --- | --- | --- |
| 1 | 天下有始，以为天下母。<br>既得其母，以知其子。<br>既知其子，复守其母，没身不殆。<br><br>塞其兑，闭其门，终身不勤。<br>开其兑，济其事，终身不救。 | 天下万物有个起始，此为天下之母。<br>已经得到天下之母，以此能知其子。<br>已经知道其子，返回守住其母之道，这样到死都不会有危害。<br>堵塞它的口，关闭它的门户，终身不会操劳。<br>打开外向的出口，助成事功，终身不会得救。 |
| 2 | 见小曰明，守柔曰强。 | 见到细微的叫做明，守住柔弱的叫做强。 |
| 3 | 用其光，复归其明，无遗身殃，是谓袭常。 | 用母之光，返还它的光明。因此不会给自己招致危害，这是习以为常的。 |

**明辨：**本章河上公题为“归元”，言“明返本还元之道”。今辨之：本章从文意结构上可分为三句。①句言“塞其兑……济其事”，与③句“用其光”句式相近，②句应为错简。②句之“见小曰明”与③句“复归其明”文意逻辑不顺。

## 第五十三章

**【楚简本】**缺

**【帛书甲本】**使我（挈）有知也，□□大道，唯□□□□□甚夷，民甚好解。朝甚除，田甚芜，仓甚虚，服文采，带利□□食，货□□□□□□□□□□□□□□□□。

**【帛书乙本】**使我介有知，行于大道，唯他（施）是畏。大道甚夷，民甚好（懈）。朝甚除，田甚（芜），仓甚虚；服文采，带利剑，猒（厌）食而赍（资）财□□□□盗（芋）。□□，非□也。

**【王弼本】**使我介然有知，行于大道，唯施是畏。大道甚夷，而人好径。朝甚除，田甚芜，仓甚虚；服文彩，带利剑，厌饮食，财货有余。是为盗夸，非道也哉！

**【河上公本】**使我介然有知，行于大道。唯施是畏。大道甚夷，而民好径。朝甚除，田甚芜，仓甚虚，服文彩，带利剑，厌饮食，财货有余，是为盗夸。(盗夸)，非道(也)哉!

| 编号 | 原文 | 白话 |
| --- | --- | --- |
| 1 | 使我介然有知，行于大道，唯施是畏。<br>大道甚夷，而民[注]好径。 | 假如我有识别能力，我就践行大道，唯怕走入歧途。<br>大道很平坦，然而人们却喜欢走小路。 |
| 2 | 朝甚除，田甚芜，仓甚虚。 | 朝廷建筑的浩大，农田非常荒芜；仓库很是空虚； |
| 3 | 服文采，带利剑，厌饮食，财货有余，是谓盗夸，非道也哉。 | 穿华丽的衣服，佩戴锋利的宝剑，厌烦了饮食，财货都有富裕，这是盗贼吹牛，不是道。 |

**注** 陈本为“人”，多本作“民”，意通。

**明辨：**本章河上公题为“益证”，言“有知不足以明道，好径不足以行道。及以未证为证，未得为得，皆非道也”。今辨之：本章在文意结构上可分为三句，①句与③句均言人事，但②言政事，故疑为错简。纵观全文，“朝甚除，田甚芜，仓甚虚”更像是对第三十章句“大军之后必有凶年”的进一步解说。

## 第五十四章

**【楚简本】**善建者不拔，善保者不脱，子孙以其祭祀不辍。修之身，其德乃真。修之家，其德有余。修之乡，其德乃长。修之邦，其德乃丰。修之天□□□□□□□□家，以乡观乡，以邦观邦，以天下观天下。吾何以知天□□□□□。

**【帛书甲本】**善建□□拔，□□□□□子孙以祭祀□□□□□□□□□□□□□余。修之□□□□□□□□□□□□□□□□□□□□以身□身，以家观家，以乡观乡，以邦观邦，以天□观□□□□□□□□□□□□□。

**【帛书乙本】**善建者□□□□□□□子孙以祭祀不绝。修之身，其德乃真。修之家，甚德有余。修之乡，其德乃长。修之国，其德乃夆（丰）。修之天下，其德乃（溥）。以身观身，以家观□□□□国，以天下观天下。吾何□知天下之然兹（哉）？以□。

**【王弼本】**善建者不拔，善抱者不脱，子孙以祭祀不辍。修之于身，其德乃真；修之于家，其德乃余；修之于乡，其德乃长；修之于国，其德乃丰；修之于天下，其德乃普。故以身观身，以家观家，以乡观乡，以国观国，以天下观天下。吾何以知天下然哉？以此。

**【河上公本】**善建者不拔，善抱者不脱，子孙祭祀不辍。修之于身，其德乃真；修之于家，其德乃余；修之于乡，其德乃长；修之于国，其德乃丰；修之于天下，其德乃普。故以身观身，以家观家，以乡观乡，以国观国，以天下观天下。（吾）何以知天下之然哉？以此。

| 编号 | 原文 | 白话 |
|---|---|---|
| 1 | 善建者不拔，善抱者不脱。 | 高明的建造不可以被拔除，高明的抱持不会被脱开。 |
| 2 | 子孙以祭祀不辍。 | 子孙因此会祭奠不停。 |
| 3 | 修之于身，其德乃真。<br>修之于家，其德乃余。<br>修之于乡，其德乃长。<br>修之于邦，其德乃丰。<br>修之于天下，其德乃普。<br>故[注]以身观身，以家观家，以乡观乡，以邦观邦，以天下观天下。<br>吾何以知天下然哉？以此。 | 修德治身，就会纯真。<br>修德治家，就会有盈余。<br>修德治乡，就会长进。<br>修德治国，就会丰满。<br>修德治天下，就会普遍存在。<br>因此以自身可以观他人之身，以自家观他家，以自乡观他乡，以本国观他国，以己天下观他人的天下。<br>我怎么知道天下的样子呢？以此。 |

注 古本无“故”字，于文意无碍。

**明辨：**本章河上公题为“修观”，言“明修身以及物”。今辨之：本章从文意结构上可分为三句。①句言贵在坚持，②句言后代的祭祀，③句则主讲修德次第。故此三句各自独立，无明确关联。同时，③句首言“修之于身，其德乃真”，故其前文应有关于“德”的某种表述，则第十章或第五十一章之②句所谓“玄德”，可形成关联。可衔接为“……是谓玄德。修之于身，其德乃真；修之于家，其德乃余……”。

## 第五十五章

**【楚简本】**含德之厚者，比于赤子。螝虿虫蛇弗蠚，攫鸟猛兽弗扣。骨弱筋柔而捉固，未知牝牡之合而朘怒，精之至也。终日呼而不嚘，和之至也。和曰常，知和曰明。益生曰祥，心使气曰强。物壮则老，是谓不道。

**【帛书甲本】**□□之厚□比于赤子。逢（蜂）（虿）（虺）地（蛇）弗螫，攫鸟猛兽弗搏。骨弱筋柔而握固。未知牝□□□□□□□精□至也。终曰（日）号而不嚘，和之至也。和曰常，知和（常）曰明，益生曰祥，心使气曰强。□□即老，胃（谓）之不道，不□□□。

**【帛书乙本】**含德之厚者，比于赤子。逢（蜂）（虿）（虺）地（蛇）弗螫，攫鸟猛兽弗搏。骨弱筋柔而握固。未知牝牡之会而朘怒，精之至也。冬（终）日号而不嚘，和□□□□□□□常，知常曰明，益生□祥，心使气曰强。物□则老，胃（谓）之不道，不道蚤（早）已。

**【王弼本】**含德之厚，比于赤子。蜂虿虺蛇不螫，猛兽不据，攫鸟不搏。骨弱筋柔而握固。未知牝牡之合而全作，精之至也。终日号好而不嗄，和之至也。知和曰常，知常曰明。益生曰祥，心使气曰强。物壮则老，谓之不道，不道早已。

**【河上公本】**含德之厚，比于赤子。毒虫不螫，猛兽不据，攫鸟不搏。骨弱筋柔而握固。未知牝牡之合而朘作，精之至也。终日号而不哑，和之至也。知和曰常，知常日明，益生日祥，心使气日强。物壮则老，谓之不道，不道早已。

| 编号 | 原文 | 白话 |
| --- | --- | --- |
| 1 | 含德之厚，比于赤子。<br>毒虫不螫，猛兽不据，攫鸟不搏[注1]。<br>骨弱筋柔而握固，未知牝牡之合而朘怒[注2]，精之至也。终日号而不嗄，和之至也。<br>知和曰常，知常曰明。 | 包含深厚德的人，如同刚降生的婴儿。<br>毒虫不去叮咬，猛兽不会用足爪抓伤，凶禽不会搏击。<br>骨头筋骨柔弱却能牢固抓握。不知男女交合而自然勃起，精气充足所致。整天哭号却不会沙哑，阴阳调和所致。<br>知道调和就是常，知道常就是明。 |
| 2 | 益生曰祥，心使气曰强。<br>物壮则老，谓之不道，不道早已。 | 人为贪生是凶的征兆，欲望支配精气就是逞强。<br>事物壮大的时候就开始变老，这是不守道的结果，不守道就会早亡。 |

注1 陈本此句为“蜂虿虺蛇不螫，攫鸟猛兽不搏”，本书取河上本更为简化，无害本义。

注2 陈本为“朘作”，帛书本为“朘怒。”“怒”较“作”文意更胜。

**明辨：**本章河上公题为“玄符”，言“首以赤子明自然之本体纯粹混然，所以物莫能窥，故虽握、虽号亦莫非出于自然也”。今辨之：本章从文意结构上可分为两句，①句“知和曰常，知常曰明”都是正面立论，而②句“益生曰祥，心使气曰强”则主言错误的行为，现有文本中无法判断此两句描述为同一对象，故两句之间无逻辑关联。与上章类似，本章首句亦说“含德之厚，比丁赤子”，故可与第十章或第五十一章②句进行衔接，如“……是谓玄德。含德之厚，比于赤子……”。

## 第五十六章

**【楚简本】**知之者弗言，言之者弗知。闭其兑，塞其门，和其光，同其尘。挫其锐，解其纷，是谓玄同。故不可得而亲，亦不可得而疏；不可得而利，亦不可得而害；不可得而贵，亦不可得而贱。故为天下贵。

**【帛书甲本】**□□弗言，言者弗知。塞其闷，闭其□□其光，同其（尘），坐（挫）其阅（锐），解其纷，是胃（谓）玄同。故不可得而亲，亦不可得而疏；不可得而利，亦不可得而害；不可□而贵，亦不可得而浅（贱），故为天下贵。

**【帛书乙本】**知者弗言，言者弗知。塞其，闭其门，和其光，同其尘，锉（挫）其兑（锐）而解其纷，是胃（谓）玄同。故不可得而亲也，亦□□得□□□可得而害利，□□□得而害；不可得而贵，亦不可得而贱，故为天下贵。

**【王弼本】**知者不言，言者不知。塞其兑，闭其门，挫其锐，解其分，和其光，同其尘，是谓玄同。故不可得而亲，不可得而疏；不可得而利，不可得而害；不可得而贵，不可得而贱，故为天下贵。

**【河上公本】**知者不言，言者不知。塞其兑，闭其门，挫其锐，解其纷，和其光，同其尘，是谓玄同。故不可得而亲，亦不可得而疏；不可得而利，亦不可得而害；不可得而贵，亦不可得而贱，故为天下贵。

| 编号 | 原文 | 白话 |
|---|---|---|
| 1 | 知者不言，言者不知。 | 知道的人不说，说的人是不知道的。 |
| 2 | 塞其兑，闭其门。挫其锐，<br>解其纷。和其光，同其尘，<br>是为玄同。 | 堵塞关闭外向的出口，磨去它的锋芒，<br>解开它的纷争。与它浑合光芒，同在一片尘世，这是玄同的境界。 |
| 3 | 故不可得而亲，不可得而疏，不可得而利，不可得而害，不可得而贵，不可得而贱，故为天下贵。 | 因此不刻意做而得到亲近或是疏远，不刻意做而获利或是伤害，不刻意为而高贵或是低贱，如此才为天下做看重。 |

**明辨：**本章河上公题为“玄德”，言“悟道者忘言无执，故内外兼治，混合大通，所以贵也”。今辨之：本章在文意结构上可分为三句，各自独立，应处于不同的语境。其中②句与第五十二章句“塞其兑，闭其门”更有文意上的关联，而与本章各句无关联。

## 第五十七章



**【楚简本】**以正治邦，以奇用兵，以无事取天下。吾何以知其然也？夫天（下）多忌讳，而民弥叛，民多利器，而邦滋昏。人多智，而奇物滋起。法物滋彰，盗贼多有。是以圣人之言曰："我无事而民自富，我无为而民自化，我好静而民自正，我欲不欲而民自朴。"

**【帛书甲本】**以正之（治）邦，以畸（奇）用兵，以无事取天下。吾□□□□□也（哉）？夫天下□□讳，而民弥贫。民多利器，而邦家兹（滋）昏。人多知（智），而何（奇）物兹（滋）□□□□□□盗贼 □□□□□□□□□□我无为也，而民自化。我好静，而民自正。我无事，民□□□□□□□□□□□。

**【帛书乙本】**以正之（治）国，以畸（奇）用兵，以无事取天下。吾何以知其然也才（哉）？夫天下多忌讳，而民弥贫。民多利器，□□□□昏。□□□□□□□□□□□兹（滋）章，而贼□□。是以□人之言曰："我无为而民自化，我好静而民自正，我无事而民自富，我欲不欲而民自朴。"

**【王弼本】**以正治国，以奇用兵，以无事取天下。吾可以知其然也。天下多忌讳，而民弥贫；民多利器，国家滋昏；人多伎巧，奇物滋起；法令滋彰，盗贼多有。故圣人云："我无为而民自化，我好静而民自正，我无事而民自富，我无欲而民自朴。"

**【河上公本】**以正治国，以奇用兵，以无事取天下。吾何以知其然哉？以此。天下多忌讳而民弥贫。民多利器，国家滋昏。人多技巧，奇物滋起。法物滋彰，盗贼多有。故圣人云："我无为而民自化，我好静而民自正，我无事而民自富，我无欲而民自朴。"

| 编号 | 原文 | 白话 |
| --- | --- | --- |
| 1 | 以正治邦[注1]，以奇用兵，以无事取天下。吾何以知其然哉，以此。 | 用公正治理国家，用奇巧的方式打仗，以无事获得天下。我怎么知道为何这样呢？因为以下原因。 |
| 2 | 天下多忌讳，而民弥贫。<br>民多利器，邦家滋昏。<br>民[注2]多伎巧，奇物滋起。<br>法令滋彰，盗贼多有。 | 天下的忌讳越多，百姓就越贫困，<br>人们手里武器越多，国家越昏乱，<br>人们技巧多，奇异之物将兴起。<br>法令越多，盗贼越多。 |

续表

| 编号 | 原文 | 白话 |
| --- | --- | --- |
| 3 | 是以圣人云，我无为而民自化，我好静而民自正，我无事而民自富，我无欲而民自朴。 | 因此圣人说：我无为百姓自会教化，我好静，百姓自会正常，我无事，百姓自会富裕，我没有欲望，百姓也会淳朴。 |

注1　陈本为“国”，意通。
注2　陈本为“人”，意通。

**明辨：**本章河上公题为“淳风”，言“明无为之治”。今辨之：本章从文意结构上可分为三句，①句包含治国、用兵等项，是结论性语句，句末“以此”为表原因意。但②、③两句均未涉及“用兵”；③句亦言“故圣人云”，也同样是结论句；故此三句勾稽关系并不紧密。其中②句与第十九章句“绝圣弃智，民利百倍；绝仁弃义，民复孝慈；绝巧弃利，盗贼无有”有较强的文意呼应。

## 第五十八章

**【楚简本】**缺

**【帛书甲本】**□□□□□□□□□其正（政）察察，其邦夬（缺）夬（缺）。(祸)，福之所倚；福，祸之所伏；□□□□□□□□□□□□□□□□□□□□□□□□□□□□□□□□□□□□□□□□□□□□□□□□□□□。

**【帛书乙本】**其正（政）(闵)(闵)，其民屯屯。其正（政）察察，其□□□。福，□之所伏，孰知其极？□无正也？正□□□，善复为□□之（迷）也，其日固久矣。是以方而不割，兼（廉）而不刺，直而不绁，光而不眺（耀）。

**【王弼本】**其政闷闷，其民淳淳；其政察察，其民缺缺。祸兮福之所倚，福兮祸之所伏。孰知其极？其无正。正复为奇，善复为妖。人之迷，其日固久。是以圣人方而不割，廉而不刿，直而不肆，光而不耀。

**【河上公本】**其政闷闷，其民醇醇；其政察察，其民缺缺。祸兮福之所倚，福兮祸之所伏。孰知其极，其无正。正复为奇，善复为妖。人之迷，其日固久。是以圣人方而不割，廉而不害，直而不肆，光而不耀。



| 编号 | 原文 | 白话 |
|---|---|---|
| 1 | 其政闷闷，其民淳淳；<br>其政察察，其民缺缺。 | 国家政治昏昧无为，子民就会淳朴自然；<br>国家政治严查苛刻，子民就会狡诈。 |
| 2 | 祸兮，福之所倚；福兮，祸之所伏。<br>孰知其极？其无正也[注]。正复为奇，善复为妖。<br>人之谜，其日固久。 | 灾祸，依附着幸福；幸福，又伏藏着灾祸。<br>谁知道事物的终极道理，它没有一定之规，正的转变为奇，善良的变为妖邪的。<br>人的迷惑，时间很长了。 |
| 3 | 是以圣人方而不割，廉而不刿，直而不肆，光而不耀。 | 因此圣人方正但不会割伤人，棱边锐利却不会刺伤人，直率而不放肆，光亮而不耀眼。 |

**注** 陈本无此语气词“也”。

**明辨：**本章河上公题为“顺化”，言“欲使民去智与故，循天之理，以袪其近见之惑也”。今辨之：本章从文意结构上可分为三句。①句主言为政态度，②句言福祸之谜，而③又转为对圣人的赞颂。三句文意各自独立，无明确关联。

## 第五十九章

**【楚简本】**治人事天，莫若啬。夫唯啬，是以早复，是以早复是谓重积德，重积德则无不克。无不克则莫知其极。莫知其极，可以有国。有国之母，可以长久，是谓深根固柢长生久视之道也。

**【帛书甲本】**□□□□□□□□□□□□□□□□□□□□□□□□□□□□□□□□□可以有国。有国之母，可以长久。是胃（谓）深槿（根）固氐（柢），长□□□□道也。

**【帛书乙本】**治人事天，莫若啬。夫唯啬，是以蚤（早）服。蚤

（早）服是胃（谓）重积□重□□□□□□□□□□莫知其□莫知其□□□有国。有国之母，可□□久。是胃（谓）深根固氐（柢），长生久视之道也。

**【王弼本】**治人事天，莫若啬。夫唯啬，是谓早服；早服谓之重积德；重积德则无不克，无不克则莫知其极；莫知其极，可以有国；有国之母，可以长久。是谓深根固柢，长生久视之道。

**【河上公本】**治人，事天，莫若啬。夫唯啬，是谓早服。早服谓之重积德。重积德则无不克，无不克则莫知其极，莫知其极（则）可以有国。有国之母，可以长久。是谓深根固蒂，长生久视之道。

| 编号 | 原文 | 白话 |
| --- | --- | --- |
| 1 | 治人事天，莫若啬。<br>夫为啬，是谓早服。<br>早服谓之重积德，重积德则无不克。无不克则莫知其极，<br>莫知其极，可以有国。有国之母，可以长久。<br>是谓深根固柢，长生久视之道。 | 修身知天命，没有比爱惜精神更好的办法。<br>爱惜精神，就要尽早应用。<br>尽早应用会不断积累德行，如此没有什么不能攻克的，也就没人知道它的极限。<br>没人知它的极限就可以有自己的国家，有了自己的国家，就可以长久。<br>这是深根固柢，长生久视的办法。 |

**明辨：**本章河上公题为“守道”，言“明用啬之道，治人则国祚延，事天则寿长久”。今辨之：本章文意连贯，无需分句。

## 第六十章

**【楚简本】**缺

**【帛书甲本】**□□□□□□□□□□□天下，其鬼不神。非其鬼不神也，其神不伤人也。非其申（神）不伤人也，圣人亦弗伤□□□不相□□德交归焉。

**【帛书乙本】**治大国若亨（烹）小鲜。以道立（莅）天下，其鬼不神。非其鬼不神也，其神不伤人也。非其神不伤人也，□□□弗伤也。夫两□相伤，故德交归焉。

【**王弼本**】治大国，若烹小鲜。以道莅天下，其鬼不神；非其鬼不神，其神不伤人；非其神不伤人，圣人亦不伤人。夫两不相伤，故德交归焉。

【**河上公本**】治大国若烹小鲜。以道莅天下，其鬼不神。非其鬼不神，其神不伤人。非其神不伤人，圣人亦不伤人。夫两不相伤，故德交归焉。

| 编号 | 原文 | 白话 |
|---|---|---|
| 1 | 治大邦注，若烹小鲜。 | 治理大的国家，像烹饪小鱼小虾一样。 |
| 2 | 以道莅天下，其鬼不神。非其鬼不神，其神不伤人。<br>非其神不伤人，圣人亦不伤人。<br>夫两不相伤，故德交归焉。 | 以道莅临天下，鬼怪就不会显神灵，<br>不是鬼怪没有神灵，而是神灵不会伤人，<br>不只是神灵不伤人，圣人也不伤人。<br>这两方面都不相伤，则德交汇归顺于道。 |

注　陈本为“国”，意通。

**明辨：**本章河上公题为“居位”，言“明用道则德交归”。今辨之：本章从文意结构上可分为两句，①句言“治大邦，若烹小鲜”，其后句应以“烹小鲜”为线索展开，但②句转而论述“以道莅天下”，故此两句无明确关联各自独立。纵观全文，与“烹小鲜”有文意对应的是第六十四章句“其脆易泮，其微易散”，是对“烹小鲜”的经验总结。

## 第六十一章

【**楚简本**】缺

【**帛书甲本**】大邦者，下流也，天下之牝。天下之郊（交）也，牝恒以靓（静）胜牡。为其靓（静）□□宜为下。大邦□下小□，则取小邦。小邦以下大邦，则取于大邦。故或下以取，或下而取。□大邦者不过欲兼畜人，小邦者不过欲入事人。夫皆得其欲，

□□□□□为下。

**【帛书乙本】**大国□□□□□□□牝也。天下之交也，牝恒以静朕（胜）牡。为其静也，故宜为下也。故大国以下□国，则取小国。小国以下大国，则取于大国。故或下□□□下而取。故大国者不□欲并畜人，小国不□欲入事人。夫□□其欲，则大者宜为下。

**【王弼本】**大国者下流，天下之交，天下之牝。牝常以静胜牡，以静为下。故大国以下小国，则取小国；小国以下大国，则取大国。故或下以取，或下而取。大国不过欲兼畜人，小国不过欲入事人。夫两者各得其所欲，大者宜为下。

**【河上公本】**大国者下流，天下之交，天下之牝。牝常以静胜牡，以静为下。故大国以下小国，则取小国；小国以下大国，则取大国。或下以取，或下而取。大国不过欲兼畜人，小国不过欲入事人。夫两者各得其所欲，大者宜为下。

| 编号 | 原文 | 白话 |
|---|---|---|
| 1 | 大邦者下流，天下之交，天下之牝也[注]。牝常以静胜牡，以静为下。<br>故大邦以下小邦，则取小邦。<br>小邦以下大邦，则取大邦。<br>故或下以取，或下而取。<br>大邦不过欲兼畜人，小邦不过欲入事人。夫两者各得其所欲，大者宜为下。 | 大国居于下游，是天下雌柔的位置，是天下交汇之处。雌柔总是以虚静战胜雄强，因为虚静而甘处于下。<br>因此大国要谦让的态度对待小国，就会取得小国的归顺。<br>小国对大国谦让就会取得大国的庇护。<br>因此或是处下以便取得，或是处下自然取得。<br>大国不过是想聚养小国，小国不过想侍奉大国，这样两者都达到目的，大的一方应更加谦下。 |

注 陈本无语气词“也”。

**明辨：**本章河上公题为“谦德”，言“明以德下人，人交归之”。今辨之：本章主讲大小相处之道，文字连贯，无需分句。

## 第六十二章

**【楚简本】**缺

**【帛书甲本】**□者，万物之注也，善人之（宝）也，不善人之所（保）也。美言可以市，尊行可以贺（加）人。人之不善也，何弃□有？故立天子，置三卿，虽有共之壁以先四马，不善（若）坐而进此。古之所以贵此者何也？不胃（谓）求□得，有罪以免舆（与）？故为天下贵。

**【帛书乙本】**道者，万物之注也，善人之（宝）也，不善人之所保也。美言可以市，尊行可以贺（加）人。人之不善，何□□□□立天子，置三乡（卿），虽有共之壁以先四马，不若坐而进此。古□□□□□□□□□不胃（谓）求以得，有罪以免与？故为天下贵。

**【王弼本】**道者万物之奥，善人之宝，不善人之所保。美言可以市尊，美行可以加人。人之不善，何弃之有？故立天子，置三公，虽有拱璧以先驷马，不如坐进此道。古之所以贵此道者何？不曰：以求得，有罪以免邪？故为天下贵。

**【河上公本】**道者万物之奥，善人之宝，不善人之所保。美言可以市，尊行可以加人。人之不善，何弃之有。故立天子，置三公，虽有拱璧以先驷马，不如坐进此道。古之所以贵此道者，何不曰以求得？有非以免耶，故为天下贵。

| 编号 | 原文 | 白话 |
|---|---|---|
| 1 | 道者万物之奥，善人之宝，不善人之所保。 | 道是万物的奥妙，是善人的宝物，不善者也会努力保有。 |
| 2 | 美言可以市尊，美行可以加人[注]。 | 美言可以得到尊重，美行可以获得敬仰。 |
| 3 | 人之不善，何弃之有？ | 人们不好的地方，有什么理由被遗弃呢？ |

续表

| 编号 | 原文 | 白话 |
|---|---|---|
| 4 | 故立天子，置三公，虽有拱璧以先驷马，不如坐进此道。<br>古之所以贵此道者何？不曰：求以得，有罪以免邪？故为天下贵。 | 因此天子立，布置三公，虽有尊贵的拱璧在前，驷马随后的场面，但不如坐下来修道。<br>古时为何以修身为尊贵？岂不是说，有求就会得到，有罪可以免除吗？因此为天下人所贵。 |
| **注** 陈本此句为“美言可以市，尊行可以加人”，本书取王本，意通。 | | |

**明辨：**本章河上公题为“为道”。今辨之：本章从文意结构上可分为四句。①句与③句共有“不善”的论点，但中间②句加入“美言”“美行”与上下文并不衔接，疑②句为错简。同时，前三句不构成④句“坐进此道”的逻辑原因，却以“故”表因果，疑为错简。

## 第六十三章

**【楚简本】**为无为，事无事，味无味。大，小之。多易必多难。是以圣人犹难之，故终无难。

**【帛书甲本】**为无为，事无事，味无未（味）。大小多少，报怨以德。图难乎□□□□□□□□□□天下之难作于易，天下之大作于细。是以圣人冬（终）不为大，故能□□□□□□□□□□□□□□必多难，是□□人猷（犹）难之，故终于无难。

**【帛书乙本】**为无为，□□□□□□□□□□□□□□□□□□□□□□□□其细也。天下之□□□易，天下之大□□□□□□□□□□□□□□□□□□夫轻若（诺）□□信，多易必多难，是以（圣）人□□之，故□□□□□。

**【王弼本】**为无为，事无事，味无味。大小多少，报怨以德。图难于其易，为大于其细；天下难事必作于易，天下大事必作于细。是以圣人终不为大，故能成其大。夫轻诺必寡信，多必多难。是以圣人犹难之，故终无难矣。

**【河上公本】**为无为，事无事，味无味。大小多少，报怨以德。图难于其易，为大于其细。天下难事必作于易，天下大事必作于细。是以圣人终不为大，故能成其大。夫轻诺必寡信，多易必多难。是以圣人犹难之，故终无难。

| 编号 | 原文 | 白话 |
| --- | --- | --- |
| 1 | 为无为，事无事，味无味。 | 以无为而为，以无事为事，以无味为味。 |
| 2 | 大小多少，报怨以德。 | 不计较大小多少，以德报怨。 |
| 3 | 图难于其易，为大于其细。 | 解决难题要从容易处着手，做大事要从细节开始。 |
| 4 | 天下难事，必作于易；<br>天下大事，必作于细。<br>是以圣人终不为大，<br>故能成其大。<br>夫轻诺必寡信，多易必多难。<br>是以圣人犹难之，故终无难矣。 | 天下难事，必定从容易解决处开始做，<br>天下大事，必定从细节处入手。<br>因此圣人始终不急于求成，<br>因此能够有更大的成就。<br>轻易许诺必定很少守信，多做容易的事必定会很多难关。<br>圣人重视困难，因此最终没有难事。 |

**明辨：**本章河上公题为“恩始”，言“明圣人得道之大全也”。今辨之：本章从文意结构上可分为四句。①句②句无逻辑联系各自独立，并与后文无关。③句与④句文意简单意重，疑似分别处于不同语境。本章①句中“为无为”是否与第四十八章句“损之又损，以至于无为”呼应？“事无事”句是否与第四十八章句“取天下常以无事”呼应？“味无味”句是否与第三十五章句“淡乎其无味”呼应？

## 第六十四章

**【楚简本】**（甲4）其安也，易持也。其未兆也，易谋也。其脆也，易判也，其微也，易剪也。为之于其无有也，治□于其未乱。合□□□□□□□九层之台□□□□□□□□□□足下。（甲2）为之者败之，执之者远之。是以圣人无为故无败，无执故□□□慎冬如始，此无败事矣。圣人欲不欲，不贵难得之货；教不教，复众之所过。是故圣人能辅万物之自然，而弗能为。

**【帛书甲本】**其安也，易持也。□□□□易谋□□□□□□□□□□□□□□□□□□□□□□□□□□□□□□□□毫末。九成之台，作于羸（蔂）土。百仁（仞）之高，台（始）于足□□□□□□□□□□□□□□□也，□无败□无执也，故无失也。民之从事也，恒于其成事而败之。故慎终若始，则□□□□□□□□欲不欲，而不贵难得之（货）；学不学，而复众人之所过；能辅万物之自□□弗敢为。

**【帛书乙本】**□□□□□□□□□□□□□□□□□□□□□□□□□□□□□□□□□□□□□□木，作于毫末。九成之台，作于（蔂）土。百千之高，始于足下。为之者败之，执者失之。是以（圣）人无为□□□□□□□□□□□□民之从事也，恒于其成而败之。故曰:“慎冬（终）若始，则无败事矣。”是以（圣）人欲不欲，而不贵难得之货；学不学，复众人之所过；能辅万物之自然，而弗敢为。

**【王弼本】**其安易持，其未兆易谋，其脆易泮，其微易散。为之于未有，治之于未乱。合抱之木，生于毫末；九层之台，起于垒土；千里之行，始于足下。为者败之，执者失之。是以圣人无为故无败，无执故无失。民之从事，常于几成而败之。慎终如始，则无败事。是以圣人欲不欲，不贵难得之货；学不学，复众人之所过；以辅万物之自然，而不敢为。

**【河上公本】**其安易持，其未兆易谋。其脆易破，其微易散。为之于未有，治之于未乱。合抱之木，生于毫末；九层之台，起于垒土；千里之行，始于足下。为者败之，执者失之。圣人无为故无败，无执故无失。民之从事，常于几成而败之，慎终如始，则无败事。是以圣人欲不欲，不贵难得之货；学不学，复众人之所过，以辅万物之自然，而不敢为。

| 编号 | 原文 | 白话 |
| --- | --- | --- |
| 1 | 其安易持，其未兆易谋。<br>其脆易泮，其微易散。<br>为之于其未有，<br>治之于其未乱[注1]。 | 安定的状态易于把握，没有出现变化苗头时容易谋划。<br>脆弱的容易粉碎，微小的容易分散。<br>要在没有征兆的时候就开始运作，<br>在未乱的时候开始治理。 |
| 2 | 合抱之木，生于毫末。<br>九层之台，起于累土。<br>千里之行，始于足下。 | 参天的大树，是由小苗长成的；<br>九层的高楼，是由一筐筐土筑起的；<br>千里的行程，开始于脚下。 |
| 3 | 为者败之，执者失之。 | 妄为必然会遭到失败；抓住不放终将失去。 |
| 4 | 是以圣人无为故无败，无执故无失。 | 因此圣人无为，所以没有失败；不执有，所以没有损失。 |
| 5 | 民之从事，常于几成而败之。 | 平民做事，常常在接近成功的时候失败。 |
| 6 | 故[注2]慎终如始，则无败事。 | 谨慎的重视结尾就像开始那样，就不会失败。 |
| 7 | 是以圣人欲不欲，不贵难得之货；学不学，复众人之所过，以辅万物之自然而不敢为。 | 因此圣人想要没有欲念，不以难得之货为贵，学习不学习的，纠正众人的过错。以此辅佐万物自然而然，而不敢胡乱妄为。 |

注1　陈本此句为“为之于未有，治之于未乱”，无“其”字，似缺主语。本书从楚简本。

注2　陈本无“故”连接，帛书本此处有“故”作为连接，显示其为结论句。

**明辨：**本章河上公题为“守微”，赞“圣人无为之学，以怯有为有执之失”。今辨之：本章从文意结构上可分为七句，②句与⑤句、⑥句有关联，是在表达自基础做起“慎终如始”，②句应为⑥句“慎终如始”之因。而①句“为之于其未有”则是在讲防患于未然，故文意独立互不衔接。③④句在第二十九章可见，疑为错简。⑦句所言“欲不欲，不贵难得之货”与第十二章、第三章均有文意上的关联；而“学不学”，或与“绝学无忧”句有关联。

## 第六十五章

**【楚简本】**缺

**【帛书甲本】**故曰：为道者非以明民也，将以愚之也。民之难□也，以其知（智）也。故以知（智）知邦，邦之贼也；以不知（智）知邦，□□德也；恒知此两者，亦稽式也。恒知稽式，此胃（谓）玄德。玄德深矣，远矣，与物□矣，乃□□□。

**【帛书乙本】**古之为道者，非以明□□□□□之也。夫民之难治也，以其知（智）也。故以知（智）知国，国之贼也；以不知（智）知国，国之德也；恒知此两者，亦稽式也。恒知稽式，是胃（谓）玄德。玄德深矣，远矣，□物反也，乃至大顺。

**【王弼本】**古之善为道者，非以明民，将以愚之。民之难治，以其智多。故以智治国，国之贼；不以智治国，国之福。知此两者亦稽式，常知稽式是谓玄德。玄德深矣远矣，与物反矣，然后乃至大顺。

**【河上公本】**古之善为道者，非以明民，将以愚之。民之难治，以其智多。以智治国，国之贼；不以智治国，国之福。知此两者亦楷式。常知楷式，是谓玄德。玄德深矣、远矣，与物反矣，乃至大顺。

| 编号 | 原文 | 白话 |
|---|---|---|
| 1 | 故曰[注]：古之善为道者，非以明民，将以愚之。<br>民之难治，以其智多。<br>故以智治国，国之贼；<br>不以智治国，国之福。 | 古时善于修身的人，不是要使民众更精明，而是要使它们不谙熟人情世事。<br>民众所以难以治理，是因为它们智巧太多。<br>因此依靠智巧治理国家，是国家的祸害；<br>不依靠智巧，是国家的福气。 |
| 2 | 知此两者亦稽式，常知稽式，是谓玄德。玄德深矣，远矣，与物反矣。然后乃至大顺。 | 知道这两者是治国的基本法则。常记法则就是玄德，玄德深厚远大，与万物一起返还根本，然后就会顺从道的规律。 |

续表

| 编号 | 原文 | 白话 |
| --- | --- | --- |
| 注 | 陈本无“故曰”连接，本书从帛书甲本，因本章明显是一个结论，因此句首用“故曰”。 | |

**明辨：** 本章河上公题为“淳德”，言“用智启奸之惑，示玄德大顺之规”。今辨之：本章从文意结构上可分为两句，如前言①句中“以智治国”与“不以智治国”是一件事的正反面表述，与②句所言“此两者”不能形成明确的应对关系，疑为错简。

## 第六十六章

**【楚简本】** 江海所以能为百谷王，以其能为百谷下，是以能为百谷王。圣人之在民前也，以身后之。其在民上也，以言下之。其在民上也，民弗厚也；其在民前，民弗害也。天下乐进而弗厌。以其不争也，故天下莫能与之争。

**【帛书甲本】** □海之所以能为百浴（谷）王者，以其善下之，是以能为百浴（谷）王。是以圣人之欲上民也，必以其言下之；其欲先□□必以其身后之。故居前而民弗害也，居上而民弗重也。天下乐隼（推）而弗猒（厌）也，非以其无诤（争）与？故□□□□□诤（争）。

**【帛书乙本】** 江海所以能为百浴（谷）□□□其善下之也，是以能为百浴（谷）王。是以（圣）人之欲上民也，必以其言下之；其欲先民也，必以其身后之。故居上而民弗重也，居前而民弗害。天下皆乐谁（推）而弗猒（厌）也，不□其无争与？故天下莫能与争。

**【王弼本】** 江海所以能为百谷王者，以其善下之，故能为百谷王。是以欲上民，必以言下之。欲先民，必以身后之。是以圣人处上而民不重，处前而民不害。是以天下乐推而不厌，以其不争，故天下莫能与之争。

**【河上公本】** 江海所以能为百谷王者，以其善下之，故能为百谷王。是以圣人欲上民，必以（其）言下之；欲先民，必以（其）身后之。是以圣人处上而民不重，处前而民不害。是以天下乐推而不厌。以其不争，故天下莫能与之争。

| 编号 | 原文 | 白话 |
|---|---|---|
| 1 | 江海之所以能为百谷王者，以其善下之，故能为百谷王。<br>是以圣人欲上民，必以言下之。欲先民，必以身后之。<br>是以圣人处上而民不重，处前而民不害，是以天下乐推而不厌。 | 江海所以能成为百谷之王，是因为善于处在百谷之下，因此成为百谷王。<br>因此圣人要想统治民众，必须言语中表示谦下。要想领导民众，必要把自身利益放在民众之后。<br>因此圣人高高在上，民众不会有负担，走在前面，民众也不会被伤害。因此天下乐于拥戴而不厌烦。 |
| 2 | 以其不争，故天下莫能与之争。 | 因为它不争利，因此天下没有谁跟它抗争。 |

**明辨：**本章河上公题为“复己”，言“善下不争之德”。今辨之：本章从文意结构上可分为两句。①句言圣人处下以治民，“善下”“言下之”“身后之”等均含“不争”意。但②句言“以其不争，故天下莫能与之争”，反而突出了“莫能与之争”的结果，仿佛圣人所作所为是为了达到“天下莫能与之争”的目的而有意“不争”。这不符合圣人之玄德，疑为错简。

## 第六十七章

**【楚简本】**缺

**【帛书甲本】**□□□□□□□□□夫唯□故不宵（肖）。若宵（肖），细久矣。我恒有三葆（宝），之，一曰兹（慈），二曰检（俭），□□□□□□□□□□□□□□□□故能广；不敢为天下先，故能为成事长。今舍其兹（慈），且勇；舍其后，且先；则必死矣。夫兹（慈），□□则胜，以守则固。天将建之，女（如）以兹（慈）垣之。

**【帛书乙本】**天下□胃（谓）我大，大而不宵（肖）。夫唯不宵（肖），故能大。若宵（肖），久矣其细也夫。我恒有三（宝），市（持）而（宝）之，一曰兹（兹），二曰检（俭），三曰不敢为天下先。夫兹（慈），故能勇；检（俭），敢（故）能广；不敢为天下先，故能为成器长。今舍其兹（慈），且勇；舍其检（俭），且广；舍其后，且先；则死矣。夫兹（慈），以单（战）则朕（胜），以守则固。天将建之，如以兹（慈）垣之。

**【王弼本】**天下皆谓我道大，似不肖。夫唯大，故似不肖。若肖，久矣其细也夫！我有三宝，持而保之。一曰慈，二曰俭，三曰不敢为天下先。慈故能勇，俭故能广，不敢为天下先，故能成器长。今舍慈且勇，舍俭且广，舍后且先，死矣！夫慈以战则胜，以守则固。天将救之，以慈卫之。

**【河上公本】**天下皆谓我道大，似不肖。夫唯大，故似不肖。若肖久矣。其细也夫！我有三宝，持而保之：一曰慈，二曰俭，三曰不敢为天下先。慈故能勇，俭故能广，不敢为天下先，故能成器长。今舍（其）慈且勇，舍（其）俭且广，舍（其）后且先，死矣，夫慈，以战则胜，以守则固。天将救之，以慈卫之。

| 编号 | 原文 | 白话 |
|---|---|---|
| 1 | 天下皆谓我道大，似不肖。夫唯大，故似不肖。若肖，久矣其细也夫。<br>我有三宝，持而保之。一曰慈，二曰俭，三曰不敢为天下先。<br>慈故能勇，俭故能广。不敢为天下先，故能成器长。<br>今舍慈且勇，舍俭且广，舍后且先，死矣。<br>夫慈，以战则胜，以守则固。天将救之，以慈卫之[注]。 | 天下都说我得大道，看起来又不相像，因为大所以才会不相像。即使相像，时间长了相像程度也会很细微。<br>我有三件宝，掌握并保持它们。分别是，慈、俭、不为天下先。<br>慈爱因此能够勇敢，勤俭因此能广博富裕，不敢为天下的领先，因此能成万物的领导。<br>现今如果舍去慈爱而勇敢，舍掉勤俭而富于，舍后而争先，我就会早亡。<br>慈爱，用它来作战就会胜利，用它来守卫就会坚固。天意如果要救谁，就会用慈爱来护卫他。 |

**注** 帛书本为“天将建之，如以慈垣之”，意通。

**明辨：**本章河上公题为“三宝”，言“道体至大而用以慈”。今辨之：本章文通意顺，无需分句。

## 第六十八章

**【楚简本】**缺

**【帛书甲本】**善为士者不武，善战者不怒，善胜敌者弗□善用人者为之下。□胃（谓）不诤（争）之德，是胃（谓）用人，是胃（谓）天，古之极也。

**【帛书乙本】**故善为士者不武，善单（战）者不怒，善朕（胜）敌者弗与，善用人者为之下。是胃（谓）□争之德。是胃（谓）用人，是胃（谓）肥（配）天，古之极也。

**【王弼本】**善为士者不武，善战者不怒，善胜敌者不与，善用人者为之下，是谓不争之德，是谓用人之力，是谓配天之极。

**【河上公本】**善为士者不武，善战者不怒，善胜敌者不与，善用人者为下。是谓不争之德，是谓用人之力，是谓配天，古之极。

| 编号 | 原文 | 白话 |
|---|---|---|
| 1 | 善为士者不武，<br>善战者不怒，<br>善胜敌者不与，<br>善用人者为之下。<br>是谓不争之德。 | 善于带兵的人不凭借武力，<br>善于征战的人，不可意气用事。<br>善于战胜敌人的人，不依靠武力。<br>善于用人的人，都会谦下。<br>这就是不争的德。 |
| 2 | 是谓用人[注]。 | 用人的着力点， |
| 3 | 是谓配天。 | 因此德配天地。 |
| 4 | 古之极也。 | 是古时最高的法则。 |

**注** 古本均为“是谓用人”，今从。

**明辨：**本章河上公题为“配天”，言“标四善以表合天之德”。今辨之：本章从文意结构上可分为四句。首先“是谓”白话是“这被称为”，是表推导因果的连词，一般因与果之间会形成一一对应的衔接。但本章文本结构不是这样，①为陈述句，内容与用兵相关。其后连用是两个“是谓”做为结论语，也就是由一个前提而推导出不同的结论，这具有非常明显的拼凑痕迹。且其中③句“是谓配天”用来结论前文恐有小题大做之嫌。

## 第六十九章

**【楚简本】**缺

**【帛书甲本】**用兵有言曰：吾不敢为主而为客，吾不进寸而芮（退）尺。是胃（谓）行无行，襄（攘）无臂，执无兵，乃（扔）无敌矣。（祸）莫于（大）于无适（敌），无适（敌）斤（近）亡吾吾葆（宝）矣。故称兵相若，则哀者胜矣。

**【帛书乙本】**用兵又（有）言曰：吾不敢为主而为客，不敢进寸而退尺。是胃（谓）行无行，攘无臂，执无兵，乃（扔）无敌。祸莫大于无敌。无敌近亡吾（宝）矣。故抗兵相若，而依（哀）者朕（胜）矣。

**【王弼本】**用兵有言：吾不敢为主而为客，不敢进寸而退尺。是谓行无行，攘无臂，执无兵，乃无敌。祸莫大于轻敌，轻敌几丧吾宝。故抗兵相加，哀者胜矣。

**【河上公本】**用兵有言：吾不敢为主，而为客；不敢进寸，而退尺。是谓行无行，攘无臂，仍无敌，执无兵。祸莫大于轻敌，轻敌几丧吾宝。故抗兵相加，哀者胜矣。

| 编号 | 原文 | 白话 |
|---|---|---|
| 1 | 用兵有言：吾不敢为主而为客，不敢进寸而退尺。 | 用兵有俗语说，我不敢为主挑起战端，而应为客据守，不敢前进一寸，反而退守一尺。 |
| 2 | 是谓行无行，攘无臂，扔无敌，执无兵。祸莫大于轻敌，轻敌几丧吾宝。<br><br>故抗兵相若，哀者胜矣。 | 这就是要行动却像没有动静，想举起胳膊却没有手臂，要投掷武器却没有敌人，拿着武器却像什么也没有。祸患没有大过轻敌的，轻敌几乎丧失我所宝贵的。<br>因此实力相当的军队相抗，示弱的一方获胜。 |

**明辨：**本章河上公题为“玄用”，言“假用兵以明道，而贵在于守慈也”。今辨之：本章从文意结构上可分为两句，均与用兵相关，但文意各自独立，无逻辑关联。

## 第七十章

**【楚简本】**缺

**【帛书甲本】**吾言甚易知也，甚易行也；而人莫之能知也，而莫之能行也。言有君，事有宗。其唯无知也，是以不□□□□□□□我贵矣。是以圣人被褐而褱（怀）玉。

**【帛书乙本】**吾言易知也，易行也；而天下莫之能知也，莫之能行也。夫言又（有）宗，事又（有）君。夫唯无知也，是以不我知。知者希，则我贵矣。是以（圣）人被褐而褱（怀）玉。

**【王弼本】**吾言甚易知，甚易行。天下莫能知，莫能行。言有宗，事有君。夫唯无知，是以不我知。知我者希，则我者贵。是以圣人被褐而怀玉。

**【河上公本】**吾言甚易知，甚易行。天下莫能知，莫能行。言有宗，事有君。夫唯无知，是以不我知。知我者希，则我者贵。是以圣人被褐怀玉。

| 编号 | 原文 | 白话 |
|---|---|---|
| 1 | 吾言甚易知，甚易行。<br>天下莫能知，莫能行。<br>言有宗，事有君。夫唯无知，是以不我知。<br>知我者希，则我者贵。 | 我说的很容易知道，很容易践行。<br>但天下的人没谁能明白，没谁能执行。<br>言语有出处，事件有根据。因为无知，所以自己不知道。<br>理解我的人太稀少了，效法我的人太难得了。 |
| 2 | 是以圣人被褐而[注]怀玉。 | 因此圣人外边穿着粗布衣服，怀揣着美玉。 |

**注** 陈本无“而”连接。

**明辨：**本章河上公题为“知难”，言“明道至易知易行，而忽之则至难”。今辨之：本章从文意结构上可分为两句，①句以第一人称“吾”或“我”论述，而②句直言“是以圣人披褐而怀玉”，如此自谓为“圣人”恐非老子本义。故此两句无明确关联，疑为错简。本章似有总结意，纵观全文可与“圣人披褐怀玉”文意相呼应的当属第八十一章句，衔接如下："天之道，利而不害；圣人之道，为而不争，是以圣人被褐而怀玉。"

## 第七十一章

**【楚简本】**缺

**【帛书甲本】**知不知，尚矣；不知不知，病矣。是以圣人之不病，以其□□□□□□。

**【帛书乙本】**知不知，尚矣；不知知，病矣。是以（圣）人之不病也，以其病病也，是以不病。

**【王弼本】**知不知，上；不知知，病。夫唯病病，是以不病。圣人不病，以其病病，是以不病。

**【河上公本】**知不知上，不知知病。夫唯病病，是以不病。圣人不病，以其病病，是以不病。

| 编号 | 原文 | 白话 |
|---|---|---|
| 1 | 知不知，尚矣；<br>不知知，病也。<br>圣人不病，以其病病，<br>是以不病注。 | 知道还有不知道的，是好的；<br>不知道以为知道，是错误的。<br>圣人没有错误，因为它耻于错误，<br>因此不会不懂装懂。 |

注　陈本此句为"以其病病。夫唯病病，是以不病"，意通。

**明辨：**本章河上公题为"知病"，言"真知则契理，执迷则成病"。今辨之：本章言知道就是知道，不要装模作样，文通意顺，无需分句。

## 第七十二章

**【楚简本】**缺

**【帛书甲本】**□□□畏畏（威），则□□□□矣。毋（毋）闸（狎）其所居，毋猒（厌）其所生。夫唯弗猒（厌），是□□□□□□□□□□□□□□□□□□而不自贵也。故去被（彼）取此。

**【帛书乙本】**民之不畏畏（威），则大畏（威）将至矣。毋（狎）

其所居，毋猒（厌）其所生。夫唯弗猒（厌），是以不猒（厌）。是以（圣）人自知而不自见也，自爱而不自贵也。故去罢（彼）而取此。

【王弼本】民不畏威，则大威至。无狭其所居，无厌其所生。夫唯不厌，是以不厌。是以圣人自知不自见；自爱不自贵。故去彼取此。

【河上公本】民不畏威，（则）大威至矣。无狭其所居，无厌其所生。夫惟不厌，是以不厌。是以圣人自知不自见，自爱不自贵，故去彼取此。

| 编号 | 原文 | 白话 |
|---|---|---|
| 1 | 民不畏威，则大威至。 | 民众如果不惧怕权威，就有大的危害。 |
| 2 | 无狎其所居，无厌其所生。夫唯不厌，是以不厌。<br>是以圣人自知不自见，自爱不自贵。故去彼取此。 | 不要不重视人民的生活，不要压迫他们的生计，因为不压迫生计，因此不会被厌恶。<br>因此圣人自知却不自视高明，自己爱惜自己却不以己为贵，因此要去彼取此。 |

**明辨：**本章河上公题为“爱己”，言“祛妄惑以全真也”。今辨之：本章从文意结构上可分为两句，文意贯通，均有爱民之意。但①句“民不畏威，则大威至”与第七十四章句“民不畏死，奈何以死惧之”更为对仗，疑此处为错简。

## 第七十三章

【楚简本】缺

【帛书甲本】勇于敢者□□□于不敢者则栝（活）。□□□□□□□□□□□□□□□□□□□□□□□□□不言而善应，不召而自来，弹而善谋。□□□□□□□□□□。

【帛书乙本】勇于敢则杀，勇于不敢则栝（活），□两者或利或害。天之所亚（恶），孰知其故？天之道，不单（战）而善朕（胜），不言而善应，弗召而自来，单（坦）而善谋。天罔（网）(恢恢)，疏而不失。

**【王弼本】**勇于敢则杀，勇于不敢则活，此两者或利或害。天之所恶，孰知其故？是以圣人犹难之。天之道，不争而善胜，不言而善应，不召而自来，繟然而善谋。天网恢恢，疏而不失。

**【河上公本】**勇于敢则杀，勇于不敢则活。此两者，或利或害。天之所恶，孰知其故？是以圣人犹难之。天之道，不争而善胜，不言而善应，不召而自来，繟然而善谋。天网恢恢，疏而不失。

| 编号 | 原文 | 白话 |
|---|---|---|
| 1 | 勇于敢则杀，勇于不敢则活。此两者，或利或害。 | 勇于敢就去杀，勇而不敢就使其存活。这两方面，哪个有利哪个有害？ |
| 2 | 天之所恶，孰知其故？ | 上天的好恶，谁知道原因呢？ |
| 3 | 是以圣人犹难之。天之道，不争而善胜，不言而善应，不召而自来，繟然而善谋。<br>天网恢恢，疏而不漏[注]。 | 因此圣人也会很为难。天之道，不去争斗却总是获胜，沉默寡言却应答如流，不用号召自会前来，坦然无遮却善于谋划。<br>天网广大无边，疏散却不会遗漏。 |

**注** 陈本为“疏而不失”，意通。

**明辨：**本章河上题为“任为”，言“告人当勇于道，不当勇于力”。今辨之：本章文意结构可分为三句，②句言“天之所恶，孰知其故？”为问句，但③句又言“天之道，不争而善胜……”，故此两句文意不相关，各自独立。

## 第七十四章

**【楚简本】**缺

**【帛书甲本】**□□□□□□□□奈何以杀（惧）之也？若民恒是（畏）死，则而为者吾将得而杀之，夫孰敢矣！若民□□必畏死，则恒有司杀者。夫伐（代）司杀者杀，是伐（代）大匠斫也。夫伐（代）大匠斫者，则□不伤其手矣。

**【帛书乙本】**若民恒且不畏死，若何以杀（惧）之也？使民恒且畏死，而为畸（奇）者□得而杀之，夫孰敢矣！若民恒且必畏死，则恒又（有）司杀者。夫代司杀者杀，是代大匠斫。夫代大匠斫，则希不伤其手。

**【王弼本】**民不畏死，奈何以死惧之？若使民常畏死，而为奇者吾得执而杀之，孰敢？常有司杀者杀。夫代司杀者杀，是谓代大匠斫。夫代大匠斫者，希有不伤其手矣。

**【河上公本】**民不畏死，奈何以死惧之？若使民常畏死，而为奇者，吾得执而杀之，孰敢？常有司杀者。夫代司杀者，是谓代大匠斫。夫代大匠斫者，希有不伤其手矣。

| 编号 | 原文 | 白话 |
|---|---|---|
| 1 | 民不畏死，奈何以死惧之？<br>若使民常畏死，而为奇者，吾（孰）得执而杀之[注1]。 | 民众不惧怕死亡，如何用死亡使他们畏惧。<br>如果让民众常常害怕死亡，而做些邪恶的事，我应该把它抓起来杀掉。 |
| 2 | 孰敢？ | 谁还敢威胁民众？ |
| 3 | 若民恒且必畏死[注]，常有司杀者杀。夫代司杀者杀，是谓代大匠斫。夫代大匠斫者，希有不伤其手矣。 | 若总有人威胁人民的生命，自然会有主管杀人的人去杀，那些代替有司杀人的人，就像代替工匠砍、削，他们很少有不伤手的。 |

注1 多本均为“吾将得而杀之”，但有违道家清静无为的宗旨，详解见正文。

注2 陈本及多本无“若民恒且必畏死”句，但帛书本有，若无此句则本章前后矛盾。

**明辨：**本章河上公题为“制惑”，言“君无为则民知自劝之方”。今辨之：本章从文意结构上分为三句，三句文意相对连贯。首先，“吾得执而杀之”句与老子无为、不敢为天下先之精神相悖，疑为后人所改。其次若将《老子》视为完整文章，则此章有瑕疵。在文意上本章分为两节，①句言对于“使民常畏死而为奇者”该杀之，是谓“勇于敢则杀”；③句言“代大匠斫者，希有不伤其手”言代有司杀该杀之人却会伤害自身，是谓“勇于不敢则活”，亦即本章与第七十三章句“勇于敢则杀，勇于不敢则活”相呼应。由此①句与③句均应为设问句，则②句应在③句之后，因会伤其手故曰“孰敢？”而①句设问处应为“孰得执而杀之？”而不应为“吾得执而杀之”。

## 第七十五章

**【楚简本】**缺

**【帛书甲本】**人之饥也，以其取食□之多也，是以饥。百姓之不治也，以其上有以为□是以不治。民之圣（轻）死，以其求生之厚也，是以圣（轻）死。夫唯无以生为者，是贤贵生。

**【帛书乙本】**人之饥也，以其取食□之多，是以饥。百生（姓）之不治也，以其上之有以为也，□以不治。民之轻死也，以其求生之厚也，是以轻死。夫唯以生为者，是贤贵生。

**【王弼本】**民之饥，以其上食税之多，是以饥。民之难治，以其上之有为，是以难治。民之轻死，以其求生之厚，是以轻死。夫唯无以生为者，是贤于贵生。

**【河上公本】**民之饥，以其上食税之多，是以饥。民之难治，以其上有为，是以难治。民之轻死，以其求生之厚，是以轻死。夫唯无以生为者，是贤于贵生。

| 编号 | 原文 | 白话 |
| --- | --- | --- |
| 1 | 民之饥，以其上食税之多，是以饥。<br>民之难治，以其上之有为，是以难治。 | 民众的贫瘠，是因为上层苛捐杂税太多，因此贫瘠。<br>民众的难以治理，是因为统治阶层胡乱妄为，因此难治。 |
| 2 | 民之轻死，以其求[注]生之厚，是以轻死。 | 民众轻易就死亡，是因为他们太过厚养的缘故，因此轻易而亡。 |
| 3 | 夫唯无以生为者，是贤于贵生。 | 那些不为生活妄为的人要贤于过分以生为贵的人。 |

**注** 陈本此句为“以其上求”，据文意加“上”字。但帛书及多本未见，本书从帛书本。

**明辨**：本章河上题为“贪损”，言“戒有为之弊，惟忘其生则可以全生也”。今辨之：本章从文意结构上可分为三句。①句所言“民之饥”“民之难治”都是由于“其上”治国无方所造成。但②句所言“民之轻死”是由于民之“求生之厚”所致，故与①句无文意联系。③句言“无以生为者”与②句意顺，但两句在本章无因果联系，各自独立。

## 第七十六章

**【楚简本】**缺

**【帛书甲本】**人之生也柔弱，其死也仞贤（坚）强。万物草木之生也柔脆，其死生（枯）（槁）。故曰：“坚强者，死之徒也；柔弱微细，生之徒也。”兵强则不胜，木强则恒。强大居下，柔弱微细居上。

**【帛书乙本】**人之生也柔弱，其死也信坚强。万□□木之生也柔椊（脆），其死也（枯）槁。故曰：“坚强，死之徒也；柔弱，生之徒也。”□以兵强则不朕（胜），木强则兢。故强大居下，柔弱居上。

**【王弼本】**人之生也柔弱，其死也坚强。万物草木之生也柔脆，其死也枯槁。故坚强者死之徒，柔弱者生之徒。是以兵强则不胜，木强则共。强大处下，柔弱处上。

**【河上公本】**人之生也柔弱，其死也坚强。万物草木之生也柔脆，其死也枯槁。故坚强者死之徒，柔弱者生之徒。是以兵强则不胜，木强则共。强大处下，柔弱处上。

| 编号 | 原文 | 白话 |
|---|---|---|
| 1 | 人之生也柔弱，其死也坚强。<br>万物草木[注1]之生也柔脆，其死也枯槁。<br>故曰[注2]坚强者死之徒，柔弱者生之徒。 | 人活的时候柔弱，死了就变僵硬。<br>草木活的时候是柔脆的，死后就干枯。<br>因此说坚强是属于死亡的一类，柔弱是属于生存的一类。 |

续表

| 编号 | 原文 | 白话 |
| --- | --- | --- |
| 2 | 是以兵强则灭，木强则折。故[注3]强大处下，柔弱处上。 | 因此军队强大就会被消灭，木材强壮就会被折断，强壮处于低下，柔弱处于高上。 |

注1 陈本无“万物”一词，单提“草木”，但多本均为“万物草木”。
注2 陈本为“故”，意通。
注3 陈本无连词“故”，本书从帛书乙本 。

**明辨：**本章河上题为“戒强”，言“用柔弱可以保冲和之气”。今辨之：本章从文意结构上可分为两句。两句意通均主讲柔弱之用，但①针对人生立论，过渡到②句的用兵，显得牵强。且“坚强”与“强大”是两个不同的概念。①句之结论“坚强者死之徒”与第四十二章句“强梁者不得其死”意近。②句结论“强大处下，柔弱处上”与第七十八章句“弱之胜强，柔之胜刚”在文意上衔接更为通顺。

## 第七十七章

**【楚简本】**缺

**【帛书甲本】**天下□□□□□者也，高者印（抑）之，下者举之，有余者（损）之，不足者补之。故天之道，（损）有□□□□□□□□□□不然，（损）□□□奉有余。孰能有余而有以取奉于天者乎？□□□□□□□□□□□□□□□□□□□□□□□□□见贤也。

**【帛书乙本】**天之道，酉（犹）张弓也，高者印（抑）之，下者举之，有余（余）者云（损）之，不足者□□□□□□□云（损）有余而益不足；人之道，云（损）不足而奉又（有）余（余）。夫孰能又（有）余（余）而□□奉于天者，唯又（有）道者乎？是以（圣）人为而弗又（有），成功而弗居也。若此其不欲见贤也。

**【王弼本】**天之道，其犹张弓与？高者抑之，下者举之；有余者损之，不足者补之。天之道，损有余而补不足。人之道则不然，损不足以奉有余。孰能有余以奉天下？唯有道者。是以圣人为而不恃，功成而不处，其不欲见贤。

**【河上公本】**天之道，其犹张弓乎？高者抑之，下者举之，有余者损之，不足者益之。天之道，损有余而补不足。人之道则不然，损不足以奉有余。孰能有余以奉天下，唯有道者。是以圣人为而不恃，功成而不处，其不欲见贤。

| 编号 | 原文 | 白话 |
|---|---|---|
| 1 | 天之道，其犹张弓也[注1]？<br>高者抑之，下者举之。<br>有余者损之，不足者补之。<br>天之道，损有余而补不足。<br>人之道，则不然，损不足以奉有余。<br>孰能有余以奉于天[注2]？唯有道者。 | 天之道，难道不像张弓射箭吗？<br>高了就压低些，低了就举高些。<br>有富余的就减少，有不足的就补充。<br>天的道，减少有余的补充不足的。<br>人之道却不是这样，是减少不足的事奉有余的。<br>谁能将有余奉献天道，只有得道的人。 |
| 2 | 是以圣人为而不恃，功成而不处，其不欲见贤。 | 因此圣人做了却不自持，成功了也不居功，他不愿表现自己的贤能。 |

注1　古本此处为肯定句。

注2　陈本此句为“孰能有余以奉天下”，而帛书本均为“奉于天”，与“奉天下”在古时是两个概念，今从“奉于天”。

**明辨：**本章河上题为“天道”，言“明道之用中正而无私，惟观天之道知之”。今辨之：本章从文意结构上可分为两句，①句言“损有余补不足”自然之道，而②句结论是圣人不欲见贤。两句文意无关联，各自独立。

## 第七十八章

**【楚简本】**缺

**【帛书甲本】**天下莫柔□□□□□□坚强者莫之能□也，以其无□易□□□□□□□□胜强，天□□□□□□□□行也。故圣人之言云，曰：“受邦之(诟)，是胃(谓)社稷之主；受邦之不祥，是胃(谓)天下之王。”□□若反。

【帛书乙本】天下莫柔弱于水，□□□□□□□□□以其无以易之也。水之朕（胜）刚也，弱之朕（胜）强也，天下莫弗知也，而□□□□也。是故（圣）人之言云，曰："受国之（诟），是胃（谓）社稷之主。受国之不祥，是胃（谓）天下之王。"正言若反。

【王弼本】天下莫柔弱于水，而攻坚强者莫之能胜，以其无以易之。弱之胜强，柔之胜刚，天下莫不知，莫能行。是以圣人云："受国之垢，是谓社稷主；受国不祥，是为天下王。"正言若反。

【河上公本】天下柔弱莫过于水，而攻坚强者莫之能胜，其无以易之。弱之胜强，柔之胜刚，天下莫不知，莫能行，故圣人云："受国之垢，是谓社稷主；受国不祥，是为天下王。"正言若反。

| 编号 | 原文 | 白话 |
| --- | --- | --- |
| 1 | 天下莫柔弱于水，而攻坚强者莫之能胜，以其无以易之。<br>弱之胜强，柔之胜刚，天下莫不知，莫能行。 | 天下没有比水还柔弱的，然而攻击坚强的东西没有谁能胜过它，因为它锲而不舍，没有什么可以改变它。<br>弱能胜强，柔可克刚，天下没有不知道的，却没有谁能做到。 |
| 2 | 是以圣人云，受邦[注]之垢，是谓社稷主；受邦不祥，是为天下王。<br>正言若反。 | 因此圣人说，能够接受国家的诟病才是国家的君王，能够承受国家的灾祸才可做天下的君主。<br>正面的话听起来好像是反话一样。 |

**注** 陈本为"国"，意通。

**明辨：**本章河上公题为"任信"，言"柔弱能容，则为物所归也"。今辨之：本章从文意结构上可分为两句。①句言弱之胜强，②句言"受国之垢"才可为王，在逻辑上各自独立，无因果关联。

## 第七十九章

【楚简本】缺

【帛书甲本】和大怨，必有余怨，焉可以为善？是以圣右介（契）而不以责于人。故有德司介（契），□德司（彻）。夫天道无亲，恒与善人。

【帛书乙本】禾（和）大□□□□□□□□□善？是以（圣）人执右芥（契）而不以责于人。故又（有）德司芥（契），无德司（彻）。□□□□□□□□□。

【王弼本】和大怨必有余怨，安可以为善？是以圣人执左契而不责于人。有德司契，无德司徹。天道无亲，常与善人。

【河上公本】和大怨，必有余怨，安可以为善。是以圣人执左契，而不责于人。有德司契，无德司彻。天道无亲，常与善人。

| 编号 | 原文 | 白话 |
|---|---|---|
| 1 | 和大怨，必有余怨，[注]安可以为善。 | 调和大的怨愤，一定会留有余怨，怎么可以做好呢？ |
| 2 | 是以圣人执左契，而不责于人。<br>有德司契，无德司彻。<br>天道无亲，常与善人。 | 因此圣人掌握写着债务人名字的契约左片，而不以此讨债。<br>有德的人掌握契约，无德的人掌握收租税。<br>天道不分亲疏的，却总是给与善人更多。 |

注　陈本此处多“报怨以德”句。

**明辨：**本章河上题为“任契”，言“明息妄在于复性，皆无为之治也”。今辨之：本章文意明确，但②句以“是以”开头，①句末“安可以为善”为问句，与②句不构成严谨的逻辑关联，疑其间缺简。

## 第八十章

【楚简本】缺

【帛书甲本】小邦寡民，使十百人之器毋用。使民重死而远送（徙）。有车周（舟）无所乘之，有甲兵无所陈□□□□□□□□用之。甘其食，美其服，乐其俗，安其居。(邻）邦相（望），鸡狗之声相闻，民□□□□□□□□。

【帛书乙本】小国寡民，使有十百人器而勿用，使民重死而远徙，又（有）周（舟）车无所乘之，有甲兵无所陈之，使民复结绳而用之。甘其食，美其服，乐其俗，安其居。（邻）国相望，（鸡）犬之□□闻，民至老死不相往来。

【王弼本】小国寡民。使有什伯之器而不用，使民重死而不远徙。虽有舟舆，无所乘之；虽有甲兵，无所陈之；使人复结绳而用之。甘其食，美其服，安其居，乐其俗。邻国相望，鸡犬之声相闻，民至老死，不相往来。

【河上公本】小国寡民，使（民）有什伯，人之器而不用。使民重死，而不远徙。虽有舟舆，无所乘之；虽有甲兵，无所陈之，使民复结绳而用之。甘其食，美其服，安其居，乐其俗。邻国相望，鸡狗之声相闻，民至老（死）不相往来。

| 编号 | 原文 | 白话 |
|---|---|---|
| 1 | 小邦[注]寡民，使有什伯之器而不用，使民重死而不远徙。<br>虽有舟舆，无所乘之。<br>虽有甲兵，无所陈之。<br>使民复结绳而用之，<br>甘其食，美其服，<br>安其居，乐其俗。<br>邻国相望，鸡犬之声相闻，<br>民至老死，不相往来。 | 小国人也少，即使有很多的器物也不使用，即使它们重视死亡也不到远方迁徙。<br>虽然有车船，没人去乘坐，<br>虽然有军队，没地方驻扎。<br>使民众回归结绳记事的阶段，<br>以它的食物为美味，以它的衣服为漂亮，<br>以它的居所为安定，以它的风俗为快乐。<br>国家临近可以互相看到，鸡犬的声音可以听到，<br>民众到老死也不互相往来。 |

注 陈本为“国”，意通。

**明辨：**本章河上公题为“独立”，言“明安性分，则无所企求”。今辨之：本章文通意顺无需分句。但全文通过三个“使”字，假设一个“小国寡民”的社会，“使有什伯之器而不用”“使民重死而不远徙”“使民复结绳而用之”至“民至老死，不相往来”都是预设的场景，文末无结论。即老子设置了一个这样的社会形态，想要说明什么道理或问题？恰恰无最后关键之结论。

## 第八十一章

**【楚简本】**缺

**【帛书甲本】**□□□□□□不□□者不博，□者不知。善□□□□者不善。圣人无□□以为□□□□□□□□□□□□□□□□□□□□□□□□□□□□□□。

**【帛书乙本】**信言不美，美言不信。知者不博，博者不知。善者不多，多者不善。（圣）人无积，既以为人，己俞（愈）有；既以予人矣，己俞（愈）多。故天之道，利而不害；人之道，为而弗争。

**【王弼本】**信言不美，美言不信。善者不辩，辩者不善。知者不博，博者不知。圣人不积。既以为人己愈有，既以与人己愈多。天之道，利而不害；圣人之道，为而不争。

**【河上公本】**信言不美，美言不信。善者不辩，辩者不善。知者不博，博者不知。圣人不积，既以为人，己愈有；既以与人，己愈多。天之道，利而不害。圣人之道，为而不争。

| 编号 | 原文 | 白话 |
|---|---|---|
| 1 | 信言不美，美言不信。<br>善者不辩，辩者不善。<br>知者不博，博者不知。<br>圣人不积，既以为人己愈有，既以与人己愈多。<br>天之道，利而不害；<br>圣人之道，为而不争。 | 诚实的话不动听，动听的话不一定是真话。<br>有道之人不去巧辩，巧辩的人没有道。<br>真知的人不追求多知，智多的人不一定有真知。<br>圣人不会为自己积蓄，而是帮助别人自己拥有更多，给与别人自己反而更充实。<br>天之道，利益万物从不会伤害；<br>圣人之道，躬行之而不去辩解。 |

**明辨：**本章河上公题为“显质”。今辨之：本章为全文结尾，文通意顺无需分句。但与上章一样疑缺最后结论性语句，今日来看所有结论性语句已在前文中使用完毕，故后两章独缺。

注解中涉及的主要参考书目：

| 引用名称 | 参考书名 | 作者 | 出版机构 | 版次 |
| --- | --- | --- | --- | --- |
| 说文 | 说文解字 | 汤可敬译注 | 中华书局 | 2018年版 |
| 列子 | 列子集释 | 杨伯峻 | 中华书局 | 1979年版 |
| 正蒙 | 张子正蒙注 | 王夫之著<br>王孝鱼整理 | 中华书局 | 1975年版 |
| 周易 | 周易译注 | 周振甫 | 中华书局 | 2013年第二版 |
| 庄子 | 庄子集释 | 郭庆藩著<br>王孝鱼整理 | 中华书局 | 2012年第三版 |
| 礼记 | 礼记释解 | 王文锦 | 中华书局 | 2016年第二版 |
| 孟子 | 四书章句集注 | 朱熹 | 中华书局 | 1983年版 |
| 论语 | | | | |
| 尚书 | 尚书 | 王世舜等译 | 中华书局 | 2012年版 |
| 王弼注 | 注音全译老子 | 王弼 | 新华出版社 | 2022年版 |
| 苏辙注 | | 苏辙 | | |
| 朱谦之注 | 老子校释 | 朱谦之 | 中华书局 | 1984年版 |
| 憨山注 | 老子道德经解 | 憨山德清 | 中华书局 | 2020年版 |
| 金刚经 | 佛教十三经 | 无 | 中华书局 | 2013年版 |
| 心经 | | | | |
| 圆觉经 | | | | |
| 坛经 | | | | |
| 楞严经 | | | | |
| 宗镜录 | 宗镜录 | 释延寿 | 三秦出版社 | 2017年版 |
| 皇极经世 | 皇极经世书 | 邵雍 | 九州出版社 | 2012年版 |
| 大戴礼 | 大戴礼记译注 | 黄怀信译注 | 上海古籍出版社 | 2019年版 |
| 左传 | 春秋左传注 | 杨伯峻 | 中华书局 | 2016年版 |
| 韩非子 | 韩非子 | 高华平等译注 | 中华书局 | 2015年版 |
| 管子 | 管子 | 李山译注 | 中华书局 | 2016年版 |
| 淮南子 | 淮南子 | 陈广忠译注 | 中华书局 | 2012年版 |
| 吕氏春秋 | 吕氏春秋 | 张双棣等译注 | 中华书局 | 2021年版 |
| 黄帝内经 | 黄帝内经 | 姚春鹏译注 | 中华书局 | 2010年版 |

# 后记

老子说五音令人耳聋，我却对音乐有着相当的痴迷。生于70年代的我，历经了国家由贫苦至温饱再到相对富足的艰辛旅程。随着大时代的发展，我的听音设备也由电匣子进化成卡带收录机，上班以后随着经济能力的提高又添置上落地音响等高端器材。2000年前后更是逐渐伪装成hi-fi发烧友，听音设备和音源的不断升级往往令我心疼，但其效果也是相当惊艳。闲暇之余泡一杯暖茶，让自己深醉于鸾吟凤唱之中，将身心交给音符，随着嫋嫋余音漫游于无何有之乡，徜徉于广莫之野。《乐记》中君子曰："礼乐不可斯须去。致乐以治心，则易、直、子、谅之心油然生矣。易、直、子、谅之心生则乐，乐由安，安则久，久则天，天则神。天则不失而信，神则不怒而威，致乐以治心者也。"

但如果有人问已过天命之年的我，这一生听过最为顺耳的声音是什么？我将不假思索地回答，必然是每天清晨将我自睡梦中吵醒的、叮叮当当的锅碗瓢盆相碰撞所发出的悦耳之声。我知道那是辛劳的母亲在给全家准备早餐，在每一个寒气幽暗的冬日及每一个闷热浮躁的夏日。这是我人生中最动听的箫韶之音，是我立足于天地之间的信念。

谨以此书献给含辛茹苦抚育我成长的母亲，愿她老人家在另一个世界超脱、圆满。